N° 1717

CHAMBRE DES DÉPUTÉS

SIXIÈME LÉGISLATURE

SESSION EXTRAORDINAIRE DE 1895

Annexe au procès-verbal de la séance du 27 décembre 1895.

RAPPORT

FAIT

AU NOM DE LA COMMISSION DU BUDGET CHARGÉE D'EXAMINER LE PROJET DE LOI

AYANT POUR OBJET D'AUTORISER LE

PROTECTORAT DE L'ANNAM ET DU TONKIN

A CONTRACTER UN

Emprunt de 80 millions

Pour liquider sa situation financière et exécuter un programme
de travaux publics

PAR

M. Camille KRANTZ

Député.

PARIS

IMPRIMERIE DE LA CHAMBRE DES DÉPUTÉS

MOTTEROZ

7, RUE SAINT-BENOIT

1896

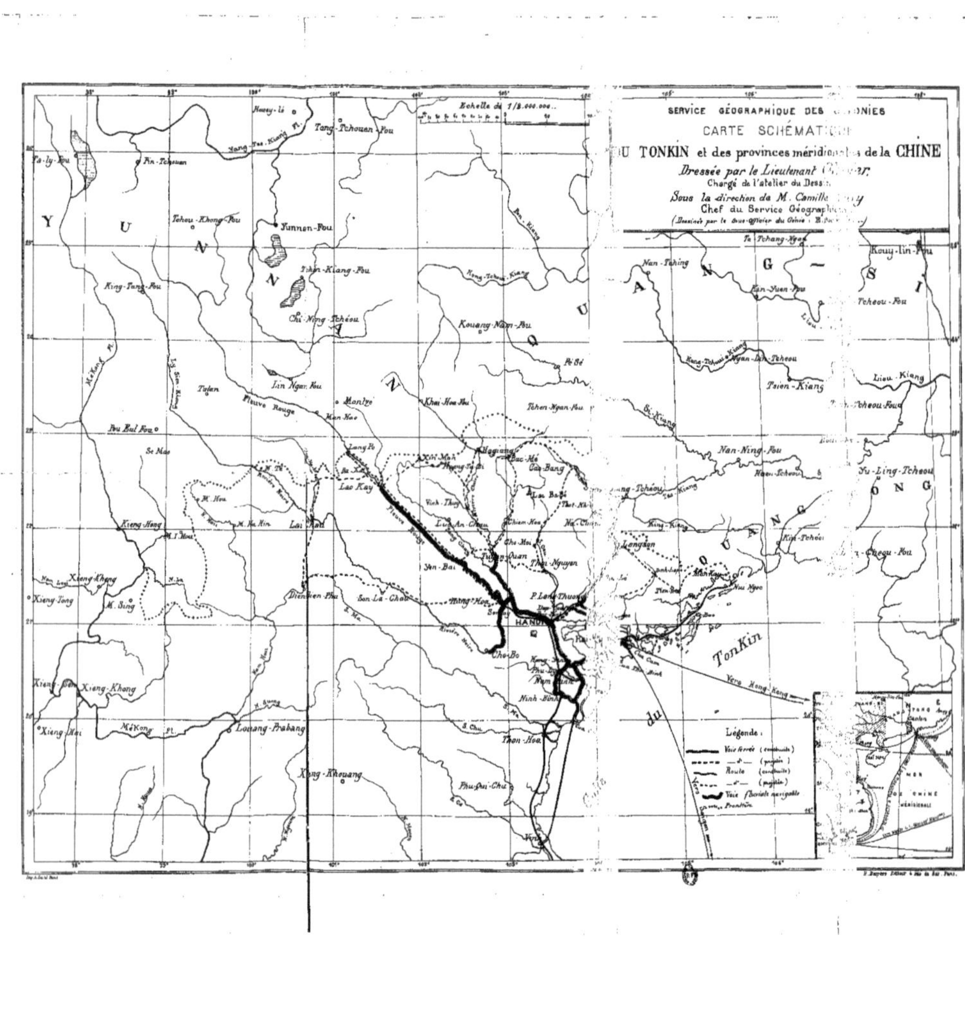
SERVICE GÉOGRAPHIQUE DES COLONIES
CARTE SCHÉMATIQUE
DU TONKIN et des provinces méridionales de la CHINE
Dressée par le Lieutenant
Chargé de l'atelier du Dessin
Sous la direction de M. Camille
Chef du Service Géographique
Echelle de 1/3.000.000
YUNNAN
QUANG-SI
QUANG-TONG
Golfe du Tonkin
Vers Hong-Kong
Légende
Voie ferrée (construite)
d° (projetée)
Route (construite)
d° (projetée)
Voie fluviale navigable
Frontière
Hoang-lô
Tong-Tse-Kiang Fl.
Tang-Tchouan-Fou
Ta-ly-Fou
Pin-Tchouan
Tchéou-Khong-Fou
Yunnan-Fou
Tchin-Kiang-Fou
King-Tong-Fou
Chi-Ning-Tchéou
Kouang-Nan-Fou
Kong-Tchou-Kiang
Tin-Ngan-Fou
Manhao
Man Nao
Khai-Hoa-Fou
Tchen-Ngan-Fou
Po-Sé
Pou Eul Fou
Se Mao
Fleuve Rouge
Lan-Po
Long-Po
Ha-Giang
Bao-Ha
Cao-Bang
Lao Kay
Vinh-Thuy
Kieng-Hong
Lai-Chau
Liao-An-Chau
Tuyen-Quan
Chiem-Hoa
Na-Cham
Cho-Moi
Thai-Nguyen
Xieng-Tong
M. Sing
Bien-Bien-Phu
San-La-Chau
Yen-Bai
Mong-Hoa
HANOI
P. Loc-Thuong
Nan-Tching
Tan-Yuen-Fou
Nan-Ning-Fou
Ngan-Tchéou
Lou Tchéou
Tsien-Kiang
Liou-Kiang
Kouy-lin-Fou
Tchéou-Fou
Yu-Ling-Tchéou
Kin-Tchéou
Tchéou-Fou
Lang-Son
Cho-Bo
Nam-Dinh
Ninh-Binh
Than-Hoa
Xieng-Khang
Xieng-Khong
Mékong Fl.
Louang-Prabang
Xieng-Mai
Xong-Khouang
Phu-Qui-Chu

CHAMBRE DES DÉPUTÉS

SIXIÈME LÉGISLATURE

SESSION EXTRAORDINAIRE DE 1895

Annexe au procès-verbal de la séance du 27 décembre 1895.

RAPPORT

FAIT

AU NOM DE LA COMMISSION DU BUDGET * CHARGÉE D'EXAMINER LE PROJET DE LOI *ayant pour objet d'autoriser le* **Protectorat de l'Annam et du Tonkin** *à contracter un* **emprunt de 80 millions** *pour liquider sa situation financière et exécuter un programme de travaux publics,*

PAR M. CAMILLE KRANTZ,

Député.

Messieurs,

A la date du 2 juillet 1895, la Chambre a voté, à la demande de la Commission du Budget, la résolution suivante :

« *La Chambre invite le Gouvernement à présenter au Parlement, avant le 1er janvier 1896, un projet de liquidation définitive de la situation financière du Protectorat de l'Annam et du Tonkin.* »

Une « liquidation définitive », après laquelle il ne soit plus possible de procéder irrégulièrement et de venir ensuite demander au Parlement des crédits extraordinaires et des « bills d'indemnités », c'était, au mois de juillet dernier, et c'est encore à l'heure actuelle, le vœu de tous ceux qui ont foi dans l'avenir de nos possessions d'Extrême-Orient, et qui croient le moment venu de substituer une politique financière correcte et claire à la politique d'expédients dont les résultats sont ruineux pour les finances du Protectorat et pour celles de la Métropole.

---

* Cette Commission est composée de MM. Georges Cochery, *président;* Deluns-Montaud, Gerville-Réache, *vice-présidents;* Abel, Chaudey, Gaston Doumergue (Gard), Ralberti, *secrétaires;* Millerand, Camille Pelletan, Antonin Dubost, Labat, Riotteau, Chevallier, Merlou, de la Porte (Deux-Sèvres), Camille Krantz, Sarrien, Salis, Henry Boucher, Maurice-Faure, Barthou, Delpeuch, Victor Leydet, général Iung, Paul Delombre, Antoine Perrier (Savoie), Maurice Lebon (Seine-Inférieure), Boudenoot, Adolphe Turrel, Marty.

(Voir le n° 1664.)

Se conformant aux engagements pris, le Gouvernement a déposé, le 10 décembre 1895, un projet de loi dont l'objet est d'assurer cette liquidation définitive au moyen d'un emprunt de 80 millions de francs, garanti par la Métropole, dont le produit permettrait en outre d'obtenir, par des moyens réguliers, l'exécution des travaux publics reconnus les plus urgents.

Votre Commission du Budget, chargée d'examiner ce projet d'emprunt, a été amenée à en accepter le principe : elle doit, à l'appui de ses conclusions, fournir à la Chambre :

1° Un tableau exact et sincère de la situation des finances du Protectorat faisant ressortir les causes des embarras actuels ainsi que les mesures à prendre pour y mettre un terme;

2° La justification des dépenses imputables sur le produit de l'emprunt pour la liquidation de l'arriéré;

3° Le programme des travaux publics que le Protectorat peut être autorisé à entreprendre;

4° La preuve que l'emprunt est suffisamment gagé sur les disponibilités du budget local, et qu'il ne réserve pas pour l'avenir à nos finances des charges comparables à celles qu'ont entraînées les liquidations antérieures.

CHAPITRE PREMIER.

Situation financière du Protectorat.

La situation financière du Protectorat peut être aujourd'hui établie avec précision, grâce aux renseignements fournis à la Commission par le Gouvernement, grâce aussi aux travaux des Commissions antérieures, et en particulier aux rapports de MM. Le Myre de Vilers (14 novembre 1890), Delcassé (19 novembre 1891 et 5 mars 1892) et Doumer (25 mars et 29 juin 1895).

Pour définir cette situation, il est nécessaire de remonter à l'origine, c'est-à-dire au 1er janvier 1887, époque à laquelle les dispositions budgétaires du décret du 27 janvier 1886 (1) relatif à l'organisation du Protectorat de l'Annam et du Tonkin ont reçu leur première application.

Historique.

Jusqu'au 1er janvier 1887, la conquête n'étant pas considérée comme terminée, la Métropole faisait les frais de tous les services civils et militaires. Il n'y avait au Tonkin ni budget local ni trésorerie spéciale.

A partir du 1er janvier 1887 et jusqu'au 31 décembre 1891, le budget du Protectorat comprend la totalité des dépenses civiles et militaires. La Métropole n'intervient que par une subvention fixe à laquelle, trop souvent, s'ajoutent des crédits supplémentaires ou extraordinaires. Aux ressources provenant des impôts perçus dans le pays et de la subvention de l'État, se joint une subvention de la Cochinchine égale au contingent qu'elle versait antérieurement à la France.

Depuis le 1er janvier 1892, au lieu de la subvention fixe qu'elle donnait antérieurement, laissant à la charge du Protectorat les dépenses des services militaires et maritimes, la Métropole inscrit direc-

---

(1) ARTICLE PREMIER. — Le Protectorat de l'Annam et du Tonkin constitue, au regard de la Métropole, un service spécial, autonome, ayant son organisation, son budget et ses moyens propres. Toutes les dépenses des troupes de terre et de mer, de la flottille et des administrations civiles et militaires employées en Annam et au Tonkin, sont supportées par le budget du Protectorat.

. . . .

ART. 10. — Le Résident général dresse chaque année, en conseil du Protectorat et après avoir pris l'avis des services compétents, le budget des recettes et dépenses du Protectorat pour

tement à son budget la totalité des dépenses de cette nature. Le budget du Protectorat n'a plus à faire face qu'aux dépenses des services civils; il est exclusivement alimenté par les ressources locales. Le contingent de la Cochinchine est rétabli au budget métropolitain.

L'énumération des transformations subies depuis 1887 par le budget de l'Annam et du Tonkin serait incomplète si l'on ne mentionnait ici la tentative faite par le décret du 17 octobre 1887 pour organiser l'unité financière de l'Indo-Chine française; au bout de quelques mois, un décret du 11 mai 1888 y a mis fin. Voici du reste en quels termes l'essai dont il s'agit a été apprécié par M. Le Myre de Vilers dans son rapport du 14 novembre 1890 :

« Le décret du 17 octobre 1887 sur l'union indo-chinoise détruisit les dernières garanties d'ordre. Cet acte, qui étendit à l'Indo-Chine tout entière les dispositions de l'article premier du décret du 27 janvier 1886, constituant le Protectorat « en service spécial, autonome, ayant son organisation, son budget, ses moyens propres », supprima *ipso facto* les institutions créées par Paul Bert et ne les remplaça pas; l'Administration locale, surchargée de travail, n'ayant plus de justification à produire qu'à elle-même, se dispensa de tenir des comptes d'exercice : on tomba dans la confusion. »

Au cours de l'une aussi bien que de l'autre de ces deux périodes, la Métropole a dû, à diverses reprises, venir en aide au Protectorat par des subsides exceptionnels ou par des avances, en 1890, en 1892, et plus récemment, en 1895, des liquidations successives sont devenues nécessaires. Aucune de ces liquidations, jusqu'ici, n'a eu ce caractère définitif et n'a amené l'établissement d'un régime financier régulier.

Une telle situation ne saurait se perpétuer, et il est temps que l'expérience du passé serve enfin à garantir le budget de la République contre tout mécompte.

Du 1er janvier 1887 au 31 décembre 1891, le budget de l'Annam et du Tonkin n'a jamais été réglé en équilibre; le tableau suivant donne, pour les cinq exercices dont il s'agit, les différentes catégories de recettes et de dépenses et le chiffre annuel du déficit.

---

l'année suivante. Parmi les recettes figure la subvention à réclamer de la Métropole pour assurer l'équilibre du budget. Le projet de budget et les documents explicatifs sont adressés au Ministre des Affaires étrangères. Le budget est approuvé par décret du Président de la République rendu en Conseil des Ministres et devient exécutoire à partir du 1er janvier.

ART. 11 — Chaque année, après le 31 mars, le résident général dresse, dans la même forme, le compte des résultats obtenus pendant l'exercice écoulé et le fait parvenir, avec documents justificatifs, au Ministre des Affaires étrangères, dans le cours du deuxième trimestre. Ce compte est approuvé par décret rendu en Conseil des Ministres.

. . . .

ART. 13. — *Dispositions transitoires.* . . . . . . Les dispositions relatives au budget s'appliqueront pour l'exercice 1837. — Les dépenses de l'exercice courant (1886) seront faites et réglées par les départements ministériels compétents en conformité de la loi de crédit du 26 décembre 1895 . . . .

Tableau des recettes et des dépenses du Protectorat du 1er janvier 1887 au 31 décembre 1891.

ANNÉES.	RECETTES RÉALISÉES					DÉPENSES				Excédent des dépenses sur les recettes.
	Subvention métropolitaine et remboursement des dépenses normales des troupes.	Subvention de la Cochinchine.	Recettes locales.	Recettes extraordinaires et recettes en atténuation de dépenses.	Recettes totales.	Services militaires.	Services civils.	Compte de liquidation.	Dépenses totales.	
	fr. c.	fr. c.	fr. c.	fr. c.	fr. c.	fr. c.	fr. c.	fr. c.	fr. c.	fr c.
1887............	35.291.411 »	»	11.377.104 11	20.268.016 43	66.936.531 54	50.519.561 87	11.592.241 85	7.531.866 89	69.643.670 61	2.707.139 07
1888............	24.171.542 28	11.340.000 »	13.572.132 48	984.565 80	50.068.240 56	40.577.249 48	10.292.093 04	»	50.869.342 52	801.101 96
1889............	18.421.052 »	11.362.142 84	15.445.726 16	3.091.133 48	48.319.954 48	39.547.598 68	12.905.562 »	»	52.453.160 68	4.133.206 20
1890............	13.122.453 80	10.748.280 20	15.297.415 28	1.320.033 52	40.488.182 80	29.791.637 36	17.775.176 »	»	47.566.813 36	6.278.630 56
1891............	11.119.310 80	7.894.019 64	17.767.117 12	583.574 64	37.364.022 20	26.985.049 64	16.697.478 96	»	43.682.528 60	6.316.506 40

En cinq années, les dépenses ont été réduites de 25.961.132 fr. 01, et malgré cela elles ont dépassé de plus de 20 millions les recettes.

Liquidation de 1890. — En 1890, avant la fin de l'exercice, l'accumulation des déficits constituait déjà un arriéré que le Gouvernement proposa aux Chambres de liquider au moyen d'un prêt de 60 millions consenti par le Trésor à l'Indo-Chine. Cette somme eût permis, en même temps, de donner au Tonkin les ressources nécessaires pour de grands travaux publics.

A cette mesure, repoussée comme prématurée par la Commission du budget (1), le Gouvernement et la Commission substituèrent des propositions nouvelles qui prirent place dans les articles suivants de la loi de finances du 26 décembre 1890 :

ART. 46. — Sur l'excédent des recettes de l'exercice 1889, il sera prélevé une somme de dix-huit millions de francs (18.000.000 fr.) qui sera effectée :

1° Jusqu'à concurrence de treize millions cent mille francs (13.100.000 fr.), au compte courant de l'Annam et du Tonkin ;

2° Jusqu'à concurrence de quatre millions neuf cent mille francs (4.900.000 fr.), au budget du service local de la Cochinchine.

ART. 47. — Est fixé, pour l'exercice 1891, à huit millions de francs (8.000.000 fr.) le contingent de la Cochinchine dans les dépenses militaires de l'Annam et du Tonkin.

ART. 48. — Le Ministre des Finances est autorisé à recevoir dans le portefeuille du Trésor, jusqu'à concurrence d'une somme qui ne pourra excéder six millions de francs (6.000.000 fr.), des bons émis par l'Administration de l'Annam et du Tonkin pour le service de la Trésorerie.

ART. 49. — Les projets de budget du Protectorat de l'Annam et du Tonkin seront communiqués, chaque année, au Parlement à l'appui du projet de loi de finances.

Les projets relatifs à la construction et à l'exploitation des chemins de fer en Indo-Chine devront être préalablement soumis aux Chambres et adoptés par elles.

Au 31 décembre 1890, les déficits des quatre exercices 1887, 1888, 1889, 1890 atteignaient une somme de 13.920.077 fr. 76, supérieure à l'évaluation de 9.100.000 francs qu'en avait faite le Gouvernement. La liquidation ne put donc pas être complète, d'autant plus qu'aux déficits des budgets venait s'ajouter une première dépense de 4 millions de francs environ pour le chemin de fer de Phu-Lang-Thuong à Langson, dont il fut alors pour la première fois question à la tribune de la Chambre. On trouvera plus loin des renseignements détaillés sur cette entreprise.

---

(1) Voir rapport de M. Le Myre de Vilers, en date du 14 novembre 1890.

Le crédit extraordinaire de 13.100.000 francs fut employé comme suit :

Dépenses du chemin de fer de Phu-Lang-Thuong à Langson	3.928.714 fr.
Remboursement au Trésor des encaisses des trésoriers cédées en 1887 au Protectorat..............	5.490.122 »
Reliquat employé à atténuer les déficits antérieurs	3.681.164 »
Total égal.....................	13.100.000 fr.

Cette première liquidation laissait donc un découvert de 10.238.913 fr. 76, ramené plus tard à 10.210.717 francs, auquel, malgré les précautions prises, l'exercice 1891 apporta une augmentation de 6.215.739 fr. 52, en sorte qu'au 31 décembre la situation financière du Protectorat se traduisait par un arriéré de : 16.426.456 fr. 52.

Liquidation de 1892. — C'est encore par le vote d'un crédit supplémentaire qu'il a été pourvu à la seconde liquidation jugée inévitable, dès que les chiffres définitifs de 1889 et de 1890 furent officiellement connus. La loi relative à ce crédit de 12.000.000 de francs est du 20 mars 1892, postérieure par conséquent au vote du budget des colonies pour l'exercice 1892, qui inaugurait un nouveau régime budgétaire pour le Tonkin et incorporait la totalité des dépenses militaires et maritimes de l'Annam et du Tonkin, jusqu'alors laissées à la charge du Protectorat.

Cette mesure, conforme aux propositions de la Commission du budget, était complétée par le rattachement au budget métropolitain des recettes du contingent de la Cochinchine, ramené de 8.000.000 à 6.500.000 francs.

La liquidation de l'arriéré à laquelle il a été procédé, en exécution de la loi du 20 mars 1892, donna les résultats ci-après :

RECETTES.		DÉPENSES.	
Crédit extraordinaire........	12.000.000 fr.	Déficits au 31 décembre 1891.	16.426.456 52
Prise en charge des encaisses cédées au Protectorat par le Trésor..............	6.495.115 24	Montant des comptes de négociation et de change tenus dans les écritures du Trésor antérieurement à l'exercice 1892..............	2.861.068 »
Restés à recevoir sur les deux trimestres de la contribution de la guerre en 1891..............	722.713 28		
Bénéfice résultant de la conversion en piastres des sommes ci-dessus............	1.913.043 48	Dépenses à régulariser......	469.040 56
Recettes en France non rattachées à l'exercice........	88.436 16		
Total des recettes........	21.218.308 16	Total des dépenses.......	19.218.565 92
		Reliquat.... 1.461.742 24	

Ce reliquat de 1.461.742 fr. 24 a été porté en recette au budget du Protectorat de l'exercice 1892.

La situation financière de l'Annam et du Tonkin, par suite de ces deux opérations successives et moyennant un sacrifice de 25.100.000 francs de la part de la métropole, s'est trouvée complètement liquidée à l'ouverture de l'exercice 1892.

Nécessité d'une liquidation nouvelle.

A partir du 1er janvier 1892, la subvention de la métropole, antérieurement confondue avec les recettes du budget local, se traduit, nous l'avons expliqué plus haut, par l'inscription au budget de la République de l'intégralité des dépenses des services militaires et maritimes de l'Annam et du Tonkin.

Les crédits votés à cet effet ont atteint :

Au budget de 1892 (1)......................... 24.450.000 fr.
   —   de 1893............................. 24.450.000 »
   —   de 1894............................. 24.450.000 »
   —   de 1895............................. 25.100.000 »
Ils figurent au budget de l'exercice 1896 pour (2) 25.400.000 »

On est, certes, encore loin du jour où, se suffisant à lui-même, le

---

(1) Non compris les transports de la Marine.
(2) Y compris les transports de la Marine.

Protectorat de l'Annam-Tonkin pourra supporter ces charges. Mais, dans un avenir qu'il faut souhaiter prochain, les progrès de la pacification doivent avoir pour effet de permettre au Parlement d'apporter des réductions aux dépenses militaires. D'autre part, une fois l'arriéré liquidé, le Protectorat, dont les recettes croissent sensiblement plus vite que les dépenses normales, se rapprochera d'année en année du moment où ses excédents de ressources suffiront à l'ensemble de ses dépenses civiles et militaires.

Tel est le but vers lequel doivent tendre constamment nos efforts. L'opération projetée, dont l'objet immédiat est d'affranchir le Protectorat de charges usuraires sous le poids desquelles ses finances succombent, facilitera dans l'avenir l'incorporation progressive au budget local des dépenses provisoirement laissées à la charge de la France.

La volonté du Parlement s'est nettement affirmée à cet égard par l'inscription à tous les budgets des recettes, depuis 1893, d'une contribution de principe du Tonkin aux dépenses de la métropole (1). Mais pour que cette affirmation ne reste pas lettre morte, la première condition, c'est d'établir une fois pour toutes l'ordre et la régularité dans la gestion financière du Protectorat.

Abstraction faite des dépenses militaires et maritimes qui, pendant quelques années encore, devront, sinon pour la totalité, du moins pour la plus grande partie, demeurer inscrites au budget métropolitain, la situation financière de l'Annam-Tonkin, depuis la liquidation de 1892, paraîtrait aujourd'hui satisfaisante si l'on pouvait s'en tenir à l'examen des budgets proprement dits, en laissant de côté les résultats fort onéreux d'un certain nombre d'entreprises sur lesquelles nous aurons bientôt à revenir.

Résultats des exercices 1892, 1893 *et* 1894. — Les exercices 1892, 1893 et 1894, dont les résultats sont aujourd'hui connus se soldent *en apparence* par des excédents, ainsi que le tableau ci-dessous l'indique :

---

(1) Rapport de M. Chautemps sur le Budget des colonies de l'exercice 1893.

Tableau des résultats apparents des trois derniers exercices (en piastres).

EXERCICES.	RECETTES réalisées.	DÉPENSES réalisées.	EXCÉDENTS.	DÉFICITS.	OBSERVATIONS.
	piastres.	piastres.	piastres. (1)	piastres.	
1892.......	5.205.170 23	4.846.258 96	358.911 27	»	(1) L'excédent de l'exercice 1892 n'est qu'apparent ; il provient de ce que l'on a fait état, à titre de recette, de 365.435 piastres, reliquat de la liquidation effectuée en 1892. L'exercice s'est soldé en réalité par un déficit de 6.523 p. 73.
1893.......	5.565.572 30	5.417.447 44	148.124 86	»	
1894.......	6.980.460 72	6.894.728 82	85.731 90	»	
Totaux....	»	»	592.768 03	»	

L'excédent total des recettes serait donc de....   592.768 p. 03
Soit en francs, au cours de 2 fr. 75............   1.630.112 fr. 08

Mais ces résultats doivent être rectifiés.

Il y a lieu, en effet, d'ajouter aux dépenses de 1894 une somme de 145.456 p. 72, représentant les dépenses d'occupation du Laos pendant le quatrième trimestre de l'année 1894 : l'excédent *apparent* de 85.731 p. 90 se transforme donc en déficit *réel* de 59.722 p. 82.

En outre, une décision ministérielle du mois de novembre 1894 prescrivait d'imputer sur les excédents disponibles deux comptes de trésorerie anciens à apurer, savoir :

1° Pertes au change...........   555.755 p. 15   1.528.596 fr. 16
2° Dépenses militaires laissées
à la charge du Protectorat........   544.119 67   1.523.829 09

Compte tenu de ces rectifications, l'excédent de   1.650.112 08
se transforme en un déficit de....................   1.822.319 15

D'autre part, indépendamment des charges budgétaires normales, tout un ensemble de dépenses hors budget est venu grever la situation financière du Protectorat.

Il convient, pour la clarté de notre exposé, d'expliquer ici l'origine et le caractère de ces dépenses.

Dépenses hors budget.— Lorsque, après la conquête, une adminis tration civile a pu être constituée au Tonkin, quel que fût le désir dont les Ministres et les Sous-Secrétaires d'État, les résidents généraux et les gouverneurs pouvaient être animés d'assurer aux moindres frais possibles l'occupation et la mise en valeur de notre possession nouvelle, la nécessité s'imposait de créer au plus tôt dans ce pays de civilisation ancienne, très peuplé et très abondant en sources de richesse, les éléments indispensables d'un outillage industriel et commercial.

La nature a doté le Tonkin de fleuves magnifiques sur lesquels, dès l'origine, on a fondé de grandes espérances pour ouvrir au commerce des voies de pénétration en Chine. Mais ces fleuves, avant de devenir pratiquement et commercialement navigables, exigeaient des travaux dont la dépense excédait manifestement les ressources annuelles du Protectorat.

Il en était de même des ports : à Haïphong, comme à Tourane, il y avait, il y a encore des millions à dépenser utilement.

Dans l'intérieur, il fallait loger nos soldats et nos fonctionnaires, hospitaliser nos malades, construire des écoles.

Une nécessité dominait toutes les autres, celle d'ouvrir des voies de communication ; dans les directions où la voie fluviale ne pouvait être utilisée, des routes étaient indispensables. Le chemin de fer, ce puissant outil de civilisation et de colonisation, apparaissait, dans nombre de cas, comme la solution la plus économique du problème des transports.

Demander au Parlement les crédits nécessaires pour ces dépenses lorsqu'elles excédaient les facultés annuelles du budget local, c'était la seule voie régulière à suivre ; mais, au lendemain des discussions passionnées qu'avaient soulevées les demandes de crédits motivées par les opérations militaires, pas plus à Hanoï qu'à Paris, on n'a voulu s'exposer aux discussions parlementaires plus souvent qu'il n'était inévitable de le faire, en sorte que, sauf un petit nombre de très honorables exceptions, c'est à des expédients que l'on a cru préférable d'avoir recours.

Ces expédients tendaient tous au même but : la création de ressources extraordinaires en supplément de celles que les disponibilités du budget local ou les subventions de la métropole mettaient à la disposition de l'Administration. Marchés de travaux, contrats de fournitures, constitution de fermes d'impôts ou de monopoles que l'on était amené à racheter par la suite, ils présentent tous ce caractère commun d'être des emprunts déguisés, à plus ou moins longue échéance, contractés à des taux généralement excessifs et remboursables en un nombre variable d'annuités dont la charge écrase aujourd'hui le budget du Protectorat et pèserait longtemps encore sur son avenir, si l'on n'y mettait dès à présent bon ordre.

Qu'il s'agisse du chemin de fer de Phu-Lang-Thuong à Langson, dont l'exécution était réclamée dès le lendemain de la conquête, des docks d'Haïphong, des travaux de navigation du fleuve Rouge, personne ne saurait contester le principe même des travaux. Il est clair, en effet, que pour mettre en pleine valeur un pays neuf, il y a, quelle qu'en soit la richesse, des dépenses de premier établissement dont l'urgence s'impose.

Ce qui est critiquable ce n'est pas, à coup sûr, la pensée de doter le Tonkin de routes, de chemins de fer ou de ports, ce sont les procédés auxquels on a eu recours afin de s'affranchir du contrôle parlementaire. En voulant aller trop vite, on a risqué de tout compromettre.

En fait, on a, dans une certaine mesure, tout compromis par la nécessité où l'on se trouve aujourd'hui d'affecter à la liquidation du passif la majeure partie des ressources qu'il s'agit de créer.

Encore si ce passif correspondait seulement à des dépenses utiles; mais il nous apparaît grossi de charges d'intérêt excessives, dont l'irrégularité même des procédés employés est la source. Les emprunts déguisés, les comptes spéciaux imprudemment ouverts, les marchés passés en dehors de toutes les formes administratives, non pas avec l'entrepreneur offrant les conditions les plus avantageuses, mais bien avec celui qui acceptait pour le payement les délais les plus longs, tous ces expédients pouvaient fournir quelques ressources immédiatement utilisables, mais en grevant lourdement l'avenir.

Le tableau ci-dessous donne l'énumération et la date des contrats engageant l'avenir du Protectorat.

DÉSIGNATION DES CONTRATS.	CHARGES totales (en capital) résultant des contrats désignés ci-contre.	MODE de remboursement desdites charges.	CAPITAL restant à rembourser au 1er janvier 1896	TAUX de l'intérêt.	MONTANT des intérêts correspondant au capital à rembourser.	OBSERVATIONS.
	fr.		fr.		fr.	
Rachat des docks de Haïphong. (Contrat du 8 décembre 1892.)	4.000.000	20 annuités de 187.327 fr. 10	1.950.000	6 %	1.234.560 70	(1) Dont 132.000 fr. sans intérêts.
Travaux résultant du contrat ci-dessus. (8 décembre 1892)	1.000.000	5 annuités de 200.000 fr.	600.000 »	6 —	81.000 »	(2) Remboursement par annuité non égales, en quatre ans de 2.698.804 fr. 68 en certificats.
Travaux résultant du contrat ci-dessus. (8 décembre 1892 et janvier 1894)	400.000	4 annuités de 100.000 fr.	400.000 »	6 —	60.000 »	
Contrat Marty et d'Abbadie. (Contrat du 16 septembre 1893)	3.080.000	15 annuités de 200.000 fr.	2.900.000 »	6 —	900.000 »	(3) Ces deux emprunts sont compris dans le montant global donné ci-dessus pour les dépenses du chemin de fer de Langson.
Citadelle d'Hanoï. (Contrat du 15 février 1894 et contrat additionnel du 2 juillet 1895)	1.565.000	5 annuités de 33.000 fr. (sans intérêts) 7 annuités de 200.000 fr. (avec intérêts).	1.532.000 (1) »	6 —	173.400 »	(4) Intérêts compris.
Chemin de fer de Langson	21.838.952 46	»	8.471.549 93	6 —	(2) 285.870 45	
Prêt de 4 millions par quatre établissements de Paris. (Contrat du 2 juillet 1894	4.000.000	(3) »	2.666.666 66	5 —	166.666 67	
Prêt de 750.000 piastres par la Banque d'Indo-Chine. (Contrat du 9 juillet 1894).	2.062.500	(3) »	2.062.500 »	5 —	103.125 »	
Distribution d'eau de Haïphong. (Contrat du 13 septembre 1893 et contrat additionnel du 15 juillet 1895)	4.374.125	20 annuités de 218.706 fr. 25	4.374.125 »	6 —	2.229.251 56	
Distribution d'eau de Hanoï. (Contrat du 23 juillet 1893	2.185.000	20 annuités de 190.000 fr.	2.185.000 »	6 —	1.615.000 »	
Rachat de la ferme des alcools en Annam. (Contrat du 29 septembre 1893)	726.300	3 annuités de 242.100 fr.	138.297 »	6 —	3.113 »	
Rachat de la ferme de l'opium au Tonkin. (Contrat du 14 mai 1893)	3.400.000	1.000.000 de fr. le 1er juillet 1894 et 10 demi-annuités de 240.000 fr.	1.920.000 (4) »	»	»	

Les originaux des marchés ci-dessus énumérés ne sont pas tous
entre les mains du Gouvernement. Il en est un certain nombre qui ne
se retrouvent ni dans les archives du Gouvernement général à Hanoï,
ni dans celles du Ministère des Colonies. C'est par les bureaux de l'enregistrement que l'on en a eu connaissance. Il est extraordinaire que
des pièces de cette importance, indispensables en cas de procès pour
sauvegarder les droits du Protectorat, aient pu ainsi disparaître. L'attention du Gouvernement doit être sérieusement appelée sur la nécessité d'en obtenir le rétablissement.

On ne s'est pas borné à ces emprunts indirects et l'on a couronné
ce régime d'irrégularités en contractant un emprunt, de gré à gré,

sans la sanction législative. En effet, en vue de faire face à des échéances, pour lesquelles les ressources nécessaires n'avaient pas été ménagées au budget de 1894, le Gouverneur général de l'Indo-Chine a contracté, *sous la seule approbation du Ministre des Colonies*, les 9 et 2 juillet 1894, près la Banque de Paris et des Pays-Bas, le Comptoir national d'escompte de Paris, la Société générale de Crédit industriel et commercial, la Société générale pour favoriser le développement du Commerce et de l'Industrie en France, d'une part, près la Banque de l'Indo-Chine, d'autre part, deux emprunts, respectivement fixés à 4 millions de francs et à 750.000 piastres, au taux de 5 0/0, remboursables en trois ans.

Le Parlement avait seul qualité pour autoriser cette opération ; la rédaction de l'article 10 du décret du 21 avril 1891 (1) qui règle les pouvoirs du Gouverneur général de l'Indo-Chine ne laisse aucun doute sur ce point. Par cet article 10, les articles 1, 2 et 3 du décret du 20 octobre 1887 sont nommément abrogés ; on doit en conclure que l'article 4 du même décret conserve toute sa valeur. Or, l'article 4 en question est ainsi conçu :

Les emprunts qui ne seraient pas gagés sur des excédents constatés aux exercices antérieurs et ceux qui seraient contractés avant que les ressources locales du budget de l'Indo-Chine lui permettent de s'équilibrer sans subvention de la Métropole, ne pourront être autorisés que par une loi. Ce serait jouer sur les mots que de prétendre que le budget militaire de l'Indo-Chine ne constitue pas une véritable subvention.

Les engagements à plus ou moins longue échéance qui résultent des divers contrats ont, dans une certaine mesure, soulagé les exercices 1892, 1893 et 1894, au cours desquels l'exécution des travaux a été vivement poussée. Ces trois exercices n'ont eu à supporter de ce chef que les charges ci-après :

Exercice 1892............ 1.218.398 fr. 60
    —   1893............ 1.300.933   79
    —   1894............ 1.917.367   11

Mais ces contrats grèvent lourdement l'avenir et constituent l'élément le plus inquiétant de la situation financière actuelle.

On vient de voir que, malgré les apparences, les budgets de 1892, 1893 et 1894 se soldent en réalité par un déficit de 1.822.319 fr. 15.

Résultat de l'Exercice 1895. — Le budget de 1895, dont les résultats ne sont pas encore complètement connus, devait, d'après les prévisions primitives, s'équilibrer en recettes et en dépenses au chiffre de 7.074.000 piastres.

Mais, d'après l'état budgétaire dressé au 1er septembre 1895 par le

____

(1) V. Annexe n° 1, p. I.

directeur du Contrôle financier, le *déficit* dès à présent certain ne peut être évalué à moins de :

1.000.000 p., soit 2.750.000 fr.

Cette prévision d'un déficit, au lieu des excédents apparents des trois derniers exercices, n'implique pas que la situation du Tonkin se soit modifiée dans un sens défavorable. Elle résulte d'abord de la nécessité de faire face aux annuités mises à la charge du Protectorat en exécution des marchés ou contrats auxquels il vient d'être fait allusion.

Elle s'explique en outre :

1° Par la majoration arbitraire des prévisions de recettes ;

2° Par l'atténuation des prévisions de dépenses en ce qui concerne plusieurs chapitres importants du budget, sur lesquels dans les deux premiers mois de l'année, le Gouverneur général intérimaire a ouvert des crédits supplémentaires à concurrence de 200.000 piastres.

En résumé, il y a lieu d'admettre, toutes corrections faites, que les quatre exercices 1892, 1893, 1894 et 1895 se soldent par un passif de 2.750.000 fr. + 1.822.319 fr. 15 = 4.572.319 fr. 15.

Mais ce n'est là qu'un élément du découvert : et s'il n'y avait pas eu à considérer les dépenses extraordinaires dont il vient d'être fait mention et qui, pour 1895, se montaient à 4.291.134 francs, il n'aurait pas été par deux fois depuis le commencement de l'année 1895, nécessaire, de procéder en trois mois à des liquidations provisoires successives.

Liquidations provisoires de 1895. — Dès le mois de mars 1895, le Gouvernement avait dû aviser aux moyens de remédier provisoirement à la situation « difficile, irrégulière et à certains égards inquiétante (1) » où se trouvait le Protectorat. A cet effet, il proposait d'ajouter à l'avance ordinaire et permanente de 6.000.000 de francs que le Trésor fait à l'Annam et au Tonkin, en vertu de l'article 48 de la loi de finances du 26 décembre 1890, une avance extraordinaire et temporaire de 9.000.000 de francs dont l'échéance devait être fixée au 1er décembre 1895 au plus tard. « Le Trésor, qui est chargé des services financiers du Protectorat, dit l'exposé des motifs, est aujourd'hui dans l'alternative, ou d'effectuer les payements à découvert, ou d'ajourner, tant en France qu'en Indo-Chine, l'acquittement des mandats qui seront présentés à ses caisses. »

Chargée d'examiner ce projet de loi, la Commission du budget de 1895, après une étude approfondie des éléments alors connus de la situation financière du Tonkin, estima que, s'il y avait lieu de fournir immédiatement au Protectorat une somme de 4.000.000 de francs

______

(1) C'est ainsi que l'a qualifiée M. P. Doumer dans son rapport du 25 mars.

jugée suffisante pour assurer le fonctionnement des services jusqu'au 31 décembre 1895, il était indispensable, dans l'intérêt même de son développement économique, de ne pas laisser peser plus longtemps sur ses finances les charges accablantes résultant des intérêts excessifs d'une dette que l'on évaluait alors à 13.000.000 de francs et dont les engagements relatifs au chemin de fer de Langson paraissaient encore constituer l'unique élément. Une liquidation définitive, dont les éléments faisaient d'ailleurs encore défaut, était dès lors reconnue indispensable.

L'accord s'étant établi sur ces bases, une loi du 23 avril 1895 porta de 6 à 10 millions de francs le maximum de l'avance permanente que le Trésor est autorisé à faire au Protectorat.

Ces prévisions ne tardèrent pas à être démenties, et la nécessité de mesures nouvelles se traduisit, dès le 25 juin 1895, par le dépôt d'un projet de loi tendant à autoriser une nouvelle avance de 5.000.000 de francs, celle-ci toute temporaire, puisqu'elle devait être remboursée au plus tard le 1ᵉʳ avril 1896, limite extrême fixée pour la liquidation définitive par le Gouvernement lui-même.

La Commission du budget n'avait pas, à ce moment, pour établir un bilan exact, une connaissance suffisante de la situation financière du Protectorat et des engagements résultant d'une série de marchés et de contrats pour travaux et fournitures dont l'existence, jusqu'alors inconnue du Gouvernement, venait de lui être brusquement révélée. Elle se borna à constater : un mécompte évalué à 5.000.000 de francs environ, sur le montant des payements à faire au cours de l'exercice, comme sur les ressources destinées à y faire face, et, chose plus grave, à côté de cela, un passif constitué par une série d'annuités à payer jusqu'en 1916, et dont, indépendamment des avances du Trésor français, la valeur en capital ne pouvait être estimée à moins de 36.000.000 de francs.

Comme conclusion, elle demanda à la Chambre d'une part, d'adopter l'article unique du projet, qui est devenu la loi du 13 juillet 1895 :

Le montant des bons émis par l'Administration de l'Annam et du Tonkin que le Ministre des Finances est autorisé à recevoir dans le portefeuille du Trésor, aux termes de l'article 48 de la loi du 26 décembre 1890 et de la loi du 23 avril 1895, pourra temporairement s'élever à la somme de quinze millions de francs (15.000.000).

Les bons émis en exécution de la présente loi et en addition au maximum fixé par la loi du 23 avril 1895 devront être remboursés au Trésor avant le 1ᵉʳ avril 1896.

Et, d'autre part, le projet de résolution que nous avons reproduit en tête de ce rapport.

Situation actuelle. — Les 9 millions, dont l'avance a été ainsi autorisée au cours de l'exercice 1895, en addition à l'avance permanente de 6 millions qui se trouvait complètement absorbée dès le mois de mars, ont permis au Protectorat de ne pas suspendre ses payements comme il en était menacé. — La même menace pèserait sur son crédit, dès les premiers mois de 1896, si le Parlement ne lui fournissait pas à très bref délai les moyens de procéder à la liquidation annoncée.

Pour s'en rendre compte, il suffit de jeter les yeux sur le tableau des charges de l'exercice 1896 et des ressources disponibles.

RESSOURCES.		CHARGES.	
Recettes prévues au budget..	19.942.000 fr.	Dépenses prévues au budget.	17.944.680 »
Solde disponible au 1er janvier 1896 de l'avance de 5.000.000................	1.000.000 »	Annuités et sommes diverses exigibles en 1896 et résultant de contrats en cours..	7.086.109 05
Total des ressources.	20.942.000 »	Remboursement au Trésor de l'avance temporaire autorisée par la loi du 13 juillet 1895 (capital et intérêts).	5.075.000 »
		Déficits des exercices 1892, 1893, 1894................	1.822.319 15
		Déficit probable de l'exercice 1895.....................	2.750.000 »
		Pertes au change...........	37.938 61
		Total des charges.........	34.716.046 81
		Excédent des charges sur les ressources.................	13.774.046 81

Si, conformément aux pratiques suivies jusqu'à ce jour, le Parlement consentait à ajourner le remboursement des 5 millions exigibles le 1er avril prochain, et s'il mettait à la charge de la métropole, au cours de l'année 1896, une somme égale à celle qui a été fournie au Protectorat à titre d'avance pendant l'année 1895, la situation n'en serait que très provisoirement améliorée : l'élasticité ne serait pas rendue aux services de trésorerie du Tonkin, aucun travail nouveau d'utilité publique n'y pourrait être entrepris et, malgré cette réserve éminemment dommageable aux intérêts d'avenir de notre colonie, il y aurait lieu, pendant plusieurs années encore, de faire un constant appel aux ressources du budget métropolitain, avant d'arriver à l'entier acquittement des dettes actuellement contractées.

Ces dettes se présentent, les unes sous la forme d'annuités à échéances fixes, les autres sous la forme de découverts de trésorerie résultant des déficits des exercices antérieurs et des avances de l'État.

Le tableau ci-dessous donne par exercice le total des annuités à échéances fixes. Elles n'engagent pas moins de vingt exercices.

Exercices.	Montant des annuités intérêts compris.
1896	7.086.109 05
1897	4.464.735 38
1898	2.544.127 45
1899	1.958.213 72
1900	1.334.991 35
1901	1.855.868 97
1902	1.293.746 60
1903	1.056.624 22
1904	1.031.501 85
1905	1.006.379 48
1906	981.257 11
1907	956.134 74
1908	931.012 37
1909	905.890 00
1910	780.767 63
1911	661.645 26
1912	648.522 89
1913	448.073 42
1914	434.951 05
1915	421.828 68
	30.802.381 22

Si l'on tient compte de ces dettes et des découverts de trésorerie, on arrive à dresser le tableau suivant pour le passif du Protectorat, en dehors de l'avance permanente de 10 millions que lui fait le Trésor.

Détail des sommes constituant le passif du Protectorat.

1° Compte du chemin de fer de Phu-Lang-Thuong à Langson.

Certificats restant en circulation..................	2.698.800	fr.
Intérêts probables jusqu'au remboursement........	134.940	»
Prêt de 4 millions par diverses banques..........	2.666.666	66
Intérêts de remboursement par anticipation........	33.333	33
Prêt de la Banque de l'Indo-Chine................	2.062.500	»
Dépenses prélevées sur les fonds du Tonkin et portées au compte de trésorerie du chemin de fer............	5.500.000	»
A ajouter....................................	104.496	60
	13.200.736 59	13.200.736 59

2° Travaux résultant de contrats anciens.

Travaux exécutés par la Compagnie des Docks..	600.000	fr.
Intérêts....................................	45.000	»
Achèvement de ces travaux par le sieur Malon..	400.000	»
Travaux par la Compagnie des Messageries fluviales....................................	2.900.000	»
Démolition de la citadelle d'Hanoï	1.532.000	»
Travaux de distribution d'eau à Haïphong......	4.374.125	»
Travaux de distribution d'eau à Hanoï.........	2.185.000	»
	12.486.125 fr.	12.486.125 »
Contribution du Protectorat dans la construction d'égouts nécessités par la démolition de la citadelle d'Hanoï....................................	180.000	»
Construction d'une route pour la conduite d'eau de Haïphong....................................	270.000	»

3° Rachat de monopoles.

Rachat du monopole des docks	1.950.000	fr.
Rachat de la ferme de l'opium au Tonkin..........	1.920.000	»
Reste à payer sur le prix du rachat de la ferme des alcools en Annam................................	141.410	50
	4.011.410 50	4.011.410 50

4° Dettes diverses.

Soldes débiteurs des comptes :		
Dépenses du Laos ;		
Avances aux services militaires ;		
Pertes au change ;		
(Déduction faite des excédents de recettes des exercices 1892, 1893, 1894)...........................	1.822.319	16
Solde du compte « Avances à régulariser »........	277.000	»
Déficit du budget de 1895 évalué à...............	2.750.000	»
Remboursement au Trésor de l'avance de 5.000.000 de francs (intérêts compris)......................	5.075.000	»
Intérêts sur 10 millions de bons du Trésor........	100.000	»
Remboursement à faire sur le compte du Siam (évaluation provisoire)................................	1.000.000	»
Dépenses imprévues, travaux de parachèvement, intérêts, pertes au change...........................	520.000	»
	11.544.319 15	11.544.319 15
		41.212.691 24

La situation financière du Protectorat demeure donc très obérée malgré les palliatifs qui y ont été à diverses reprises apportés. Heureusement, la prospérité du pays n'est pas atteinte, ses ressources vont en grandissant malgré les fautes commises : il n'est pas douteux qu'elles s'accroîtront plus vite encore si, pour l'avenir, on renonce aux errements anciens, et c'est dans ces ressources mêmes, qu'à la suite d'une étude approfondie des causes des embarras inextricables du présent, le Gouvernement a trouvé le remède qu'il vous propose d'apporter au mal.

Nécessité d'un emprunt. — Le projet de liquidation définitive que le Gouvernement soumet à la Chambre consiste dans un emprunt de 80.000.000 de francs, que le Protectorat serait autorisé à contracter, avec la garantie de la métropole. Sur le produit de cet emprunt, 43 millions seraient consacrés à l'acquittement du passif et au payement des frais d'émission. La différence, soit 37 millions, serait affectée à l'exécution des travaux publics les plus urgents.

Il est impossible de contester l'absolue nécessité où l'on se trouve de liquider aujourd'hui la situation du Tonkin, et l'étude détaillée des éléments de cette situation, comme l'expérience d'un passé récent, montre qu'une liquidation ne sera définitive qu'à la condition de fournir au Protectorat, non seulement les ressources nécessaires pour éteindre son passif, mais aussi et surtout des moyens réguliers de faire, sans risquer de retomber dans ses embarras actuels, les dépenses de premier établissement vraiment indispensables et urgentes.

A tous les points de vue, un emprunt réalisé dans des conditions favorables, et dont l'amortissement serait assuré dans une période assez longue pour ne point imposer aux prochains budgets des charges trop onéreuses, semble préférable aux procédés de liquidation par crédits supplémentaires ou par avances du Trésor auxquels on a eu jusqu'ici recours. Les chapitres qui vont suivre ont pour objet, une fois la situation financière clairement établie, de mettre la Chambre à même d'apprécier, en connaissance de cause, l'efficacité de la solution qui lui est soumise.

CHAPITRE 2.

Engagements du protectorat. — Origines et liquidation du passif.

Avant d'examiner en elle-même l'opération financière proposée, il est indispensable de discuter les éléments du passif du Protectorat afin de permettre à la Chambre de porter un jugement éclairé sur les procédés administratifs et financiers employés au Tonkin, et de faire prévaloir sa volonté de voir clair dans la gestion des affaires financières de ce pays, où jusqu'ici elle a surtout été appelée à intervenir lorsqu'il s'agissait de régler, aux frais des contribuables français, des dépenses irrégulièrement engagées sans autorisation préalable et en dehors de tout contrôle.

En proposant à la Chambre d'accorder au Protectorat les moyens de sortir d'embarras, le devoir de la Commission du Budget est de lui faire connaître point par point l'origine de ce passif, dont le total dépasse 40.000.000 de francs, et de lui donner des renseignements précis sur la nature des marchés et entreprises qui y figurent.

Ces marchés ou entreprises sont :

    I. Chemin de fer de Phu-Lang-Thuong à Langson.

    II. Rachat du monopole des Docks et travaux au port de Haïphong.

    III. Marché avec la Cⁱᵉ des Messageries fluviales.

    IV. Démolition de la citadelle d'Hanoï. Construction d'un mur d'enceinte. Déplacement de bâtiments. Constructions diverses.

    V. Alimentation en eau potable de la ville de Haïphong.

    VI. Eaux d'Hanoï.

    VII. Rachat de la ferme de l'opium au Tonkin.

    VIII. Rachat du monople de la vente des alcools en Annam.

I. — *Chemin de fer de Phu-Lang-Thuong à Langson.*

Le contrat relatif à la construction du chemin de fer de Phu-Lang-Thuong à Langson est le type le plus achevé des marchés de travaux dont l'objet principal semble avoir été de créer à tout prix des ressources extraordinaires.

C'est en même temps, de tous les engagements contractés au nom du Protectorat, celui dont les conséquences ont été et sont encore le plus onéreuses pour son budget et pour les finances de la métropole. Dès le mois de novembre 1890, il a donné lieu, à la tribune de la Chambre, aux plus vives critiques. Cette année même, dans un rapport du 28 mars 1895, M. Doumer en a exposé avec détail toutes les phases alors connues.

La longueur de la ligne à construire atteignait 100 kilomètres environ : le type de voie choisi était la voie Decauville à 0m 60 d'écartement entre les rails. Les prévisions qui ont servi de base au marché du 13 septembre 1889 demeuraient inférieures à 4 millions.

La ligne a été ouverte à l'exploitation au commencement de l'année 1895.

Voici comment, à la date du 15 août, s'établissait d'après les documents fournis par le Directeur du contrôle des finances de l'Indo-Chine, le compte des dépenses faites et celui des dépenses restant à faire.

Montant des dépenses payées de l'origine des travaux au 15 août 1895................................. 20.734.652 96

Dépenses restant à effectuer 1.104.299 50

Total....................... 21.838.952 46

Ce total se répartit comme suit :

Dépenses de construction...		15.368.629 63
Dépenses accessoires	Réduction de la citadelle de Langson et constructions y afférentes..	251.711 80
	Etudes pour la construction de la route de Langson à Hac-Lam..	94.252 20
Dépenses de protection	Casernements, blockhaus et route de Lam à Bac-Lé....	3.481.191 35
	Solde et entretien de la brigade de garde civile chargée de la protection de la voie...........................	1.765.199 53
Compte d'intérêts et indemnité spéciale de 30.000 francs alloué à des entrepreneurs hors du règlement du 30 juin 1894		877.967 95
Total égal................................		21.838.952 46

Ainsi, sur ce total énorme de 22.000.000 de francs environ, les dépenses de construction proprement dite représentent 15.368.629 fr. 63. La différence, 6.470.322 fr. 83, a été employée à des dépenses de diverses natures, dont l'utilité, peut-être réelle, ne se rattachait que fort indirectement à l'entreprise du chemin de fer.

Ce qu'il importe surtout de retenir, c'est que cette énorme dépense, dont une large part a dû par la suite être acquittée par le budget métropolitain, a été engagée non seulement sans que le Parlement ait été préalablement consulté, — on a pu à cette époque soutenir que le Gouvernement avait le droit de décider de sa propre autorité la construction d'un chemin de fer au Tonkin, — mais aussi sans études techniques suffisantes, et sans aucune précaution pour maintenir un équilibre indispensable entre les charges qu'on assumait et les ressources disponibles.

Un rapport officiel de l'Inspection des Finances, adressé au mois de mars 1895 au Président du Conseil, caractérise en ces termes les errements suivis :

Il n'est pas contestable que toutes les dépenses engagées l'ont été, depuis le début jusqu'à l'achèvement des travaux, de la façon la plus irrégulière et compromettante pour le Protectorat et pour le budget de la métropole, en définitive responsable. Le mode de payement ne laisse pas moins à désirer. On n'a rien fait pour prévoir le chiffre de la dépense à laquelle on pouvait se trouver entraîné, non plus que les moyens d'y pourvoir. Jamais il n'a été tenu compte des prérogatives du Parlement. . . . .

Dès 1888, la création d'une voie d'accès praticable jusqu'à Langson était instamment réclamée par l'autorité militaire, qui considérait ce point comme la clef du Tonkin.

L'opinion, tant en France qu'au Tonkin, se préoccupait du mode de ravitaillement alors employé entre Phu-Lang-Thuong et Langson : 3.000 coolies réquisitionnés faisaient ces transports, à travers un pays malsain ; à chaque voyage, les colonnes perdaient de 4 à 6 0/0 de leurs effectifs. De fortes escortes devaient les accompagner ; des ballots étaient perdus ; les vivres arrivaient avariés. Les soldats malades ou blessés devaient supporter 5 ou 6 jours de route à dos d'homme.

On crut d'abord qu'il était possible d'installer sur la route mandarine une voie de 60 centimètres, semblable à celle en usage en France dans les places fortes.

Une dépense de 2 à 3 millions, 5 millions au plus, paraissait suffisante pour poser la voie sur la route avec quelques légers travaux d'appropriation, et, sans procéder à aucune étude sérieuse, ce qui eût d'ailleurs été difficile dans une région occupée par les rebelles, on décida l'exécution du chemin de fer.

Des télégrammes d'avril 1889 permettent de supposer que, dès ce moment, l'adoption de la voie Decauville était décidée dans la pensée du Sous-Secrétaire d'État. On annonçait que, si le matériel était expédié en juillet, la ligne pourrait être ouverte dès le mois de mars suivant (huit mois).

Marché du 13 *septembre* 1889. (1) — Les clauses d'une convention furent étudiées par la Commission des travaux ; un cahier des charges fut dressé.

____

(1) Voir annexe n° 2, page iv.

Le 13 septembre 1889, une adjudication, dans laquelle la soumission de M. Soupe fut seule admise, comme étant seule conforme au cahier des charges, lui donna les travaux, évalués au total à 3 millions 876.000 francs. Mais il ne s'engageait nullement à construire le chemin de fer pour ce prix. Il ne s'engageait pas davantage à exécuter les travaux, d'après une série de prix arrêtée à l'avance, seul le transport faisait l'objet d'un prix ferme, fixé d'abord à 110 francs, puis à 150 francs la tonne; l'Administration se réservait l'achat du matériel en France et la direction des travaux au Tonkin. L'entrepreneur avançait les fonds et portait en compte ses dépenses réelles, qui lui étaient remboursées, majorées de 7 0/0 dans le premier cas et de 18 0/0 dans le second, par annuités payables de 1890 à 1895. Jusqu'à l'échéance fixée, les avances de l'entrepreneur étaient productives d'intérêts à 5 0/0.

Dans ces conditions, le soumissionnaire était un véritable banquier; c'était un emprunt sur travaux que l'on contractait sans autorisation, avec un bailleur de fonds qui ne disposait ni des capitaux ni du crédit nécessaires.

Modifications et additions au marché primitif. — L'Administration lui procura ce crédit en lui délivrant, sous la signature du Sous-Secrétaire d'État, des certificats, à son nom ou au nom d'un tiers par lui désigné, constatant l'inscription à un compte spécial du Protectorat, à Paris, de toutes les sommes qui lui seraient dues, et stipulant que ces sommes — intérêt et capital — seraient payées au Ministère des Finances. Un tel mode de payement et les facilités de crédit qui en découlaient n'entraient pas dans les prévisions du cahier des charges de l'adjudication. Ils résultent d'un acte additionnel, en date du 7 novembre 1889, postérieur de deux mois à peine au ntrat primitif (1).

Au mois d'octobre 1890, les travaux étaient à peine commencés, mais les 3.876.000 francs du marché étaient entièrement absorbés sans que, faute d'études, on pût encore supputer ce que pourrait bien coûter le chemin de fer. Toutes les prévisions de dépenses avaient été largement dépassées.

Bien que la situation du pays se fût améliorée, l'entrepreneur prit prétexte de ces dépassements pour obtenir de nouveaux avantages. Une seconde convention additionnelle, passée le 3 novembre 1890 (2), vint encore une fois modifier le contrat primitif, en accor-

(1) V. annexe, n° 3, page xv.
(2) V. annexe, n° 4, page xvi.

dant à l'entrepreneur du chemin de fer de Langson deux majorations
nouvelles, l'une de 10 0/0 sur le prix de la main-d'œuvre, pour frais
de menu outillage, l'autre de 3 0/0 l'an sur l'ensemble des dépenses,
s'ajoutant aux majorations précédentes de 7 et de 18 0/0, et sans préjudice, tant de l'intérêt à 5 0/0 jusqu'à l'échéance que de l'intérêt
à 6 0/0 qui lui était consenti en cas de payement différé.

Ce mode d'exécution des travaux aurait tout au moins exigé un
contrôle très minutieux et très sévère des dépenses réelles de l'entreprise que M. Soupe avait tout intérêt à grossir; il résulte des pièces
officielles communiquées à la Commission qu'à aucune époque ce contrôle n'a été exercé d'une manière continue, et que jamais aucune
suite n'a été donnée par l'Administration aux rapports des fonctionnaires qui signalaient des abus graves et des majorations extra-con-
tractuelles, telles que commissions de 15 0/0 indûment prélevées sur
les fournitures et remises de 10 à 12 0/0 obtenues des tâcherons et des
ouvriers sur les prix et sur les salaires portés en compte (1).

A son arrivée, en juin 1891, M. de Lanessan fut frappé du peu d'a-
vancement des travaux et de l'incertitude qui régnait partout : il res-
tait à ouvrir 60 kilomètres de Bac-Lé à Lang-Son, 40 seulement étaient
achevés.

Depuis le début, on était complètement sorti des conditions du
cahier des charges. Le nouveau gouverneur y apporta un changement
plus complet encore.

Par convention du 25 août 1891, il fit accepter par MM. Soupe
et Raveau la substitution à la régie de marchés à forfait avec des
sous-traitants. L'Administration déterminait la nature et l'importance
des marchés; ils étaient passés au nom de M. Soupe, lequel en
demeurait responsable aux conditions générales de son contrat, et
continuait les avances pour les payements.

Un marché à forfait fut ainsi passé de gré à gré, le 27 février 1872,
avec M. Vézin, qui s'engageait à terminer la ligne en juillet 1894, au
prix de 71.600 le kilomètre.

Sur quoi était basé ce chiffre forfaitaire? On ne saurait le dire ;
il est constaté qu'à ce moment aucune étude n'était faite encore
pour la continuation de la ligne. Le texte du traité Vézin, son cahier
des charges, s'il y en a eu un, n'ont pas été envoyés à l'Administration des colonies, le bureau des travaux n'a reçu ni devis ni plan.
Le Gouverneur a tout fait personnellement ; dans un rapport du

---

(1) V. annexe n° 5, page xix.

4

1ᵉʳ avril 1892, il évalue à 1 million 815.000 francs l'économie que, par ce marché, il espérait réaliser sur la régie.

En avril 1892, M. Soupe expose que, s'il a accepté le changement complet apporté à son contrat, c'est sur la promesse qu'on lui réservera la continuation de la ligne jusqu'à Nacham au nord, jusqu'à Hanoï vers le sud, et demande à l'Administration de lui confirmer cet engagement. M. Jamais, alors sous-secrétaire d'État, l'avise qu'il n'a pas à intervenir et que le Gouverneur général a seul qualité pour traiter directement tout ce qui a trait au chemin de fer (1). Mais il ne paraît pas qu'à cette occasion on ait rappelé à M. de Lanessan, comme il eût peut-être convenu de le faire, le décret du 21 avril 1891 dont l'article 9 est ainsi conçu : « Le Gouverneur soumet à la ratification du Gouvernement tous projets de travaux, contrats, concessions et entreprises de toute nature qui excèdent les ressources du protectorat. » Ce texte est précis et a été méconnu.

Dépenses de la Milice. Par télégramme du 7 septembre 1892, M. Chavassieux, résident général, demande à M. Soupe de pourvoir aux frais de la milice destinée à la protection des travaux et de la voie. L'entrepreneur soumet la question au sous-secrétaire d'État, le 17 (2). M. Jamais le renvoie de nouveau devant le Gouverneur, sans autre observation sur cette combinaison, qui constituait en fait un nouvel emprunt. M. Soupe accepta tout ce qu'on lui demandait et, par convention du 21 janvier 1893, s'engagea à payer l'entretien et le logement d'une brigade de miliciens moyennant une majoration fixe de 7 0/0, plus une majoration annuelle de 1 0/0 (3). Les termes de la convention ont été singulièrement élargis, et on a ainsi imputé au compte de la construction du chemin de fer, outre la solde et l'entretien de 400 à 800 hommes, des bâtiments militaires importants, quatre blockhaus et plusieurs bureaux de poste. Le total des dépenses de cette nature dépasse 5.500.000 francs.

Convention du 31 mai 1893. En voyant les travaux avancer plus rapidement, MM. Soupe et Raveau veulent s'assurer, par un engagement formel, les prolongements sur Nacham et Hanoï.

Ils proposent, comme avantageuses au Protectorat, des combinaisons financières nouvelles. Le sous-secrétaire d'État accueille

---

(1) V. annexe n° 7, page xx.

(2) V. annexe n° 8, page xx.

(3) Jusqu'à une époque récente ces majorations ont été payées, même sur les sommes directement acquittées par le Protectorat. (V. annexe n° 28, page LIII.) Origine d'une partie des recettes en atténuation inscrites au crédit du compte « Chemin de fer de Langson ». Mode de paiement irrégulier adopté pour les dépenses de solde et d'entretien de la brigade de garde civile chargée de la protection de la voie.

leurs offres et leur en notifie l'acceptation par lettre du 31 mai 1893 (1) : les majorations, fixe de 18 0/0 et annuelle de 3 0/0, sont remplacées par le chiffre unique de 25 0/0. Si les travaux ne sont pas achevés le 31 décembre 1894, l'entrepreneur aura droit à une indemnité de 10.000 francs par mois, représentative de la perte qu'il pourrait éprouver du fait de la suppression de l'intérêt annuel de 3 0/0. Pour les travaux relatifs à la substitution de la voie de 1 mètre comme pour le prolongement jusqu'à Nacham, la majoration sera abaissée au chiffre unique de 20 0/0. MM. Soupe et Raveau pouvaient ainsi considérer l'administration comme liée vis-à-vis d'eux pour les travaux postérieurs. Cette convention méconnaissait donc encore la volonté du Parlement inscrite dans l'article 49 de la loi de finances du 26 décembre 1890.

Le Protectorat renonçait en outre à la faculté de se libérer par anticipation.

Enfin, les entrepreneurs étaient chargés, au prix convenu de 1.500 francs par kilomètre, des études à faire pour le prolongement de Langson à Nacham. On peut trouver étrange de voir confier les études à celui qui aura à exécuter les travaux toujours avec une majoration des prix qui lui donne intérêt à grossir les dépenses.

Certificats d'inscription.

Mais ce qui semble le plus étrange c'est à coup sûr le mode de payement adopté. Les certificats d'inscription prévus par le contrat additionnel du 7 novembre 1889 et signés par le sous-secrétaire d'État des Colonies engageaient, sans qu'aucune loi l'eût permis, la signature du Gouvernement français. Jusqu'aux premiers jours de décembre 1893, les payements avaient été effectués au moyen de ces certificats présentés à la Caisse centrale du Trésor. Pour y faire face, 4 millions environ ont été prélevés sur le crédit extraordinaire de 13 millions accordé par la loi du 26 décembre 1890. D'autres certificats furent encore acquittés par le Trésor, pour une somme de 2 millions imputée au compte courant du Protectorat. Un crédit de 2 millions était inscrit aux budgets du Tonkin de 1892, 1893, 1894 ; mais, au cours de 1893, on dut se rendre compte que le prix des travaux dépasserait encore sensiblement les prévisions ; le mode de payement fut modifié (2).

Décision suspendant le payement des certificats.

Le 5 janvier 1894, M. le sous-secrétaire d'État Maurice Lebon écrivait à M. Soupe (3): « Les errements suivis jusqu'à présent ne seront pas continués. J'estime que le Parlement doit être appelé à se

---

(1) V. Annexe n° 9, p. xxi.

(2) Dès le 16 novembre 1893, M. Peytral, Ministre des Finances, s'était préoccupé de ces certificats, dont il ne s'expliquait pas l'origine (V. annexes n° 10 et n° 11, p. xxiii.)

(3) V. Annexes n°s 13, 14, 16, 17. — V. également annexe n° 15, p. xxv et suivantes.

prononcer sur tout ce qui a trait à la construction des lignes ferrées en Indo-Chine ».

Conformément à cette décision, le Gouvernement déposa, le 30 janvier 1894, un projet de loi dont l'objet était de liquider l'entreprise du chemin de fer de Langson et d'en assurer l'achèvement. L'exposé des motifs évaluait à 9.400.000 francs en capital les sommes restant dues et les dépenses nécessaires à l'entier achèvement de la ligne. Ces sommes étaient payables sur les ressources locales de l'Annam et du Tonkin, par fractions annuelles de 500.000 francs, avec intérêts à 5 0/0. Les échéances devaient s'échelonner jusqu'en 1912, et la somme totale à payer pour la liquidation de l'entreprise dans ces conditions atteignait 13.700.000 francs environ avec les intérêts. Frappé du caractère excessif de cette charge, le Gouvernement demandait l'autorisation de faire au Protectorat, jusqu'à concurrence de 8.595.054 fr. 68, une avance remboursable à raison de 600.000 francs en 1894 et par annuités de 500.000 francs, à partir de 1895. Cette avance devait, dans la pensée du Gouvernement, mettre le Tonkin à même de liquider complètement l'entreprise.

Ce projet ne vint pas en discussion.

Le 5 février 1894, le Sous-Secrétraire d'État avait écrit à M. Soupe : « Jusqu'à ce qu'une décision ait été prise par le Parlement, je ne saurais faire procéder à aucun payement relatif à cette affaire. » Le payement des certificats était donc suspendu (1).

Les travaux ne pouvaient cependant être arrêtés ni les payements refusés aux entrepreneurs. Pour se conformer à la mise en régie décidée par le conseil des Ministres (2), le Gouverneur général prescrivit de continuer le payement direct à Hanoï des bordereaux de travaux; 2.900.000 francs furent ainsi versés par le Protectorat dont les ressources furent vite épuisées.

C'est alors que M. de Lanessan, en congé en France, négocia personnellement, le 7 juillet 1894, un emprunt de six millions avec divers établissements de crédit : opération irrégulière puisqu'elle était encore faite sans l'assentiment du Parlement.

Au 30 juin 1894, un compte de liquidation a été établi entre le Protectorat et les entrepreneurs.

« J'ai pris les dispositions nécessaires, leur écrit, le 11 juillet, le Ministre des Colonies, pour assurer le règlement immédiat du

---

(1) V. Annexes nᵒˢ 18, 19 et 20, p. xxix et suivantes.
(2) Voir le télégramme en date du 2 janvier 1894, pièce annexe, nᵒ 13, page xxv.

solde de 1.589.000 francs qui vous est dû. Vous aurez à vous entendre à cet effet avec la banque de l'Indo-Chine qui doit faire tous les payements. Les travaux restant à exécuter continueront à vous être payés directement au Tonkin ; à partir du 30 juin les majorations seront réduites de 18 à 15 0/0 et de 7 à 5 0/0 (1). »

Pour les travaux nouveaux promis à M. Soupe, on lui a fait accepter la réserve que les contrats préparés ne seraient valables qu'après leur approbation par le Parlement.

Observations générales. — L'entreprise du chemin de fer de Langson a été féconde en mécomptes : partant d'une prévision inférieure à 4.000.000 de francs, et qui n'était basée sur aucune étude, on arrive, aujourd'hui que la ligne, ouverte à l'exploitation dans toute sa longueur, n'exige plus que quelques parachèvements, à constater qu'elle aura coûté 21.838.952 fr. 46 (2). Il convient du reste de remarquer que cette ligne à voie de 0^m, 60, avec son matériel provenant de l'exposition de 1889, n'est, dans son état actuel, capable de rendre que des services fort imparfaits. Pour qu'elle devienne vraiment utile, il faut, d'une part, la prolonger, au sud vers Hanoï, au nord vers la frontière de Chine ; il est indispensable, d'autre part, de la transformer en portant à un mètre la largeur de la voie. Il ne saurait d'ailleurs être question, même au cas où l'on conserverait la voie de 0^m, 60 d'en continuer longtemps l'exploitation, sans renouveler entièrement le matériel roulant ; on ne saurait méconnaitre en effet les inconvénients graves que présentent sous un climat tropical des véhicules construits pour être mis en service à Paris.

Telle qu'elle se comporte cette ligne donne lieu à un trafic qui permet d'espérer pour l'avenir des résultats satisfaisants.

La ligne de Langson a été mise en exploitation par sections. — Le tableau ci-après donne les recettes kilométriques annuelles, avec les longueurs moyennes exploitées pendant l'année, ainsi que le nombre de voyageurs.

Trafic.

____

(1) V. Annexe n° 21, p. xxxii.

(2) Voir la note préliminaire du compte dressé par le Contrôleur des Finances du protectorat ; V. annexe n° 28, page L.

ANNÉES.	LONGUEUR moyenne exploitée.	RECETTES kilométriques en piastres.	NOMBRE MOYEN des voyageurs transportés	
			par année.	par jour.
	kilomètres	piastres		
1891........................	16 86	432	22.178	95
1892........................	19 07	863	95.380	261
1893........................	35 43	1.397	233.586	639
1894........................	54 8	1.797	384.761	1.054
1895........................	93 8 (D'après les cinq premiers mois).	2.003 37	»	»

L'augmentation de la recette brute est continue et elle porte sur toutes les branches de trafic.

La recette brute actuelle n'atteint pas encore 5.500 francs par kilomètre, le coefficient d'exploitation est fort élevé, la dépense étant de 4.000 francs par kilomètre. C'est donc, pour 103 kilomètres environ, une recette nette de 125.000 francs, en chiffres ronds, à mettre en regard d'une dépense d'établissement de près de 22 millions ; même en déduisant de ce chiffre le montant des dépenses accessoires qui dépassent 6.000.000 de francs, on n'obtiendrait encore pour le capital engagé dans l'affaire qu'une insignifiante rémunération de 0,0833 0/0.

Ce n'est pas d'ailleurs par ces résultats, dont on est en droit d'espérer la rapide amélioration, qu'il faut juger l'utilité de la ligne. Celle-ci est réelle et encore appelée à grandir lorsque, par suite de l'exécution des prolongements projetés vers Hanoï et vers la frontière de Chine, la ligne actuelle servira tout à la fois au trafic local et au transit des marchandises en provenance et à destination du Quang-Si et du Quang-Tong.

Mais ces perspectives d'avenir ne doivent pas faire oublier les fautes du passé, non plus que les embarras et les charges du présent.

La liquidation du compte du chemin de fer de Phu-lang-Thuong à Langson et la conversion des dettes contractées par le Protectorat à l'occasion de cette entreprise exigeront un prélèvement de 13.200.000 francs sur le produit de l'emprunt qu'il s'agit d'émettre. Il est douloureux de constater qu'un marché de la nature de celui qui a été passé au mois de septembre 1889 entre le Sous-Secrétaire d'État des Colonies et les entrepreneurs Soupe et Raveau ait pu peser d'un poids si lourd pendant sept années sur la situation financière du Tonkin, en dépit des irrégularités si graves et si multiples que nous avons signalées, en dépit surtout de la loi et de la volonté nettement manifestée par le Parlement de statuer sur toutes les questions concernant la construction et l'exploitation des chemins de fer en Indo-Chine.

Des contrats relatifs à l'exécution des prolongements de la ligne actuelle et à sa transformation ont été passés à diverses époques, soit avec la maison Souppe et Raveau, soit avec la Compagnie de Fives-Lille. De ces contrats, dont nous donnons le texte en annexe (1), le dernier seul a été rédigé en vue d'être soumis à l'approbation des Chambres. Le Gouvernement n'a pas cru devoir nous en saisir avant l'expiration du délai de six mois au cours duquel le dépôt sur le bureau de la Chambre devait être opéré. Votre Commission n'a pas eu, par conséquent, à apprécier les clauses de cette convention. Elle se bornera donc à déclarer qu'après l'expérience du chemin de fer de Langson, il est indispensable de changer de système. Il serait en effet plus profitable à l'avenir du Tonkin de n'y plus exécuter un kilomètre de chemin de fer que de livrer de nouveau les finances du Protectorat aux risques d'un second marché de la nature de celui qui vient d'être analysé. Quant aux prétentions que ces entrepreneurs émettent dans une lettre récente (2) adressée au Ministre des Colonies, c'est à la juridiction compétente qu'il appartient de les apprécier.

Contrats relatifs aux prolongements.

II. — *Rachat du monopole des docks et travaux au port de Haïphong.*

La Société des docks de Haïphong, société anonyme au capital de 1.500.000 francs, a obtenu, par contrat du 6 août 1886, la concession pour vingt ans, avec monopole, de l'établissement et de l'exploitation de magasins généraux à Haïphong. Une convention du 11 décembre 1886, passée avec l'Administration militaire du Protectorat, lui a confié en outre la gestion des magasins centraux du service des subsistances et des magasins de transit de l'Administration militaire à Haïphong.

Par une convention en date du 8 décembre 1892 (3), le Protectorat a racheté à cette société ses constructions, son outillage, ses monopoles et privilèges, ainsi que la gestion des magasins centraux des subsistances militaires. Le prix du rachat est fixé à 4 millions de francs, payables au moyen :

1° De 16 annuités de 180.000 francs constituant le prix du loyer

---

(1) V. annexes n°s 23, 24, 25, p. xxxv.
(2) V. annexe n° 27, p. xlix.
(3) V. annexe n° 29, p. 135.

des Magasins centraux ; cette somme incombant au *budget colonial ;*

2° De 20 annuités de 187.327 francs afférentes au rachat des Magasins généraux, ces annuités supportées par le *budget du protectorat.*

Par les mêmes actes (1), la Société a pris l'engagement d'exécuter dans un délai de trois ans, sur les indications et au gré de l'Administration, les travaux jugés les plus utiles pour l'amélioration du port de Haïphong, jusqu'à concurrence d'une dépense de 1 million de francs, le payement de ces travaux devant être effectué par annuités d'au moins 200.000 francs chacune.

Enfin, dans une convention signée au mois de janvier 1894, M. de Lanessan a accepté la substitution de M. Malon, entrepreneur à Haïphong, à la Société des docks pour l'exécution desdits travaux.

L'examen de ces contrats appelle de sérieuses critiques.

En réalisant l'opération dont il s'agit, le Gouverneur général se proposait, ainsi qu'il l'expose dans un rapport en date du 28 octobre 1892, adressé au Sous-Secrétaire d'Etat, de donner satisfaction aux plaintes incessantes du commerce en diminuant ses charges et en rendant ses opérations plus faciles ; d'alléger les dépenses de l'administration militaire en lui rendant toute l'indépendance de ses mouvements ; de retenir dans le pays et de transformer en travaux utiles au commerce une portion aussi considérable que possible du capital dont la Société allait redevenir maîtresse.

Il ne semble pas que les raisons ainsi données du rachat soient suffisantes pour justifier les charges que la mesure a imposées au Protectorat. D'une part, les protestations des commerçants de Haïphong étaient surtout provoquées par la perspective de voir se créer à côté d'eux une situation commerciale prépondérante et par le souci d'échapper à la surveillance rigoureuse de la douane. D'autre part, les maisons chinoises, qui font 80 0/0 des affaires, n'ont jamais protesté, bien au contraire.

Les tarifs fixés par la Société étaient élevés sans doute ; mais ils pouvaient supporter la comparaison avec ceux d'autres ports des mêmes régions. La Société avait déclaré d'ailleurs, à maintes reprises, que, mieux fixée sur l'importance du trafic, elle serait disposée à les abaisser.

Quant au bénéfice qu'en devait retirer l'administration militaire,

---

(1) V. annexe n° 30, page LIX.

il n'apparaît pas avec évidence. Son loyer reste fixé à 180.000 francs, après le rachat comme avant. L'économie, s'il y en a une, ne peut porter que sur les frais accessoires de débarquement, embarquement, magasinage, manutention et entretien des bâtiments. Rien ne permet d'affirmer que ces frais seront moins élevés sous le nouveau régime que sous l'ancien.

Il n'est pas sans intérêt de rappeler ici qu'un projet de loi tendant au rachat, déposé le 8 décembre 1888 par le Ministre de la Marine et le Ministre des Finances, fut repoussé par la Commission du budget(1). La Chambre n'eut pas d'ailleurs à statuer sur la question, le projet de loi ayant été retiré. Déjà, dans cette première convention, le prix du rachat était fixé à 4.000.000 de francs. N'était-il pas, dès lors, excessif d'accorder comme indemnité, à la fin de 1892, le même chiffre qu'en 1888, alors que la durée de la concession n'était plus que de quatorze ans au lieu de dix-huit, et que les bâtiments comme le matériel avaient quatre années d'usage de plus? D'ailleurs, on ne trouve au dossier aucun procès-verbal descriptif et estimatif des bâtiments et de l'outillage (2) : une estimation par experts, dans une transaction d'aussi grande importance, eût été cependant fort utile.

Quant au contrat de travaux annexé au contrat de rachat, il constitue, à n'en pas douter, un emprunt déguisé pour lequel l'autorisation du Parlement était obligatoire. Cela résulte à l'évidence de la nature même des travaux exécutés. On ne saurait, en effet, considérer comme se rattachant à *l'amélioration du port de Haïphong*, la construction d'un hôtel des postes et télégraphes, celle d'un commissariat de police et de deux postes, la reconstruction des casernes de la garde civile et la consolidation du logement de l'inspecteur, tous travaux exécutés sur le million mis à la disposition du Protectorat par la Société des docks, et s'élevant à la somme de 146.405 fr. 72.(3).

Le rachat de la concession des docks, repoussé en 1888 pour des motifs qui ne paraissent pas avoir perdu de leur valeur en 1892, n'a pas été précédé des estimations et des études qui auraient pu le rendre moins onéreux pour le Protectorat ; en y annexant, dans les conditions qui viennent d'être rappelées et sans avoir au préalable obtenu l'assentiment des pouvoirs publics, un contrat de travaux, le gouverneur général a certainement dépassé la limite de ses attributions.

---

(1) M. Raynal, rapporteur. (V. annexes, n° 3533, au procès-verbal de la séance du 26 janvier 1889.)

(2) V. annexes n°˙ 29 et 30, p. LVII et LIX.

(3) V. annexe n° 31, p. LXI.

Quel que soit le jugement que l'on puisse porter sur cette opération irrégulière, l'intérêt incontestable du Protectorat, c'est aujourd'hui d'user du droit réservé par l'article 6 du contrat du 8 décembre 1892, de se libérer par anticipation, les annuités de rachat et de travaux étant, en vertu de ce contrat, majorées de 6 0/0 au profit de la Société des docks.

III. — *Marché avec la Compagnie des Messageries fluviales.*

Le contrat (1) intervenu à la date du 16 septembre 1893 entre l'Administration du protectorat et MM. Marty et d'Abbadie prolonge jusqu'en 1906 un monopole qui devait expirer en 1897. Les concessionnaires continuent donc à être chargés par privilège de tous les transports de l'Administration, et à jouir de l'exonération de diverses taxes, telles que les droits de phare, d'ancrage et de navigation.

En plus du monopole des transports, la Société concessionnaire reçoit du Protectorat une subvention annuelle calculée sur le nombre de milles parcourus par les bateaux des diverses lignes.

Cette subvention a atteint pour les derniers exercices les chiffres suivants :

1892..........	180.250 milles à 4 francs..........	721.000 fr.
1893..........	180.250 — à 4...............	721.000 »
1894..........	233.333 — à 3...............	700.000 »
1895..........	230.196 — à 3...............	690.528 »

Ces chiffres sont intéressants. Il a été parlé à propos de ce contrat de diminution de charges. La diminution n'existe pas en réalité. Considérée en francs, la subvention du Protectorat aurait diminué de 30.804 francs depuis 1892. Mais le crédit inscrit en piastres s'est élevé de 180.250 piastres en 1893, à 233.333 piastres en 1894. Si le change de la piastre a baissé, la piastre n'en a pas moins conservé dans le pays la même valeur libératoire, toutes les dépenses, à peu d'exceptions près, étant à faire sur place. La diminution dont il a été parlé est par conséquent imaginaire.

Si la Société en question rend des services incontestables à l'Administration, celle-ci lui accorde en échange de très sérieux avantages. Aussi est-il permis de penser que des concurrents se seraient présentés le jour du renouvellement du contrat des messageries fluviales, à l'échéance normale de 1897, et que le Protectorat eût obtenu ainsi des conditions plus douces que sous le régime actuel.

On doit donc regretter qu'il n'ait été fait, en 1893, aucun appel

---

(1) V. annexe n° 32, p. LXII.

d'offres, aucune tentative d'adjudication, et que ce soit par un simple marché de gré à gré, dont l'Administration centrale n'a pas été avisée, qui ne porte le visa ni du contrôle ni du directeur des Travaux publics au Tonkin, qu'un service aussi important, engageant jusqu'en 1906 les finances du Protectorat, ait pu être concédé de gré à gré.

Comme condition du renouvellement de leur privilège, on a imposé aux concessionnaires par le contrat du 16 septembre 1893 l'obligation de fournir les fonds nécessaires pour exécuter tous les travaux d'amélioration du fleuve Rouge et des autres voies navigables, de creusement de canaux, de balisage, etc., que le protectorat jugeait utiles.

Le programme de ces travaux sera dressé par l'Administration; mais les études seront faites par les concessionnaires.

La dépense totale ne devra pas dépasser 3.000.000 de francs et les dépenses annuelles 500.000 francs.

Les sommes dues pour les travaux seront inscrites au crédit du compte des concessionnaires et porteront intérêt à 6 0/0. Elles leur seront payées par annuités de 200.000 francs au minimum.

Au terme de l'article 50, « dans le cas où l'on ne tomberait pas d'accord sur l'estimation des travaux, le Protectorat reste libre de les faire exécuter comme il le voudra; les concessionnaires fourniront les fonds et les frais d'étude leur seront remboursés. Mais dans ce cas l'intérêt de 6 0/0 sur le montant des travaux sera porté à 7 0/0 ».

Cette clause du contrat achève d'en déterminer le caractère qui est celui d'un véritable emprunt de 3 millions. Les travaux prévus sont incontestablement intéressants et même urgents ; mais on peut se demander s'ils ont été engagés, tant au point de vue financier qu'au point de vue technique, avec toute la correction et toute la prudence désirables.

Notons, en passant, le singulier usage qu'on a fait d'une portion des sommes ainsi empruntées. L' « état des sommes dues à MM. Marty et d'Abbadie pour travaux exécutés suivant leur contrat, en date du 16 septembre 1893 », porte pour les mois d'octobre, novembre et décembre 1894, un total de dépenses de 46.260 fr. 25 pour le groupe scolaire d'Haïphong. La situation de 1895 porte pour janvier, février et mars un total de 27.315 fr. 70 pour le même objet (1). Nous trouvons là une répétition du procédé, déjà employé à propos du contrat de la Compagnie des docks d'Haïphong, et qui consiste à imputer certaines dépenses pour lesquelles on ne dispose d'aucun crédit sur des comptes de travaux avec lesquels elles n'ont rien de commun.

Il est à remarquer qu'aucun crédit afférent à l'annuité de 200.000 francs n'a été trouvé au budget de 1894. On peut présu-

---

(1) Voir annexe n° 33, p. LXXIII.

mer que le premier payement aura été reporté à l'exercice 1895 où
le crédit paraît compris, mais sans mention distincte au titre des travaux neufs, dans un article de 134.167 piastres : « Annuités à payer à
divers entrepreneurs. »

IV. — *Démolition de la citadelle d'Hanoï. Construction d'un mur d'enceinte. Déplacement de bâtiments. Constructions diverses.*

Le 28 juillet 1893, le Conseil municipal d'Hanoï, estimant que la
citadelle gênait le développement de la ville, et que les fossés, remplis
d'eau stagnante, étaient une cause d'insalubrité, émettait le vœu que
cette enceinte fût déclassée. Le Conseil de défense, consulté, ayant
donné un avis favorable à la réduction de la citadelle, le Gouverneur
général passa, le 15 février 1894, avec M. Bazin, un marché de gré à
gré (1) comprenant :

1° La démolition des murailles et parapets de la citadelle ;

2° Le remblai des fossés et mares, jusqu'à concurrence des déblais
à provenir des parapets;

3° L'ouverture des voies dans les terrains déclassés de la citadelle, non compris l'empierrement, le cylindrage et la plantation qui
restent à la charge du protectorat;

4° La construction d'un nouveau mur d'enceinte avec banquette
d'infanterie;

Les travaux ci-dessus énumérés devaient être exécutés, moyennant le prix de 60.000 francs et moyennant la concession à M. Bazin,
à titre de propriété définitive, des terrains de la citadelle déclassés
(90 hectares environ), à l'exception d'une superficie de 5 hectares,
réservée par le Protectorat.

M. Bazin pouvait, en outre, employer dans la construction du
nouveau mur d'enceinte les matériaux provenant de la démolition
des murs de la citadelle.

Par le même marché, M. Bazin s'engageait à exécuter, d'après les
prix du bordereau de l'artillerie, mais au taux fixe de 3 fr. 80 la piastre,
les travaux de construction de tous les bâtiments dont le déplacement
ou la construction serait une conséquence du déclassement de la citadelle, notamment les magasins à poudre, les logements des officiers
et sous-officiers de tirailleurs tonkinois, ainsi que tous travaux nécessaires pour l'écoulement des eaux.

M. Bazin pouvait être enfin chargé, à Hanoï, aux mêmes conditions, de tous autres travaux qui lui seraient demandés.

Les dépenses résultant de ces divers travaux sont payables par

---

(1) Voir annexe n° 34, p. LXXV.

annuités à inscrire, pendant un nombre d'années déterminé à partir de 1895, aux budgets du Protectorat.

Ce contrat contient de nombreuses irrégularités.

Il a été passé de gré à gré, sans adjudication, sans qu'un devis, fixant l'importance des travaux, ait été préalablement établi. Aucun motif plausible n'explique cette irrégularité. On avait tout le temps nécessaire pour dresser les plans, évaluer la dépense et procéder à une adjudication, puisque les travaux n'ont dû commencer que six mois après la conclusion du marché. La nature des travaux qui n'exigeaient aucune compétence spéciale aurait évidemment attiré des concurrents sérieux. Des offres avaient, d'ailleurs, été faites par plusieurs autres maisons ; mais le Gouverneur général, qui convient que le marché Bazin est *peut-être onéreux pour le Protectorat*, a donné la préférence à cet entrepreneur parce que c'était le seul qui acceptât le payement en terrains. Or le payement d'un marché en terrains ou en matériaux est formellement interdit par les règlements sur la comptabilité publique. Les terrains de la citadelle, ainsi que les matériaux provenant des démolitions, auraient dû être remis aux Domaines, mis en vente avec concurrence et publicité, pour le produit de l'aliénation être porté en recette au budget.

Par acte du 13 février 1895 (2), le contrat de la citadelle a été rétrocédé à la Société générale des Études industrielles et commerciales de la Chine, de l'Indo-Chine, c'est-à-dire la maison Soupe et Raveau, dont M. Bazin n'était, paraît-il, que l'employé.

On a vu que, pour la fixation des prix applicables aux travaux autres que la démolition des murailles, le comblement des fossés à concurrence des déblais et la construction du nouveau mur, la piastre devait être décomptée au taux de 3 fr. 80.

Cette clause est désastreuse pour le Protectorat, non seulement parce que le cours de la piastre, à l'époque de la conclusion du marché, était déjà inférieur à celui de 3 fr. 80, mais à cause de sa tendance à la baisse qui n'a cessé de s'accentuer depuis.

Une semblable condition constitue en réalité une majoration de 38 0/0 environ sur les prix du bordereau de l'artillerie. Elle n'est même pas équitable, car le prix des matériaux et de la main-d'œuvre au Tonkin ne suit pas les variations du cours de la piastre ; elle ne pourrait s'appliquer avec quelque raison qu'aux fournitures qu'on est obligé de faire venir de France.

En résumé, ce marché présente les caractères de la plupart de ceux que la Commission a eus à examiner : défaut de communication préalable aux services intéressés ; absence des études nécessaires pour déterminer exactement les charges incombant au Protectorat ; éloignement de la concurrence qui, seule, permettait à la colonie d'obtenir les conditions les moins onéreuses. Il ne remplit que très incomplètement le but d'assainissement qu'on s'était proposé, puisqu'il prévoit le comblement des fossés jusqu'à concurrence seulement des déblais à provenir des démolitions, ces déblais s'élevant à 120.000 mètres cubes, alors que le volume des remblais à exécuter est de 700.000 mètres cubes.

Enfin il rend difficiles, sinon impossibles, en ne se combinant pas avec eux, les travaux d'égout prévus par la ville de Hanoï pour l'écoulement des eaux provenant des fossés ou des voies à ouvrir. C'est principalement pour combler cette lacune et pour éviter ces difficultés qu'un acte additionnel au contrat du 15 février 1894 est intervenu, le 2 juillet 1895, entre l'Administration du Protectorat et le représentant de la Société générale d'études industrielles et commerciales pour la Chine et l'Indo-Chine (1).

V. — *Alimentation en eau potable de la ville de Haïphong.*
Contrat J. Bedat et J.-B. Malon

Par le contrat en question, qui est un marché de gré à gré (2), les concessionnaires, MM. Bedat et Malon, entrepreneurs à Haïphong, se sont engagés à exécuter, pour le compte du Protectorat, les travaux d'adduction des eaux de la rivière Song-Huong par une conduite débitant 3.000 mètres cubes par 24 heures en toute saison, ainsi que la canalisation de la ville.

Les travaux doivent être exécutés à forfait. Le montant de ce forfait est évalué *provisoirement* à 4.374.125 francs qui seront amortis en 20 ans par 40 demi-annuités calculées au taux d'intérêt de 6 0/0. Les payements seront faits tous les six mois en francs à Paris. La perte au change doit donc être ajoutée au montant de la somme stipuée.

Le délai d'exécution est fixé à 3 ans; mais la première annuité sera payable lorsque le montant des sommes portées au crédit des entrepreneurs s'élèvera à 300.000 francs. La première échéance est par conséquent indéterminée.

Comme beaucoup d'autres, ce contrat laisse place à une large incertitude ; aucune étude n'a été faite à l'avance. Aussi un contrat annexe, en date du 15 juillet 1895, a-t-il dû préciser les stipulations du contrat primitif.

Même amélioré par ce contrat annexe, le marché dont nous nous occupons laisse encore place à de très grandes incertitudes, à un très large *aléa*. Nous ne citerons qu'un seul exemple. Le Directeur des

---

(1) Voir annexe n° 35, p. LXXVII.
(2) Voir annexe n° 37, p. LXXXIII, et annexe n° 38, p. LXXXVII.

Travaux consulté par le Gouverneur général par intérim, M. Chavas-sieux fait remarquer que la canalisation dans la ville devrait compor-ter 18.000 mètres de longueur, tandis que le marché n'en prévoit que 10.000; que les travaux ne comprennent ni boîtes d'incendie et d'arro-sage, ni abreuvoirs, ni atelier de réparations ni menu outillage; toutes choses nécessaires que le Protectorat devra payer en dehors du forfait déjà si élevé.

Ce marché, de gré à gré, sans adjudication ni appels d'offres, n'a du reste pas été soumis à l'Administration centrale, ni communiqué au contrôle.

VI. — *Eaux d'Hanoï. Construction d'une distribution d'eau potable. Fonctionnement et entretien de cette distribution.*

Aux termes d'un contrat de gré à gré signé le 23 juillet 1893 (1), M. Gibault a été chargé de la construction d'une distribution d'eau potable à Hanoï, moyennant un prix forfaitaire de 3.800.000 francs, payable en vingt annuités égales de 190.000 francs chacune, y com-pris intérêts et amortissement.

Par un second contrat (2) du même jour, passé de gré à gré avec MM. Bédat et Dousdebès, ces derniers se sont engagés à assurer, pen-dant une période de vingt ans :

1° Le fonctionnement des appareils d'élévation et de distribution des eaux construits par M. Gibault ;

2° L'entretien des mêmes appareils ;

3° La fourniture et la pose de toutes les canalisations et appareils neufs et de tous travaux de fontainerie et de plomberie soit pour le compte du protectorat, soit pour celui de la ville et des particuliers.

La somme allouée à forfait par le Protectorat pour les première et deuxième parties dudit contrat est fixée à 2.200.000 francs payables en vingt annuités égales de 110.000 francs chacune.

Sont néanmoins exceptés du forfait et payés à part : le remplace-ment des tuyaux en fonte à moins qu'ils n'aient été cassés ou détério-rés du fait du concessionnaire ; le renouvellement ou les grosses répa-rations des réservoirs métalliques et des générateurs, lorsqu'il n'aura pas été rendu nécessaire par la faute de la société ; le renouvellement des pièces volées, lorsque le vol ne sera pas le fait des ouvriers de MM. Bédat et Dousdebès ou le résultat de la négligence de leurs agents ; le renouvellement des pièces disparues ou brisées par cas de force majeure, et généralement toute construction ou tout travail qui aurait pour but d'apporter un changement dans la disposition primitive des établissements hydrauliques ou des distributions d'eau.

(1) Voir annexe n° 39, p. xc.
(2) Voir annexe n° 40, p. xcii.

Sont, de même, payés à part les travaux prévus dans le n° 3 ci-dessus du contrat.

Quelques explications sont nécessaires sur l'origine de ces contrats, qui constituent une charge des plus lourdes pour les finances du Protectorat, dont on ne comprend pas *a priori* l'intervention dans une affaire d'intérêt exclusivement municipal.

En présence des offres faites par deux entrepreneurs, au lieu de de s'en tenir à la plus avantageuse, l'administration semble n'avoir eu d'autre but que d'amener entre les concurrents une entente préjudiciable aux intérêts du Trésor.

Le Résident supérieur au Tonkin, signant « pour le Gouverneur général et par délégation », adressait, le 29 avril 1892, au sous-secrétaire d'État, pour être porté à la connaissance des industriels français, le cahier des charges des travaux que la municipalité d'Hanoï se proposait de faire exécuter pour une distribution d'eau potable. L'adjudication était fixée au 1er octobre.

Avisé des projets de la ville d'Hanoï, un entrepreneur des travaux publics de Paris, M. Gibault, avait envoyé, dès le mois d'août 1891, un ingénieur au Tonkin. Après des études complètes, son projet déposé dans les délais voulus, fut admis par la Commission municipale désignée au cahier des charges. Il se croyait donc en possession du marché.

Quelle ne fut pas sa surprise lorsque, par une dépêche du 21 février 1893, il apprit que le Directeur des travaux, avait émis un avis défavorable à ses propositions, que des modifications avaient été apportées au cahier des charges et qu'une nouvelle adjudication était fixée au 27 février?

On doit noter ici que le refus opposé à M. Gibault coïncidait avec les offres déposées par M. Labrousse, ingénieur à Hanoï, dont on parlera plus loin.

Par une lettre du 2 mars 1893, M. Gibault protesta contre cette manière de faire auprès du Département qui invita le Gouverneur général à fournir des explications. Celui-ci n'envoya aucun renseignement au Ministère et se contenta de répondre directement à M. Gibault.

Quelle fut cette réponse? On l'ignore. Toujours est-il que M. Gibault cessa ses protestations et que, le 23 juillet 1893, il signa le contrat qui fait l'objet du présent examen.

On a vu plus haut que M. Labrousse avait fait des offres en concurrence avec celles de M. Gibault. M. Labrousse déclare, en effet, avoir remis, le 4 janvier 1893, entre les mains du Résident supérieur au Tonkin, une soumission par laquelle il s'engageait à exécuter les travaux de construction pour 1.500.000 francs, payables en trois ans sans intérêt, et à assurer le fonctionnement et l'entretien de la distribution pour 30.000 francs par an.

Pourquoi ces propositions avantageuses n'ont-elles pas été admises? Pourquoi, quelques mois plus tard, a-t-on chargé des mêmes travaux M. Gibault moyennant 3.800.000 fr. (au lieu de 1.500.000 fr.), et des mêmes fonctionnement et entretien MM. Bédat et Dousdebès moyennant 110.000 fr. (au lieu de 30.000 fr.)? Dans aucun des rapports relatifs à cette affaire la Commission n'a trouvé de réponse à cette importante question.

Comme M. Gibault, M. Labrousse protesta contre son éviction. Aux explications qui lui furent demandées, le 20 janvier 1894, par le Département, le Gouverneur général se borna à répondre qu'il n'avait pas outrepassé les droits que lui conférait le décret de 1891 ; que le cahier des charges transmis à Paris ne portait pas son approbation, mais seulement celle du Résident supérieur, M. Chavassieux, lequel n'avait pas qualité pour engager la dépense. (Il convient de rappeler que la lettre d'envoi dudit cahier des charges était cependant signée : *Pour le Gouverneur général et par délégation.*)

« Après la décision de la municipalité revenant sur la première adjudication, » — ajoute M. de Lanessan, — « et en en décidant une nouvelle dans les huit jours, M. Chavassieux, qui avait accepté tour à tour les deux décisions, se trouvait fort embarrassé devant la protestation de M. Gibault et me demandait de donner une solution à ce différend inextricable. Je parvins, non sans difficulté, à mettre d'accord les deux concurrents en les associant aux travaux à exécuter et en faisant à chacun sa part. »

Une large part, pourrait-on dire, et dont le budget du Protectorat faisait tous les frais.

La rédaction des contrats eux-mêmes soulève bien des critiques.

Aucun cautionnement n'est exigé de MM. Bédat et Dousdebès.

Il n'y a pas coïncidence entre la date à laquelle l'entrepreneur de la construction doit livrer tous les appareils fonctionnant (23 octobre 1896), et celle à laquelle les obligations de l'entrepreneur de l'entretien commencent (23 janvier 1896).

D'autre part, l'entrepreneur de la construction est responsable pendant deux ans (article 8) « de ses ouvrages, de ses appareils, de leur bon fonctionnement et sera tenu de les *entretenir à ses frais*, pendant ce délai de garantie. »

C'est donc 220.000 francs que l'on accorde bénévolement à MM. Bédat et Dousdebès.

VII. — *Rachat de la ferme de l'opium au Tonkin.*

Par un marché du 7 septembre 1887, le Gouvernement du Protectorat avait concédé à la Société fermière de l'opium au Tonkin (Société anonyme au capital de 1.440.000 francs, dont 1.200.000 francs seulement versés), représentée par M. de Saint-Mathurin, administrateur-gérant de ladite Société, le monopole de l'introduction, du transport, de la fabrication et de la vente de l'opium au Tonkin.

Des contestations ne tardèrent pas à s'élever entre l'Administration du Protectorat et la Société, au sujet de l'interprétation que devait recevoir l'article 3 de la convention, fixant le minimum de la redevance annuelle à payer par le fermier.

Au lieu de faire trancher la difficulté conformément aux stipulations de l'article 17 du cahier des charges, aux termes duquel « les contestations pouvant survenir entre la Société fermière et l'Administration du Protectorat pour l'interprétation ou l'exécution du cahier des charges devaient être réglées *sans appel* par le Résident général, en conseil de protectorat » le Sous-Secrétaire d'État aux Colonies, à la suite de négociations suivies à Paris entre lui et M. de Saint-Mathurin, en dehors de l'intervention du Résident général au Tonkin, signa, le 13 octobre 1890, un traité transactionnel dans lequel des conditions nouvelles, qui aggravèrent encore la situation du Protectorat au regard de la Société fermière, furent substituées aux conditions de l'ancien contrat.

La Société subissait, il est vrai, une augmentation de redevance; mais cet avantage était acheté au prix de l'abandon des droits litigieux du Protectorat sur les trois premières années de l'exploitation, droits qui s'élevaient au total à 465.000 piastres,— de la prorogation, jusqu'au 31 décembre 1900, du monopole qui expirait normalement le 6 septembre 1892, — et du droit d'option, aux conditions offertes par tout soumissionnaire, à la concession du monopole en Annam (1).

En outre, le nouveau cahier des charges supprimait le droit de contrôle que l'Administration avait antérieurement sur les magasins et la comptabilité du fermier; il supprimait également certaines obligations (minimum d'approvisionnement en magasin, — conditions de livraison de l'opium aux débitants) qui constituaient la garantie d'une gestion régulière du monopole.

Enfin, aux termes de l'article 8 de la nouvelle convention, la répression de la contrebande devait être assurée par un Commissaire

---

(1) Ce droit d'option a donné lieu à la concession à M. de Saint-Mathurin du monopole de l'opium en Annam.

du Gouvernement près la ferme de l'opium, autrement dit par le Protectorat.

C'est de cette dernière stipulation que sortirent toutes les difficultés qui devaient aboutir, le 14 mai 1893, au rachat de la ferme. En effet, sous prétexte que la contrebande est insuffisamment réprimée, l'administrateur-gérant de la Société se refuse, dès la première année, à payer la redevance fixée par le traité. Il organise une campagne de presse et, non content de se soustraire à ses obligations, menace de demander des dommages-intérêts.

En présence de ces agissements, le Gouverneur général alors en fonctions, M. de Lanessan, entre dans la voie des concessions. Par lettre du 7 septembre 1891, il accorde à la Société une remise de 40.000 francs et lui concède, pour huit ans, le monopole, à partir du 1er janvier 1892, de la ferme de l'opium en Annam. Finalement, le 14 mai 1893, il signe la convention de rachat du monopole au Tonkin. Ce rachat est effectué moyennant une indemnité de 3.400.000 francs, somme qui représente plus de deux fois et demie le capital engagé par la Société (1.200.000 francs) (1).

Le Protectorat reprend, en outre, les immeubles et le matériel moyennant un forfait de 200.000 francs, alors qu'en 1891 ils avaient été évalués à peine à 50.000 francs par le Commissaire du Gouvernement, près la ferme. Enfin les opiums en magasin sont payés au prix de revient, *sur factures* établies par la Société en dehors de tout contrôle de l'Administration.

Les stipulations du contrat portent que l'indemnité de 3.400.000 fr. est remboursable : un million de francs le 1er juillet 1894, et le surplus en dix demi-annuités de 240.000 francs chacune, à l'échéance des 1er janvier et 1er juillet, à partir du 1er janvier 1895. C'est pour faire face au payement, par anticipation des dernières annuités, qu'une somme de 1.920.000 francs est prévue au projet d'emprunt.

Il y a lieu d'être surpris du peu de fermeté dont les représentants du Protectorat ont constamment fait preuve vis-à-vis de la Société fermière de l'opium au Tonkin, de la facilité avec laquelle ses réclamations ont été accueillies, de l'insuffisance des études qui ont précédé la signature du marché transactionnel du 13 octobre 1890, du prix exorbitant auquel a été conclu le rachat. Il était pourtant facile de connaître les résultats que donnait l'exploitation de la ferme, la Société, constituée sous le régime de la loi de 1867, devant annuellement publier son bilan. On aurait pu aisément constater que ses opérations, loin de se traduire en pertes, lui laissaient des bénéfices qui ont permis, tout en constituant de sérieuses réserves, de distribuer au capital social des dividendes de 26 0/0 en 1888 et de 32 0/0 en 1889. On

---

(1) Voir annexe n° 41, page CVII.

se serait dès lors abstenu de lui faire remise de droits légitimement acquis au Protectorat (1).

Il y a lieu de s'étonner aussi que, pour la solution des contestations survenues entre le Protectorat et le fermier, il n'ait pas été fait usage du droit que l'article 8 du contrat du 7 septembre 1887 et les articles 16 et 17 du cahier des charges du 13 octobre 1890 conféraient au Gouverneur général, de statuer sans appel, en conseil de Protectorat, sur ces contestations.

Quoi qu'il en soit, et quelque sévérité qu'on doive apporter dans les critiques soulevées par les négociations successives rappelées ci-dessus, c'est au Gouvernement qu'il appartient, après avis du comité du contentieux, de décider s'il est possible de revenir sur le contrat de rachat du 14 mai 1893.

Au cas où il serait impossible de ne pas l'exécuter, le remboursement anticipé des annuités à échoir donnerait nécessairement lieu à un escompte au bénéfice du Protectorat.

VIII. — *Rachat du monopole de la vente des alcools de riz en Annam.*

Par une décision en date du 14 avril 1892, le Ministre des Finances de l'Empire d'Annam concédait, pour une durée de quatre années et moyennant une redevance annuelle de 75,000 piastres, à deux chinois, Lam-Foc-Ly et Tsin-Tsuong-Tien, le monopole de la vente des alcools de riz dans les douze provinces de l'Annam.

Après entente avec la cour de Hué, le Protectorat substitue la régie à la ferme, sous la condition du partage des bénéfices. Mais il conserve pendant trois ans, à titre de débitants généraux, les anciens fermiers chinois. Par un contrat en date du 29 septembre 1893, intervenu entre ces derniers et le Gouverneur général de l'Indo-Chine, agissant tant au nom du Protectorat qu'au nom de l'empereur d'Annam (2), une indemnité de 269.000 piastres, payable en trois ans, par portions égales et portant intérêt à 6 0/0, est allouée aux anciens fermiers. Ceux-ci, devenus débitants généraux, doivent payer 0.05 piastres par *bi* d'alcool (1 *bi* = 97 centilitres environ), avec un minimum de vente correspondant à :

    240.000 piastres en 1893.
    258.000   —   en 1894.
    282.000   —   en 1895.

Total : 780.000 piastres.

---

(1) Voir annexe n° 42, page xcix.
(2) Voir annexe n° 43, page ciii.

Le produit, déduction faite de l'indemnité, est partagé entre le Protectorat et la cour de Hué.

La charge imposée aux débitants généraux est ainsi de 780.000 p. dont il faut déduire : 300.000 piastres, chiffre de l'indemnité de 269.000 piastres + 31.000 piastres pour les intérêts.

Rèste : 480.000 piastres pour trois ans.

Soit : 160.000 piastres par an, ou plus du double de l'ancienne redevance de 75.000 piastres.

La moitié de cette somme ou 80.000 piastres, revient au Protectorat ; l'autre moitié appartient à la Cour, qui se trouve ainsi bénéficier d'un supplément annuel de recettes de 5.000 piastres.

Il pouvait être intéressant, au point de vue politique, de mettre la main sur certaines ressources de la cour d'Annam et d'acquérir ainsi un contrôle indirect sur ses finances. Mais il ne faudrait pas que, pour entretenir de bonnes relations avec cette Cour, nous perdions de vue l'intérêt considérable que nous avons à ne pas encourir la haine du contribuable annamite.

L'alcool de riz consommé en Indo-Chine est de très bas degré, fabriqué presque exclusivement par des bouilleurs de cru, et constitue la seule boisson alcoolique en usage parmi les indigènes. Si l'on songe à la résistance opposée par la plupart des départements français au simple *exercice* des bouilleurs de cru, il est aisé d'imaginer quelle impopularité peut entraîner après lui, dans un pays de protectorat, un impôt sur l'alcool perçu par voie de monopole de vente.

Le mécontentement de la population était déjà considérable, sous le régime de la ferme, de l'aveu du Gouverneur général lui-même. Que deviendra-t-il sous le régime nouveau, qui, doublant la redevance des anciens fermiers royaux transformés en débitants généraux du Protectorat, entraînera une augmentation au moins proportionnelle dans le prix de l'alcool vendu, pour lequel le contrat ne fixe aucun tarif, aucun maximum ?

Le télégramme suivant du Gouverneur général, du 12 avril 1894 répond à cette question : « Hausse prix alcool produite par nouveau régime, cause mécontentement général. Toutes mesures prises. »

On est ainsi en droit de se demander si la recette supplémentaire de 80.000 piastres que le nouveau régime de l'alcool procure au budget du Protectorat, et les quelques avantages politiques secondaires qu'il nous assure, compensent bien l'accroissement de charges imposé à la population et l'impopularité que ces charges entraînent pour le protecteur.

Observations générales. — Les contrats que nous venons d'analyser figurent seuls dans les prévisions sur lesquelles est basé l'emprunt; mais il en est d'autres, conçus dans le même esprit et présentant les mêmes incorrections, qui ont été conclus avec le même mépris des formes administratives. Il n'y a pas lieu de les apprécier ici, soit qu'ils aient été annulés, comme la convention relative au port de Tourane (1), soit que, comme pour le contrat Leroy relatif aux ponts en fer, ils n'aient pas de répercussion directe sur la liquidation. On trouvera, d'ailleurs, aux annexes, sur le premier de ces contrats des renseignements officiels qui permettront à la Chambre de se former une opinion éclairée sur la manière dont ont été gérées jusqu'à ce jour les affaires du Protectorat.

Deux questions se posent à l'occasion de chacun de ces contrats:
L'exécution en est-elle obligatoire pour le Protectorat et pour la métropole? Y a-t-il des moyens d'annulation ou tout au moins de résiliation? Enfin la liquidation des comptes ne permettra-t-elle pas à l'État d'exercer contre les soumissionnaires ou entrepreneurs des répétitions importantes.

D'autre part, les irrégularités et les abus de toute nature, dont les pages qui précèdent donnent un aperçu sommaire, ne comportent-ils aucune sanction ?

La Chambre n'a pas à trancher ces questions ni à déterminer les sanctions disciplinaires qui pourraient atteindre les fonctionnaires coupables de complaisance ou d'aveuglement.

En ce qui concerne le passé, c'est au Gouvernement qu'il appartient d'étudier chaque affaire en détail et d'aviser, avec ses conseils, aux moyens de sauvegarder absolument les intérêts du Protectorat et ceux du Trésor français dans la liquidation qui se prépare. Il doit être bien entendu, comme l'indique l'exposé des motifs, qu'en cette liquidation tous les droits de l'État demeurent rigoureusement réservés, et qu'aucune créance douteuse ou insuffisamment justifiée ne sera admise contre lui.

En ce qui concerne l'avenir, le devoir étroit s'impose au Gouvernement et aux Chambres de prendre les sûretés indispensables contre le renouvellement des abus et du gaspillage dans lesquels se résume l'histoire financière du Tonkin. Au lendemain de l'emprunt, le Protectorat, dégagé de tout lien de droit avec ceux qui l'ont depuis si longtemps exploité, va se trouver en possession d'un capital dont il importe d'assurer l'utile emploi. Il est indispensable en même temps de

---

(1) Voir annexes n°s 45 à 50, page cvii.

prévenir tout abus dans la gestion de ses ressources ordinaires, si l'on ne veut à bref délai voir se rouvrir l'ère des déficits budgétaires.

A cet égard, la législation en vigueur, contenue tout entière dans les articles des lois de finances qui obligent à soumettre au Parlement les emprunts et les projets de chemins de fer, est jusqu'ici restée lettre morte. Il en est à peu près de même des restrictions qu'apportait aux pouvoirs si étendus du Gouverneur général le décret même qui les a institués.

Il est, par conséquent, indispensable d'insérer dans la loi même qui autorisera l'emprunt, des prescriptions qui mettent l'Administration du Protectorat dans l'obligation :

1° D'employer les sommes qui resteront disponibles, après la liquidation de l'arriéré, aux seuls travaux expressément autorisés par la loi d'emprunt ;

2° De ne contracter à l'avenir aucun engagement qui excède les ressources annuelles du budget local sans en référer au Ministre des Colonies, qui sera tenu de soumettre à l'approbation des Chambres tout projet d'emprunt nouveau quelle qu'en soit la forme.

Les articles 3, 4 et 5 du projet de loi ont été rédigés dans ce but.

Il faut en outre que le contrôle des comptes du Protectorat soit à l'avenir plus efficacement exercé, et, pour cela, il est nécessaire que la Cour des comptes soit appelée dorénavant à statuer sur de véritables comptes de gestion accompagnés de toutes leurs pièces justificatives.

Il faut enfin que les projets de budget donnent lieu à un examen sérieux de la part du Gouvernement qui les approuve, et de la part du Parlement, qui ne saurait s'en désintéresser en raison de leur répercussion sur le budget de la métropole.

Le remède au désordre dont le Protectorat a souffert n'est pas dans une centralisation excessive. Il ne saurait venir à l'idée de personne de porter atteinte à l'initiative et à la liberté d'action du Gouverneur général, dont les pouvoirs doivent rester très étendus afin que sa responsabilité soit effective. On n'administre pas de Paris un pays de 20.000.000 d'âmes situé à plus de 3.000 lieues de distance.

Mais plus les pouvoirs du Gouverneur général doivent être larges, plus il importe qu'ils soient nettement délimités par les droits que le pouvoir législatif ne doit pas abdiquer ; plus il importe également que le contrôle administratif et parlementaire s'exerce avec exactitude et en pleine connaissance de cause.

C'est à ce prix, mais à ce prix seulement, que la liquidation actuelle sera bien la liquidation définitive que nous avons en vue.

CHAPITRE 3.

Programme de Travaux publics

Un peu plus de la moitié de l'emprunt projeté doit être absorbé par la liquidation des opérations de crédit et des entreprises actuellement engagées. L'autre moitié doit être consacrée à l'exécution des travaux publics les plus urgents.

Les dépenses de travaux à imputer sur le produit de l'emprunt, d'après le projet du Gouvernement, sont les suivants :

Éclairage et balisage des côtes..................	1.250.000 fr.
Port d'Haïphong..............................	6.750.000 »
Chemins de fer : Hanoï-Phu-Lang-Thuong, Langson à la frontière de Chine................. Chemins de fer : transformation de la ligne de Phu-Lang-Thuong à Langson..................	20.000.000 »
Routes.......................................	3.000.000 »
Bâtiments civils..............................	4.000.000 »
Armement....................................	2.000.000 »
Total....................	37.000.000 fr.

L'utilité de ces travaux, et leur caractère d'urgence, ne peuvent guère donner lieu à discussion.

Personne ne conteste, en effet, la nécessité de créer dans nos possessions de l'Indo-Chine les voies de communication indispensables au transport économique des personnes et des marchandises.

Au point de vue militaire, la sécurité ne sera complètement assurée sans frais excessifs que le jour où nos détachements pourront se porter aisément d'un point à un autre, communiquer entre eux, et se ravitailler autrement que par des transports à dos d'homme ou à dos de mulet. Au point de vue commercial, les 600 millions que la France à dépensés depuis l'origine au Tonkin et en Annam, les 25 millions qu'elle inscrit annuellement à son budget pour la défense de ces territoires, les pertes que nos troupes ont subies par le feu et par la maladie, tous ces sacrifices resteraient vains si on reculait devant les dépenses indispensables à la mise en valeur du magnifique domaine que la France a conquis. Une colonie d'exploitation, comme une entreprise agricole ou industrielle, ne peut devenir prospère sans un capital de premier établissement.

Ces nécessités ont conduit les administrations antérieures à recourir aux expédients que nous venons de relater. Ne pouvant se résigner à ne rien faire, et n'osant pas demander franchement au Parlement les ressources dont elles avaient besoin pour agir, elles ont essayé d'exécuter quelques travaux en engageant l'avenir par des voies irrégulières, d'autant plus onéreuses que la nature même des procédés employés enlevait toute sécurité aux bailleurs de fonds. L'Administration actuelle du Protectorat a renoncé absolument à ces procédés. On ne peut que l'en louer, et il faut en même temps reconnaître la modération des demandes présentées aujourd'hui pour répondre aux premiers besoins.

Du moment où nous occupons l'Annam et le Tonkin, nous devons nécessairement assurer, d'abord la sécurité de la navigation maritime que notre présence amène sur leurs côtes, en second lieu l'accès facile de nos navires dans quelques ports, en troisième lieu la pénétration des voyageurs et des marchandises dans le pays et aux frontières de ce vaste empire chinois avec lequel nous espérons lier de ce côté des relations commerciales ; enfin la diffusion de nos produits dans l'intérieur, ainsi que les communications transversales entre les points que nous occupons à la périphérie.

Éclairage et balisage des côtes.

La sécurité de la navigation exige que les côtes dangereuses soient éclairées et balisées. Dès 1884, une commission d'officiers de marine instituée par l'amiral Courbet dressait un programme que des études ultérieures ont permis de compléter et de rectifier. Depuis lors, on a amélioré l'éclairage du Cua-Cam, qui sert d'accès au port d'Haïphong ; un feu a été établi pour éclairer l'entrée du port de Tourane ; au cap Tadaran, un phare est allumé depuis 1889, enfin on a entrepris la construction d'un autre phare sur les îles Norways. Aujourd'hui il est urgent d'établir à la pointe Kega un phare qui sera utile à tous les navires allant de Saïgon vers le nord, d'augmenter la portée de celui de Hone-Dau, d'établir des feux à Quine-Hone et à Thuan-An, de signaler au moyen de bouées les bancs de la côte sud de l'Annam ; enfin d'éclairer et de baliser la nouvelle entrée du port de Haïphong dont nous allons parler. Un bateau baliseur sera de plus indispensable pour assurer le service des phares et bouées. La dépense prévue est évaluée à 1.250.000 francs. Cette dépense, minime, eu égard aux intérêts de sécurité en jeu, s'impose d'autant plus au Protectorat qu'il perçoit, sur les navires accédant dans ses ports, des droits de phare et d'ancrage dont le produit annuel est de 15.000 piastres.

Port d'Haïphong.

Au point de vue des ports, on a longuement discuté sur l'emplacement qui pourrait le mieux convenir pour la création du principal établissement maritime du Tonkin. Pendant ces discussions, le port de Haïphong s'est créé en quelque sorte de lui-même. Le mouvement maritime s'y est porté, l'initiative privée y a créé des docks, des appontements et des magasins, la marine y a installé des ateliers, de sorte qu'aujourd'hui la question n'est plus entière. Les installations maritimes ont leur place marquée là où le commerce s'est lui-même établi : l'expérience ne l'a que trop clairement démontré, et il n'est pire erreur que de croire qu'on attirera un mouvement de navigation en construisant des bassins et des quais, là où il n'existe aucun centre commercial.

Haïphong, situé à 12 milles de la mer, sur le Cua-Cam, l'un des innombrables bras constituant le delta du fleuve Rouge, est devenu par la force des choses le principal port du Tonkin.

Il jouit de grands avantages naturels : la sûreté et la profondeur du mouillage, la facilité des communications par eau avec l'intérieur, le voisinage d'Hanoï. Son seul défaut, qui est grave, est le peu de profondeur des accès. La barre du Cua-Cam limite à 5 mètres le tirant d'eau des navires qui peuvent remonter la rivière aux pleines mers de vive eau.

Les relations de Haïphong avec les grandes lignes de navigation sont aujourd'hui établies par une ligne annexe, qui tous les quinze jours, donne à Saïgon la correspondance avec la ligne postale des Messageries maritimes sur la Chine et le Japon, et qui reçoit du Protectorat une subvention de 135.000 francs par an. Les bateaux de ce service ne peuvent pas franchir la barre en morte eau, pendant quatre ou cinq jours, chaque quinzaine. Les grands transports de l'État, lorsqu'ils sont envoyés à Haïphong, doivent transborder en chalands leur chargement dans la baie d'Along.

Il est absolument indispensable d'ouvrir l'accès de Haïphong aux grands navires à toute marée, et pour cela il faut augmenter le tirant d'eau du chenal. Deux projets ont été étudiés à cet effet. L'un consiste à approfondir le chenal dans le Cua-Cam. L'autre, qui a les préférences de l'Administration du Protectorat, consiste à substituer à l'entrée, par le Cua-Cam, un passage par le bras voisin du Cua-Nam-Trieu, en réunissant ce bras au Cua-Cam, au-dessus de la barre, par une coupure de 60 mètres de largeur, à travers la presqu'île qui sépare les deux bras. Les avantages de cette solution sont de trouver, dans le

Cua-Nam-Trieu, une barre plus basse de $0^m,90$ que celle de Cua-Cam, et d'établir le chenal dans un point où il arrive moins d'apports. Pour abaisser la barre, de manière à permettre l'accès à toute marée des navires calant 7 mètres, on avait étudié autrefois un projet d'endiguement du chenal. On y substitue aujourd'hui fort sagement des dragages, qui ne présentent pas un caractère aussi aléatoire ; les digues à la mer, qui modifient les courants, ont trop souvent donné des résultats contraires à ceux que l'on attendait.

Le projet complet d'amélioration, comportant, outre les travaux des accès, 500 mètres de quais verticaux dans le port, était évalué à 8.500.000 francs.

L'emprunt comprend seulement 6.750.000 francs destinés à en exécuter les parties les plus urgentes. Le projet n'est d'ailleurs pas définitivement arrêté dans ses détails. Une mission hydrographique vient de partir pour faire dans la baie d'Along les relevés précis et détaillés indispensables à la détermination exacte des accès. On ne saurait trop insister sur la nécessité de s'entourer de tous les renseignements et de soumettre les projets à l'avis des ingénieurs les plus expérimentés avant d'adopter une solution définitive pour des travaux à la mer, qui sont, de tous les travaux publics, ceux qui comportent le plus d'aléa. Mais l'avant-projet, dressé d'après les longues études déjà faites dans la région, suffit à démontrer que la somme demandée est indispensable pour réaliser les premières améliorations ; elle est loin d'être excessive eu égard à l'intérêt de l'opération.

Le Protectorat aura à rechercher si l'établissement de droits de port ne pourrait pas couvrir une partie au moins des charges de l'entreprise. Les navires venant à Haïphong payent aujourd'hui des droits seulement s'ils font usage des docks ou des appontements rachetés à l'ancienne Compagnie. L'accostage des quais et les économies résultant des facilités d'accès permettront sans doute de réaliser des perceptions nouvelles.

En dehors d'Haïphong, port du Tonkin, un autre grand port serait nécessaire pour desservir l'autre partie du Protectorat, l'Annam. Sa situation est aussi tout indiquée, à Tourane. La rade naturelle de Tourane est déjà accessible aux plus grands navires; mais ils ne peuvent accoster, et les conditions d'exploitation par transbordement sont fort incommodes. Toutefois, l'amélioration de ce port rentre dans les travaux de deuxième urgence qui n'ont pas pu être compris dans les affectations de l'emprunt. Elle pourrait être aujourd'hui réalisée, si l'on disposait de ressources suffisantes, puisque le Protectorat s'est dégagé des liens d'une concession à laquelle nous avons déjà fait allusion, et qui avait été accordée à une société fort peu préparée, au moins en apparence à mener à bien l'entreprise (1).

Chemins de fer.

Pour mettre le port d'Haïphong en relations avec les parties éloignées du Tonkin, pour y attirer le commerce de transit avec la Chine, il est indispensable que des voies de pénétration soient établies dans les principales directions. Les transports à longue distance ne peuvent être effectués à un prix de revient qui permette un développement sérieux du trafic que par deux procédés, la navigation intérieure ou le chemin de fer. Sans discuter les mérites respectifs de ces deux modes de transport, on ne peut contester que dans un pays neuf où tout est à faire, les juxtaposer dans une même direction serait folie.

Partout où les fleuves peuvent, sans trop de dépenses d'amélioration, former une voie de transport susceptible d'être desservie par des services réguliers, c'est la navigation intérieure qui doit être préférée.

Là au contraire où il faut créer des voies navigables artificielles, ou bien partout où les voies naturelles ne seraient utilisables qu'à la condition d'être transformées, le chemin de fer doit être préféré comme un instrument plus rapide et plus parfait.

Haïphong est à cet égard particulièrement favorisé par sa situation géographique. Relié aux magnifiques voies naturelles qu'offrent le Thaï-Binh, le fleuve Rouge et ses affluents, la rivière Noire et la rivière Claire, le port communique déjà avec une grande partie des régions intérieures. Des services réguliers, assurés moyennant des subventions annuelles dont le total atteint 700.000 francs relient le port par des départs quotidiens à Hanoï, par des départs ayant lieu une, deux ou trois fois par semaine à Phu-Lang-Thuong, Dap-Cau, Tuyen Quang, Lao-Kay, Cho-bo, Nam-dinh et Ninh-binh, enfin à Vinh et à Monkay, où les bateaux de navigation intérieure arrivent en longeant les côtes. Tous ces services peuvent fonctionner toute l'année, sauf celui de Lao-Kay qui est interrompu quatre mois par an. Les travaux que les concessionnaires, MM. Marty et d'Abbadie, se sont engagés à exécuter dans les conditions financières exposées ci-dessus donneront à ce service la même régularité qu'aux autres. De Cho-bo et de Tuyen-Quang, les bateaux à rame remontent pour assurer le transport des marchandises et le ravitaillement des postes jusqu'à la frontière.

Le trafic dans la direction du nord-ouest et vers la frontière de la province chinoise de Yunnan est donc desservi dans des conditions

____

(1) Pièces annexes, nᵒˢ 49 et suivants, pages CVII et suivantes.

qui peuvent être considérées comme suffisantes pour le moment. Il n'en est pas de même dans la direction du nord-est et des provinces de Quang-Tong et de Quang-Si.

Pour suppléer dans cette direction, à l'absence de voies naturelles, on a établi la ligne de Phu-Lang-Thuong à Langson, qui relie un des terminus de la navigation avec le centre militaire et commercial de la région. Mais pour qu'elle constitue réellement un instrument satisfaisant de pénétration, il est indispensable de la prolonger d'un côté jusqu'à Hanoï, chef-lieu du Tonkin, de l'autre jusqu'au voisinage de la frontière chinoise, vers Na-Cham, où l'on prend contact avec la grande voie de navigation du Li-Kiang, qui traverse entièrement les deux provinces chinoises de Quang-Si et de Quang-Tong. C'est donc 75 kilomètres de lignes neuves à construire, en sus des 100 kilomètres existants.

La ligne actuelle est à voie de 0^m,60 de large avec des rails pesant 9 kil. 50 par mètre. C'est là un type insuffisant pour desservir des courants actifs et réguliers de transport, et il serait très regrettable de l'adopter pour toutes les voies futures à établir en Indo-Chine. D'un autre côté, l'unité de type est éminenment désirable, moins pour éviter les transbordements que pour être en mesure d'utiliser, en cas de besoin, un matériel de réserve unique sur les diverses sections du réseau. L'Administration manifeste très sagement ses préférences pour l'adoption, en Indo-Chine, de la voie de 1 mètre avec rails de 20 kilogrammes au mètre courant, qui est sensiblement moins coûteuse que la voie large, et qui constitue un instrument de transport d'une capacité très suffisante.

Malgré ces considérations, on pourrait hésiter à adopter pour les prolongements un type différent de celui de la section déjà construite, si celle-ci pouvait subsister dans son état actuel. Mais la voie, beaucoup trop légère pour un service permanent dans un pays où l'entretien ne peut pas être incessant, a déjà souffert. Le matériel, qui n'a pas été construit en vue du climat, ne présente pas les dispositions indispensables pour la protection des voyageurs contre le soleil. Une réfection et une transformation s'imposeront donc à bref délai. Il vaut mieux par conséquent prendre de suite, pour les prolongements, le type qui doit être adopté pour toutes les lignes futures du Tonkin, et comprendre dans les travaux à imputer sur l'emprunt, la transformation de la voie existante, dont l'état actuel n'offre pas les garanties indispensables de sécurité.

Un contrat pour la construction des prolongements de la ligne actuelle vers Hanoï, d'une part, et vers la frontière de Chine, de l'autre

(v. annexe n° 25, page XLII) a été préparé et signé à Paris, au mois de février 1895 par l'ingénieur-conseil du Protectorat, agissant en vertu d'une délégation du Gouverneur général. Aux termes de cette convention, la dépense, dans laquelle n'étaient pas compris les frais de transformation de la ligne de Phu-Lang-Thuong à Langson, était évaluée à 22 millions. Elle a été ramenée plus tard, après un arbitrage, à la somme de 20.000.000 francs. La convention devait, à peine de nullité, être soumise à la ratification du Parlement dans un délai de six mois, expirant le 19 août 1895.

Le Ministre des Colonies n'a pas cru devoir en saisir les Chambres; il a pensé que les conditions du contrat n'étaient pas suffisamment avantageuses, et par dépêche du 4 septembre 1895 (voir annexe n° 26 p. XVIII) il a fait connaître au Gouverneur général sa décision et les motifs qui l'avaient inspirée.

D'autre part, les études poursuivies sur place par le service des travaux publics du Tonkin l'avaient amené à reconnaître que de sérieuses économies peuvent être réalisées sur les conditions proposées par la Compagnie de Fives-Lille. Ce résultat n'est pas surprenant : une Compagnie sérieuse, avant de se charger à forfait d'un travail considérable dans un pays neuf, éloigné de 4.000 lieues de son centre d'action, est tout naturellement portée à stipuler des prix qui la couvrent complètement de l'aléa inévitable dans de pareilles entreprises.

Il est des circonstances où il peut être avantageux pour l'Administration d'assumer cet aléa et de s'exposer à en subir toutes les conséquences, plutôt que de s'engager à payer des prix nécessairement calculés sur les hypothèses les plus défavorables.

Le Gouverneur général estime, en ce qui concerne les sections neuves Hanoï-Phu-Lang-Thuong et Langson-frontière de Chine, que la construction peut en être assurée dans de bonnes conditions, pour l'infrastructure, par de petites entreprises locales entre lesquelles ces travaux seraient répartis par une série d'adjudications portant sur des lots de 15 à 20 kilomètres.

Les grands ouvrages d'art, ponts métalliques à grande portée sur le Canal des rapides, le Song-Cau, etc., donneraient lieu, ainsi que la superstructure et la fourniture du matériel roulant, à des marchés pour lesquels on mettrait en concurrence les principales maisons françaises de construction.

Dans ces conditions, une dépense de 20 millions paraît devoir suffire pour la construction des sections neuves, aussi bien que pour la transformation de la ligne actuelle. Voici, d'après les prévisions du service des Travaux publics du Protectorat, comment se répartirait cette dépense :

Ligne d'Hanoï à Phu-Lang-Thuong, 45 kilomètres à
100.000 francs....................................   4.500.000 fr.
Ligne de Langson à la frontière de Chine, 30 kilomètres à 150.000 francs............................   4.500.000 »
Grands ouvrages d'art.............................   3.500.000 »
Transformation de la ligne actuelle, 101 kilomètres
à 60.000 francs....................................   6.060.000 »

        Total.....................   18.560.000 fr.
Somme à valoir pour indemnités, imprévus, etc.   1.440.000 »
        Total général..............   20.000.000 fr.

Il semble permis d'espérer un trafic suffisant pour assurer à ce
capital une rémunération au moins partielle. D'après le mouvement
déjà constaté sur le tronçon de Phu-Lang-Thuong à Langson, on peut
prévoir que, quand le débouché sur la frontière de Chine sera réalisé,
la recette kilométrique pourra s'élever jusqu'à une dizaine de mille
francs; celle de la section d'Hanoï à Phu-Lang-Thuong, dans la région
la plus riche du delta, sera sans doute plus importante. Les services locaux considèrent donc comme probable, pour les 175 kilomètres, une recette totale supérieure à 2 millions, dont les frais
d'exploitation et d'entretien n'absorberaient que la moitié.

L'avenir de l'industrie des chemins de fer au Tonkin est encore
trop incertain pour qu'il soit prudent d'envisager actuellement un
autre mode d'exploitation que l'exploitation directe par le Protectorat. Toutefois, en ce qui concerne la ligne d'Hanoï à la frontière
de Chine, la question ne tardera pas à se poser des relations à établir
avec les voies ferrées qu'il est dès à présent question de construire
sur le territoire chinois dans la direction de Lang-Tchéou. L'intérêt
considérable qui s'attache à diriger vers le Tonkin, et notamment
vers Haïphong, le trafic de transit en provenance ou à destination du
Quang-Si, ne manquera pas d'avoir une sérieuse influence sur les
résolutions qui seront prises relativement à l'exploitation de la ligne
actuelle et de ses prolongements.

Le Protectorat avait proposé de classer de première urgence en
outre de la ligne d'Hanoï à Na-Cham, deux autres lignes évaluées ensemble à 19 millions. L'une, de Tourane à Hué, assurerait en toute
saison l'accès de la capitale de l'Annam; aujourd'hui, en effet le
port de Thuan-An, qui dessert Hué, n'étant abordable que pendant
la moitié de l'année, de septembre à mai, on ne peut gagner la
capitale de l'Annam qu'en s'y rendant à cheval ou en chaise à
porteurs par la seule route du col des Nuages, qu'on met deux ou
trois jours à parcourir. L'autre ligne, de Hanoï à Nam-Dinh, relie-

rait deux grands centres de la partie la plus riche du delta, et serait l'amorce d'une ligne d'Hanoï à Hué, qu'il conviendra peut-être de construire un jour afin d'établir un lien complet entre toutes les parties du Protectorat.

Il eût été imprudent d'engager à la fois toutes ces entreprises avant d'avoir pu se rendre compte, par l'expérience, des services réels que les chemins de fer peuvent rendre au Tonkin, des recettes qu'ils sont susceptibles de donner, et aussi des dépenses d'exploitation. Le Gouvernement a donc sagement agi en ajournant ces différents projets, dont l'exécution paraissait prématurée.

Routes.

La possibilité de pénétrer jusqu'à la frontière chinoise dans les principales directions, par la navigation ou le chemin de fer, ne donnerait le contact régulier qu'avec un bien petit nombre de points du Tonkin, si les voies de pénétration n'étaient pas reliées aux divers centres par des routes.

Aujourd'hui, dans la partie montagneuse du Tonkin, qui constitue les territoires militaires, il n'existe guère que des pistes souvent impraticables aux bêtes de somme.

Des reconnaissances faites par les officiers ont permis de déterminer les principales directions dans lesquelles des routes doivent être établies pour permettre la circulation facile des produits et la communication des postes militaires qui assurent la répression de la piraterie. Les tracés adoptés comprennent une route contournant les territoires militaires, et quatre rayons reliant la partie nord de ce chemin de ronde au territoire civil.

Le développement total de ce premier réseau dépasse un peu 2,200 kilomètres, et la dépense nécessaire pour l'établir, avec une largeur de voie de 3 mètres, qui permet le croisement des attelages usités dans le pays, est évaluée à 6.500.000 francs. Dans l'emprunt proposé, 3 millions seulement sont prévus pour exécuter les sections les plus urgentes. Si cette exécution ne doit pas donner de recettes directes, elle atténuera fortement les dépenses de ravitaillement des postes, et permettra de mettre en valeur les territoires militaires, aujourd'hui improductifs.

Bâtiments civils.

A côté des 31 millions de dépenses que nous venons d'énumérer pour les voies de communication, 4 millions ont été prévus pour l'exécution de bâtiments civils.

La plupart des résidences, des bureaux et services publics sont établis dans d'anciennes pagodes ou bien dans des paillotes d'un entretien ruineux ou même sous des hangars, dans des conditions déplorables au point de vue non seulement du prestige de l'Administration aux yeux des indigènes, mais même de l'hygiène, des conditions de travail et de la surveillance. Pour assurer le bon recrutement des agents, et pour leur demander un travail sérieux et régulier, il ne faut pas les laisser indéfiniment dans des conditions d'installation qui rendent le climat infiniment plus pénible à supporter pour des Européens. Le Gouverneur général lui-même est aujourd'hui installé dans l'ancien vice-consulat, où il ne dispose pas du nombre de chambres nécessaire pour loger sa famille; et ses bureaux, éloignés de son domicile, ne permettent pas de donner un cabinet séparé à chaque chef de service. C'est là une situation aussi contraire au prestige de l'autorité qu'à la bonne marche des services.

Le programme des constructions indispensables, comprenant un hôtel du Gouvernement, 18 résidences, 11 casernes de gendarmerie, un palais de justice, des prisons et des bureaux pour les services des postes et télégraphes et de l'enregistrement, monte à 7.750.000 francs d'après des évaluations qui semblent comporter peu d'aléa, car la plupart sont déduites du prix de revient de constructions identiques déjà terminées; 4 millions sont inscrits au projet d'emprunt pour commencer l'exécution de ce programme.

Il y aura lieu de remanier et de simplifier la plupart de ces projets dont plusieurs semblent trop vastes ou trop fastueux. C'est, avant tout, des règles de l'hygiène coloniale qu'il faut tenir compte, en appropriant les constructions aux conditions climatériques de la région. Il ne s'agit point, en effet, d'élever des monuments susceptibles d'être comparés au palais du Gouvernement de Saïgon, qui a coûté plus de 12 millions. La situation financière du Protectorat ne permet pas ces dépenses de luxe. Il importe que les architectes du service local se préoccupent surtout de répondre aussi économiquement que possible aux exigences vraiment justifiées des services publics.

Armement.

Enfin, 2 millions sont affectés à la transformation de l'armement des tirailleurs annamites, vivement réclamée par l'autorité militaire.

A la date du 31 décembre 1895, l'effectif des corps de troupes armés de la carabine ou du mousqueton modèle 1874, y compris 13.000 tirailleurs tonkinois, s'élève à 15.045 hommes.

La carabine et le mousqueton modèle 1874 constituent pour nos troupes, cela n'est pas contesté, un armement inférieur à celui dont disposent les pirates, abondamment pourvus de fusils à répétition des modèles les plus perfectionnés. Il est donc absolument urgent de mettre le plus tôt possible entre les mains des troupes chargées de réprimer la piraterie le mousqueton modèle 1892.

Voici comment a été calculée la dépense de deux millions prévue de ce chef.

Le nombre des armes nécessaires est de 15.800 (effectif des hommes de troupe 15.045 + 1/20 pour réparations).

15.800 mousquetons modèle 1892 avec chargeur à 54 fr. 07 l'un...	854.306 fr.
240 mousquetons d'instruction à 30 fr. l'un.......	7.200 »
Caisses d'armes.............................	28.000 »
500 cartouches à balle pour arme...............	1.027.000 »
10 cartouches à blanc —	12.640 »
Caisses à munitions..........................	20.000 »
Pièces d'armes de rechange	20.000 »
Frais de transport et de manutention à raison de 60 fr. la tonne, 450 tonnes.........................	27.000 »
Revolvers modèle 1892 pour l'armement des adjudants et sergents-majors d'infanterie de marine.......	2.500 »
Imprévu.....................................	1.354 »
Total	2.000.000 fr.

Le chiffre de 37 millions réservé sur l'emprunt de 80 millions pour les travaux neufs est loin de suffire à l'exécution des travaux dont l'utilité est d'ores et déjà reconnue. Mais le Gouvernement, tenant avec raison, dans la situation financière actuelle, à ne rien proposer qui pût entraîner une charge effective pour la métropole, a réduit les demandes du Protectorat dans la mesure où l'emprunt lui a paru susceptible d'être gagé de façon certaine avec les ressources dès à présent assurées. Les premiers travaux ne pourront que hâter le développement de la richesse, et par suite la progression du rendement des impôts. Quelques-uns, comme les chemins de fer, seront une source directe de revenus nouveaux ; tous contribueront à diminuer les dépenses annuelles de transports ou de ravitaillement, et à permettre de simplifier les services en les améliorant. On peut donc espérer voir rapidement se produire des disponibilités nouvelles, à l'aide desquelles le Protectorat pourra trouver les ressources nécessaires à la continuation des travaux indispensables.

CHAPITRE 4.

Gage et conditions de l'emprunt.

La liquidation de l'arriéré, d'une part, le programme de travaux publics, ci-dessus examiné, d'autre part, exigeront, ainsi qu'il vient d'être dit, un ensemble de ressources se montant à 80.000.000 de francs. Le Gouvernement et la Commission du Budget étant d'accord pour proposer un emprunt de pareille somme, il convient d'examiner si les charges d'intérêts et d'amortissement de cet emprunt pourront ou non être couvertes par les ressources du Protectorat.

*Ressources du Protectorat et disponibilités futures
du Budget local.*

On a vu plus haut que, pour l'exercice 1896, les prévisions des recettes et des dépenses s'établissent comme suit :

Recettes............... 7.670.000 piastres
Dépenses.............. 6.721.000   —

Excédent des recettes
sur les dépenses.......... 948.200 piastres ou 2.465.320 fr.

Pour connaître les bases sur lesquelles reposent ces prévisions, il faut étudier les principaux éléments des dépenses et des recettes. Il sera possible, après cet examen, d'apprécier dans quelle mesure la prudence permet de compter pour l'avenir sur des disponibilités suffisantes pour gager l'emprunt. C'est seulement après un examen sérieux de ces prévisions que la somme à emprunter a pu être déterminée, non seulement en raison des besoins du Protectorat, qui conduiraient à admettre un chiffre supérieur à 80.000.000 de francs, mais surtout en raison de ses ressources.

Une première étude, faite par le Gouverneur général, l'avait amené à considérer, comme suffisamment gagé, un emprunt de 100.000.000 de francs, dont la réalisation était répartie sur huit années.

Le Gouvernement, sans méconnaître les avantages d'un emprunt de cent millions, et la possibilité d'en assurer l'intérêt et l'amortissement, sans faire appel à la garantie de la métropole, a jugé plus prudent et plus sûr d'en réduire le chiffre. Il a en même temps réuni, à l'appui du projet qu'il vous a soumis, un ensemble de renseignements et de prévisions, qu'il est nécessaire d'examiner en détail.

Dépenses. — Les dépenses ont, comme les recettes, une tendance à augmenter d'année en année ; mais le premier devoir d'une administration prévoyante est de lutter contre ces augmentations, surtout en ce qui concerne les dépenses de personnel, par l'effort continu d'une rigoureuse économie.

Pour les exercices 1892, 1893 et 1894, les dépenses ont été réglées aux chiffres ci-après:

        1892...................... 4.846.258 96 piastres.
        1893...................... 5.417.447 44   —
        1894...................... 6.894.728 82   —

dans lesquels, bien entendu, ne sont pas comprises les dépenses du chemin de fer de Phu-Lang-Thuong à Langson.

Nous avons vu que, pour l'exercice 1895, les dépenses dépasseront les recettes de 2.500.000 francs environ, grâce aux annuités résultant des conventions et des marchés dont il a été question ci-dessus, et malgré le secours qu'à deux reprises la métropole a apporté à la Colonie.

Pour 1896, le projet de budget a été établi en considérant comme réalisé l'emprunt dont nous nous occupons. Ce budget, dans lequel on a incorporé les dépenses et les recettes d'exploitation du chemin de fer, doit donc seulement comprendre ce que l'on peut appeler les dépenses normales du Protectorat. Il atteignait d'abord la somme de 7.570.000 piastres, égale au montant des recettes primitivement prévues. — Après une étude sérieuse et une nouvelle ventilation des dépenses entre le budget et l'emprunt, il a pu être définitivement arrêté à 6.721.800 piastres. Dans ce chiffre, d'ailleurs, se trouvent encore comprises, à concurrence de 131.342 piastres, des dépenses qui ne doivent pas se reproduire dans les exercices suivants, et, pour une somme de 88.965 piastres, d'autres dépenses — indemnités de vivres et de logement, qui, dans les prévisions du Gouverneur général, doivent être réduites d'ici à un petit nombre d'années. — Il est à remarquer enfin qu'avec les progrès de la pacification, les effectifs de la garde civile, dont la dépense est encore, pour 1896, de 1.123.590 piastres, pourront être ramenés à un chiffre notablement inférieur au chiffre actuel. On est donc en droit de compter, surtout si l'esprit d'économie domine au Gouvernement général à Hanoï et au Ministère des Colonies à Paris, que les augmentations de dépenses dans les exercices à venir seront contenues dans d'étroites limites.

Le tableau ci-après donne les variations des dépenses constatées au cours des exercices 1892, 1893 et 1894, et permet de les comparer aux prévisions des dépenses des exercices 1895 et 1896.

DÉSIGNATION des dépenses.	RELEVÉ DES DÉPENSES d'après les comptes définitifs.			DÉPENSES PRÉVUES.	
	1892.	1893.	1894.	1895.	1896. (Budget primitif.)
	piastres.	piastres.	piastres.	piastres.	piastres.
Gouvernement général... Contrôle financier .... Secrétariat général ...... Inspection mobile	201.913 58	233.294 56	135.072 30	96.776 50	105.376 14
Résidences..............	377.996 96	402.709 01	569.681 68	751.778 »	805.849 »
Garde indigène..........	856.203 98	733.757 79	741.641 37	762.118 »	1.128.590 »
Justice et prisons........	98.130 40	96.733 06	125.600 08	156.837 »	162.033 »
Enseignement	37.969 94	53.997 47	68.335 36	78.120 »	76.511 »
Services médicaux	7.844 07	32.646 77	56.467 32	37.359 »	69.059 »
Ports et rades..........	6.831 70	6.774 81	5.384 61	8.325 »	8.536 »
Trésorerie	85.330 96	100.892 90	105.209 58	113.435 »	114.165 »
Douanes et régies	352.978 12	589.645 41	1.511.860 14	1.184.930 »	834.494 »
Postes et télégraphes	367.128 34	413.982 73	403.260 31	528.878 »	546.286 »
Travaux publics........	687.058 50	731.464 55	568.778 05	1.656.027 »	703.813 »
Enregistrement et domaines...............	8.383 23	6.768 68	9.054 45	10.685 »	10.440 »
Dépenses générales......	937.874 77	1.126.774 57	1.632.667 33	1.088.088 »	2.036.585 86
Administration annamite.	305.738 02	423.846 53	443.753 37	482.859 »	128.227 »
Administration des territoires militaires.......	184.547 65	69.853 15	120.936 37	85.603 »	89.831 »
Grands travaux militaires.	282.613 48	367.728 38	132.632 68	» (1)	» (2)
Grands travaux civils....	47.715 26				
Jardin d'essai, agriculture, etc...............	»	36.577 07	28.603 11	32.261 »	65.468 »
Chemin de fer de Phu-Lang-Thuong à Langson. — Exploitation et construction	»	»	135.790 71	310.000 »	284.736 »
Totaux.........	4.846.258 96	5.417.447 44	6.894.728 82	7.384.000 »	7.570.000 »

(1) Compris dans le tableau sous la rubrique « Travaux publics ».
(2) Les travaux seront exécutés en 1896 sur les fonds de l'emprunt.

Les travaux neufs à exécuter dans les prochaines années devant être imputés sur le produit de l'emprunt, le budget normal des dépenses du Protectorat peut s'établir comme suit :

CHAPITRES.	DÉSIGNATION des dépenses.	DÉPENSES à inscrire à un budget normal.	DÉPENSES à inscrire à un budget normal.	DÉPENSES prévues pour 1896.	DÉPENSES prévues pour 1896.
		piastres.	francs.	piastres.	francs.
1	Gouvernement général...	64.000	166.400	54.537	141.796
	Contrôle financier.......	17.240	44.824	18.244	47.484
	Inspection mobile.......	4.438	11.539	4.273	11.109
2	Secrétariat général......	62.122	161.517	62.122	101.517
	Résidences.............	738.355	1.853.800	760.309	1.976.806
3	Garde civile............	1.100.000	2.860.000	1.123.590	2.921.334
4	Justice et prisons.......	160.000	416.000	162.033	421.285
5	Enseignement..........	75.000	195.000	78.783	204.705
6	Services médicaux.......	65.000	169.000	69.059	179.653
7	Ports et rades..........	6.000	15.600	8.536	22.193
8	Trésorerie	114.900	298.740	114.165	296.829
9	Douanes et régies	961.600	2.500.160	834.494	2.169.694
10	Postes et télégraphes.....	500.000	1.300.000	544.145	1.414.787
11	Travaux publics.........	660.000	1.736.000	857.555	2.229.643
12	Enregistrement..........	10.000	36.000	10.440	27.144
13	Jardin d'essai	30.000	78.000	65.468	66.216
14	Administra-tion anna-mite..... (Territoires civils......	310.000	806.000	»	»
	(Territoires militaires ...	160.000	416.000	528.227	1.373.390
15	Administration des territoires militaires......	90.000	234.000	89.831	233.560
16	Dépenses générales......	1.442.600	3.750.760	1.360.771	3.558.004
17	Annuité pour l'exploitation des eaux de Hanoï.	15.278	39.278	15.278	39.722
	Totaux	6.586.533	17.124.986	6.721.800	17.486.821

Le chiffre de 6.586.533 piastres, auquel on est ainsi conduit, est inférieur, tout à la fois, aux prévisions de 1895 et aux prévisions rectifiées pour 1896.

Il n'est pas douteux que le chiffre de 6.600.000 piastres environ ne représente le total dans lequel pourraient être contenues les dépenses du Protectorat, que si ses finances sont correctement gérées et si l'expérience du passé est suffisamment efficace pour prévenir tout gaspillage à l'avenir.

Recettes. — Le tableau ci-dessous donne les variations des principales recettes du budget local pendant les six exercices 1891, 1892, 1893, 1894, 1895 et 1896. Pour les quatre premiers, les chiffres portés à ce tableau sont empruntés aux comptes définitifs : ce sont les recettes réellement effectuées; pour les derniers, ce sont les recettes prévues aux budgets.

	1891.	1892.	1893.	1894.	1895. (Prévisions.)	1896. (Prévisions.)
	piastres.	piastres.	piastres.	piastres.	piastres.	piastres.
I. — Contributions directes...	132.615	32.846	35.684	44.171	37.000	80.900
II. — Taxes assimilées........	13.773	15.074	14.155	15.599	17.500	15.000
III. { Douanes...............	1.132.634	1.468.925	1.687.138	2.084.236	2.320.000	2.330.000
{ Contrib. indir. diverses..	698.897	807.995	969.361	1.587.600	1.781.000	1.873.000
IV. — Postes et télégraphes...	71.976	71.621	69.802	209.113	157.000	140.000
V. — Produits de l'exploitation du chemin de fer..........	»	14.132	53.865	101.576	310.000	227.000
VI. — Enregistrement et hypo-thèques..................	57.135	13.975	31.326	36.334	30.200	54.000
VII. — Produits divers.......	106.689	89.724	68.512	49.341	42.000	41.841
VIII. — Impôts annamites.....	2.077.161	2.066.572	2.348.954	2.499.716	2.466.500	2.652.500
IX. — Restes à recouvrer.....	276.910	172.364	58.165	21.540	13.200	16.500
X. — Recettes d'ordre	145.894	86.509	229.110	321.224	»	»
Totaux............	4.713.684	(1) 4.839.735	5.565.572	6.980.450	7.174.000	7.560.741

(1) Déduction faite du reliquat de la liquidation de 1892, reliquat s'élevant à la somme de 365.435 piastres. (Voir l'observation du tableau de la page 10.)

On voit, d'après ce tableau, que les recettes du Protectorat sont en progrès constant : pour ne parler que des résultats effectivement réalisés, la différence entre les recettes constatées en 1894 et les recettes de 1892 n'est pas inférieure à 2.266.774 piastres et les prévisions de 1896 dépassent de 589.557 piastres les recettes réalisées en 1891.

Mais les plus-values ainsi constatées n'ont pas été réalisées sur les seules ressources normales du budget : les chiffres cités ci-dessus comprennent en effet des recettes tout à fait aléatoires (bénéfices sur le taux de la piastre, sommes remises par la cour de Hué pour être employées en travaux, etc.)

Après rectification et en laissant de côté les recettes pour ordre, les produits normaux des budgets se sont élevés depuis 1891 à :

En 1891; 4.567.790 piastres.
— 1892, 4.753.226 —   En plus   185.436 = 4 0/0
— 1893, 5.336.462 —   —   583.236 = 12 0/0
— 1894, 6.659.226 —   —   1.322.764 = 24 0/0

Les prévisions pour 1895 et 1896 comportent :

En 1895, 7.174.400 piastres. En plus 515.174 = 8 0/0
— 1896, 7.560.741 —   —   386.341 = 5 0/0

L'augmentation prévue pour 1896 est modérée : elle serait vraisemblablement atteinte par la seule progression des recettes, sans taxes nouvelles, mais elle s'appuie en outre sur des relèvements de tarifs pour quatre branches de produits :

1° Rétablissement des taxes de navigation sur les barques de mer en Annam;

2° Doublement des taxes télégraphiques;

3° Doublement des droits d'enregistrement;

4° Création d'une taxe de 5 0/0 additionnelle aux impôts annamites et destinée à alimenter un fonds de dégrèvements, de secours et d'encouragements à l'agriculture. (Dans les budgets précédents, les dégrèvements étaient simplement déduits du montant des rôles.)

En outre, sur les contributions directes, on fait état d'une augmentation de 43.900 piastres due à l'inscription au budget du Protectorat des taxes d'immigration des étrangers asiatiques en Annam, jusqu'ici perçues au profit de la cour de Hué.

C'est dans ces conditions que le chiffre des recettes prévues pour l'exercice 1896 a été tout d'abord fixé à 7.570.000 piastres. Mais, à la suite d'une décision récente (8 octobre 1895) du Conseil du Protectorat, les taxes d'exportation ont été relevées de manière à donner un supplément de recettes de 192.300 piastres. D'autre part, il a été reconnu que la somme portée au budget pour les restes à recouvrer de 1892, 1893 et 1894 sur l'impôt annamite devait être majorée de 100.000 piastres. En comptant pour 100.000 piastres seulement ces deux suppléments de recettes qui, réunis, font une somme de 292.300 piastres, on est arrivé au total de 7.670.000 piastres qui figure à la colonne des recettes du budget définitif.

Le chiffre ainsi calculé avec une extrême prudence a servi de base au calcul des recettes probables pour les exercices ultérieurs jusqu'en 1903.

La progression du produit des impôts perçus au profit du Protectorat s'est manifestée depuis 1891 de la manière la moins équivoque. Le pays est riche et fertile et sa population est laborieuse. A mesure que la pacification s'est faite et que la sécurité a été mieux assurée dans le Delta, le produit des contributions s'est constamment accru et la perception a pu être plus régulièrement effectuée. Il reste, à cet égard, bien des progrès à faire. Dans les territoires militaires encore troublés par la piraterie, l'impôt annamite ne donne qu'un produit insignifiant : 87.000 piastres. La pacification fait chaque jour des progrès dans ces territoires, et les travaux que l'emprunt permettra d'entreprendre, ceux des routes en particulier, contribueront sans aucun doute à hâter le moment où l'ensemble des régions soumises à l'autorité militaire pourra être rattaché au territoire civil. C'est là, à proprement parler, une source nouvelle de produits sûrs dont les plus-values viendront successivement et à brève échéance grossir les recettes du Protectorat. Dès à présent la réunion de plusieurs cercles au territoire civil est décidée en principe.

Parmi les impôts dont la progression sera certainement plus rapide que la progression normale, il faut mettre au premier rang l'impôt sur l'alcool. Cet impôt produit au Tonkin 150.000 piastres seulement. Il faut, pour qu'il en ait été ainsi jusqu'à ce jour, que la perception ait été fort mal organisée, car le Tonkin a plus de 10 millions d'habitants, et dans nos autres possessions indo-chinoises, dont la population est fort inférieure à ce chiffre, le rendement de l'impôt sur l'alcool est incomparablement plus élevé.

Il produit, en effet :

875.000 piastres en Cochinchine pour une population de 2 millions 40.000 habitants.

157.000 piastres au Cambodge pour une population de 1 million 200.000 habitants.

282.000 piastres en Annam pour une population de 3 millions 500.000 habitants.

La proportion, si on l'appliquait au Tonkin, donnerait un produit de 1.800.000 piastres à 2 millions. Il serait téméraire d'escompter à bref délai un résultat aussi brillant, mais, après une sérieuse étude des conditions du problème, le Gouverneur général a réorganisé la régie : il est donc permis de compter de ce chef sur des plus-values dont l'exercice 1896 et les suivants bénéficieront.

D'une façon générale, il est impossible de ne pas reconnaître, à l'inspection des résultats acquis, que plus on s'éloignera de la période de conquête, plus les ressources du budget local iront en progressant. Une administration régulière, soucieuse de ménager les intérêts présents et à venir des contribuables, verra très rapidement croître les ressources à sa disposition. Les travaux publics urgents, grâce à l'emprunt, n'imposeront au budget que des sacrifices annuels modérés; ils seront, dans ce pays encore si imparfaitement outillé, un puissant élément de prospérité et de progrès: l'impulsion qu'ils donneront au commerce et à l'agriculture suffira sans aucun doute, un jour prochain, à payer les sacrifices que le Protectorat s'impose aujourd'hui.

Dans ces conditions, en admettant seulement pour l'exercice 1897 une plus-value de 3 0/0, par rapport aux évaluations de 1896 inférieure à toutes celles que, d'année en année, on a constatées jusqu'ici, et en supposant que cette plus-value ne s'augmentera pas de plus de 1 0/0 par an jusqu'en 1903, il est bien certain que l'on ne s'expose à aucun mécompte.

Résumé. — En tenant un compte suffisant des circonstances de nature à entraîner des augmentations de dépenses, on a pu dresser le tableau suivant qui donne la progression probable des dépenses et des recettes du Protectorat de 1896 à 1903 :

ANNÉES.	DÉPENSES.	MAJORATION.	P. 100.	RECETTES.	PLUS-VALUES	P. 100.	EXCÉDENT DES RECETTES à affecter à l'annuité de l'emprunt		OBSERVATIONS.
							en piastres.	en francs *.	
	piastres.	francs.		piastres.	francs.				
1896....	6.721.800	»	»	7.670.000	»	»	948.200	2.465.32(	(1) Exportation...... 150.000 Plus-value sur l'ensemble des impôts.. 100.000 — 250.000
1897....	(A) 6.721.800	»	»	7.920.000	(1) 250.000	3	1.198.200	3.115.320	(2) Sur l'alcool...... 100.000 Sur l'opium...... 25.000 Sur l'ensemble... 200.000 — 325.000
1898....	(B) 6.921.800	200.000	»	8.245.000	(2) 325.000	4	1.323.200	3.440.320	(3) Sur l'alcool...... 50.000 Sur l'ensemble... 350.000 — 400.000
1899....	7.267.890	346.090	5	8.645.000	(3) 400.000	5	1.377.110	3.580.486	(4) Sur l'alcool...... 50.000 Sur l'ensemble... 400.000 — 450.000
1900....	7.631.280	363.390	5	9.095.000	(4) 450.000	6	1.463.720	3.805.672	(5) Alcool........... 50.000 Sur l'ensemble... 500.000 — 550.000
1901....	8.012.840	381.560	5	9.645.000	(5) 550.000	6	1.632.160	4.243.616	(6) Alcool........... 50.000 Sur l'ensemble... 600.000 — 650.000
1902....	8.413.480	400.640	5	10.295.000	(6) 650.000	7	1.881.520	4.891.952	(7) Plus-values...... 700.000
1903....	8.834.150	420.670	5	10.995.000	(7) 700.000	6	2.160.850	5.618.110	

(A) Diverses dépenses ne se reproduiront pas en 1897, mais on maintient le chiffre pour parer à l'imprévu.
(B) Des réductions sont décidées par le Gouverneur général, en particulier sur les indemnités de vivres et de logement, on compte donc seulement sur l'accroissement de dépenses de 200.000 piastres.
* La piastre est comptée au taux relativement très bas de 2 fr. 60.
NOTA. — De 1891 à 1894, la plus-value annuelle a été de 693.800 piastres.

Il résulte de ce tableau que le Protectorat disposera, dès 1896, d'une annuité permettant de gager un emprunt dont il serait facile de déterminer le montant, si l'on était dès à présent fixé sur le taux auquel il sera possible de l'émettre. L'excédent disponible ira, d'ailleurs, en croissant, et en prenant les chiffres qui figurent dans l'exposé des motifs pour l'annuité correspondante à l'emprunt de 80 millions de francs,

En 1896............	839.713 fr.	14
En 1897............	2.963.217	20
En 1898............	3.365.196	24
	7.168.126 fr.	58

on constate que, pour ces trois années, la somme des excédents disponibles dépasse de 1.852.833 fr. 42 le total des annuités à payer aux souscripteurs de l'emprunt, et que, à partir de 1899, les excédents disponibles de chaque année sont supérieurs à l'annuité constante de 3.365.196 fr. 24, qui, si l'emprunt était contracté en 3 1/2 0/0, serait exigible jusqu'a l'expiration de la soixantième année. Il est donc permis d'affirmer que les ressources du Protectorat, évaluées avec la plus grande modération, sont suffisantes pour constituer le gage solide et assuré d'un emprunt de 80 millions de francs.

Ces ressources seront, quoi qu'il advienne, affectées au payement des arrérages de l'emprunt : une disposition formelle du projet de loi prescrit en effet que l'annuité nécessaire au service des intérêts et de l'amortissement sera obligatoirement inscrite au budget annuel de l'Annam-Tonkin. — Le trésorier-payeur du Tonkin devra en conséquence prélever sur les recettes, avant de les transporter au compte courant du Protectorat, la somme nécessaire pour fournir au Trésor la provision sur laquelle seront imputés tous les payements concernant l'emprunt. Parmi les recettes du budget local, le produit de l'Impôt annamite, dont la fixité est bien constatée, dépasse de beaucoup le montant de cette provision. Il suffirait par conséquent et au delà pour assurer le service.

Garantie de la métropole.

Aux termes de l'article 2 du projet de loi, l'emprunt sera remboursable en soixante années ; il sera contracté avec la garantie du Gouvernement de la République française ; le taux d'émission ne pourra pas dépasser 3 fr. 50 0/0.

Votre Commission accepte le principe d'un emprunt amortissable et la durée de l'amortissement, fixée à soixante années, lui paraît convenablement choisie.

En ce qui concerne la garantie de la métropole, il lui a paru qu'il y avait tout avantage à la stipuler expressément, puisque la somme à emprunter a été déterminée de telle sorte qu'il y ait toutes probabilités que cette garantie ne puisse devenir effective. Jusqu'ici, en effet, les déficits du budget du Protectorat sont toujours retombés à la charge du budget de la République. Les liquidations successives de la situation financière de l'Annam et du Tonkin, énumérées au chapitre 1er, ne l'ont que trop prouvé. Il est clair d'ailleurs que les emprunts déguisés contractés par le Protectorat sous diverses formes depuis plusieurs années eussent été infiniment moins onéreux pour la métropole, si, après une autorisation régulière donnée par les pouvoirs publics, la garantie du Trésor français, implicitement engagée dans ces combinaisons complexes, avait été publiquement attachée aux titres qu'il s'agissait d'émettre.

Pour l'emprunt actuel, la garantie que l'on demande se justifie avant tout par la certitude de réduire les charges, en faisant dans une très large mesure bénéficier le Protectorat du crédit de l'État français. Plus elle contribuera à diminuer ces charges par l'abaissement du taux d'émission, plus il y a de chances pour qu'elle reste toujours nominale.

L'emprunt tunisien, contracté en 1884 en 4 0/0 perpétuel, avec la garantie de l'État français, fournit à cet égard les indications les plus encourageantes. La garantie est restée purement nominale. Une première conversion en 3 1/2 0/0 amortissable en quatre vingt-dix-neuf ans a pu être faite en 1889, et dès 1892 elle était suivie d'une conversion en 3 0/0. Le cours des obligations tunisiennes oscille aujourd'hui autour du pair, et il n'est pas douteux que si le Gouvernement beylical ne s'était pas engagé à ne pas faire de conversion nouvelle avant 1902, une conversion en 2 3/4 ou 2 1/2 0/0 serait à bref délai possible.

A la garantie de la métropole, un membre de la Commission a pensé qu'il serait préférable de substituer celle de la Cochinchine, ou plutôt la garantie collective de l'union financière indo-chinoise, qui, suivant lui, pourrait être utilement reconstituée malgré le peu de succès obtenu naguère par le décret du 17 octobre 1887.

Donner comme préliminaire à l'emprunt du Tonkin une refonte complète du régime financier de notre colonie de Cochinchine et des trois protectorats de l'Annam, du Tonkin et du Cambodge, ce n'est à coup sûr pas le moyen le plus prompt de remédier à un mal dont la guérison ne comporte plus d'ajournements. Aussi, sans entrer dans l'examen des difficultés nombreuses et complexes que pourrait rencontrer une nouvelle tentative d'union financière indo-chinoise, votre Commission a-t-elle écarté la proposition qui lui était soumise. Il ne lui a pas paru non plus qu'il fût expédient de faire appel à la garantie de la Cochinchine : il y a en Cochinchine un Conseil colonial dont le consentement devrait tout d'abord être obtenu. La consultation prendrait du temps, outre qu'elle aboutirait vraisemblablement à un refus : la colonie est, en effet, absolument désintéressée dans la question de l'emprunt du Protectorat. Depuis 1892 elle a cessé de contribuer aux dépenses de l'Annam-Tonkin, la liquidation du passif ne la concerne à aucun degré, et le programme des travaux publics dont l'exécution est proposée ne renferme aucune entreprise de nature à exciter son intérêt. Si, dans ces conditions, le Conseil colonial consentait à garantir l'emprunt, il est vraisemblable qu'en compensation de la charge tout aléatoire ainsi assumée, il aurait soin de stipuler quelque avantage certain, la suppression ou, tout au moins, une notable diminution du contingent annuellement versé aux recettes du budget métropolitain. Ce contingent pour 1896 n'est pas inférieur à 4 millions 500.000 francs. Le Trésor français perdrait à cette combinaison une recette sûre pour éviter une dépense éventuelle.

Mais l'argument le plus sérieux contre le principe même de la garantie de la Cochinchine, c'est que, malgré la bonne situation de ses finances, notre colonie est loin de jouir du même crédit que l'État français. Elle ne pourrait par suite donner au Protectorat le moyen d'émettre son emprunt à un taux aussi bas que sera le taux dont la garantie de l'État le fera certainement bénéficier. Donc, la garantie de la Conchinchine aurait, en dehors du sacrifice indiqué ci-dessus, et sans aucun avantage appréciable, le grave inconvénient de mettre à la charge du budget du Tonkin une annuité plus forte, ou de réduire dans une sensible proportion le capital à réaliser.

La garantie explicitement accordée par la France demeure donc incontestablement la solution la plus rapide et la plus économique pour le Protectorat et pour la métropole dont, quoi qu'on fasse, les intérêts sont solidaires .

Taux de l'émission. — Conditions de réalisation de l'emprunt.

Pour calculer exactement les charges annuelles d'intérêt et d'amortissement de l'emprunt, il faut savoir à quel taux se fera l'émission.

L'exposé des motifs ne fournit à cet égard que l'indication d'un maximum fixé à 3 fr. 50 0/0. Votre Commission pense que ce maximum est trop au-dessus du taux auquel se capitalisent aujourd'hui les fonds d'État français. Malgré la crise financière des derniers mois, le 3 1/2 0/0 et le 3 0/0 se cotent tous les jours assez notablement au-dessus du pair. Le premier de ces fonds est garanti pendant plusieurs années encore contre tout risque de conversion, mais en ce qui concerne le dernier, la menace de la conversion pèse nécessairement sur ses cours pour en limiter l'essor. Comme sur ceux de tout fonds d'État qui a dépassé le pair, la cote du 3 0/0 ne fournit donc pas une idée absolument juste de l'état de notre crédit public, et il n'est pas douteux que si la France possédait un type de rente 2 1/2 0/0, par exemple, la cote de cette rente donnerait un taux de capitalisation plus voisin de 2 fr. 75 0/0 que ne fait la cote du 3 0/0 aux environs de 101 francs.

Dans ces conditions, un emprunt du Protectorat directement garanti par l'État, comme l'est actuellement l'emprunt tunisien, ne peut manquer de trouver des souscripteurs à un taux d'émission peut-être inférieur et en tout cas peu supérieur à 3 0/0; le maximum de 3 fr. 50 ne pourrait donc se justifier que si l'émission devait se faire en pleine crise, et c'est là une éventualité que l'on sera certainement maître d'éviter.

Mais si le taux de 3 fr. 50 0/0 est manifestement exagéré et ne doit pas figurer dans la loi, même à titre de maximum, du moins y a-t-il avantage à l'employer dans le calcul de l'annuité pour la comparaison à établir avec les disponibilités probables du budget du Tonkin. Les excédents annuels de ce budget, que l'on a évalués avec la plus grande modération, suffisant à gager un emprunt de 80.000.000 francs contracté à ce taux, il est nettement établi que le Protectorat, à la condition que ses finances soient correctement gérées, est *a fortiori* capable de faire face avec ses propres ressources aux engagements qu'il sera effectivement appelé à prendre.

Le service d'un emprunt de 80 millions amortissable en soixante années au taux de 3,50 0/0 comporte par an deux demi-annuités de 1.682.598 fr. 12.

Au taux de 3 fr. 50, l'emprunt imposerait donc au Protectorat une charge annuelle de 3.365.196 fr. 24, en le supposant émis en une seule fois.

Cette charge d'ailleurs ne se réalisera pas dès la première année. Un délai doit être accordé aux souscripteurs pour libérer leurs titres et il conviendra d'étendre ce délai, puisque la moitié environ du capital à réaliser doit être employée à des travaux dont l'exécution ne peut être immédiate. Il importe, d'ailleurs, qu'il y ait le moindre écart possible entre les époques des versements successifs et celles où les travaux seront exécutés, dût-on, dans ce but, ramener à deux ou trois ans au lieu de huit la période de réalisation du programme.

Comme il ne paraît pas possible d'émettre les titres de l'emprunt seulement au fur et à mesure des besoins, c'est là le seul moyen d'éviter une perte d'intérêt.

Si le crédit du Protectorat n'est pas encore fondé auprès du grand public, grâce à la garantie de la Métropole, le succès de l'emprunt n'en est pas moins assuré. Du reste le crédit du Tonkin ira s'affermissant à mesure que le public pourra constater la régularité du payement des coupons aux échéances et la solidité du titre.

L'occasion paraît d'ailleurs favorable pour créer un fonds 2,50 0/0 ou 2,75 0/0. Aux cours actuels, un fonds 3 0/0 ne manquerait pas d'atteindre très rapidement et même de dépasser le pair. La rente tunisienne y touche et les obligations de chemins de fer s'en rapprochent assez pour qu'une compagnie ait déjà fait approuver un type (1) d'obligations 2 1/2 0/0 qu'elle répand avec succès dans sa clientèle. Une émission en 2 1/2 ne risquerait donc pas d'offrir aux souscripteurs une prime trop forte, dont l'inconvénient serait de grossir outre mesure le capital à amortir. Garanti par la métropole, l'emprunt du Tonkin constituera, à proprement parler, un emprunt d'État, et l'on ne saurait méconnaître l'avantage qu'il y aurait à introduire sur le marché un fonds qui soit, pour un temps encore, à l'abri de toute menace de conversion, et puisse ainsi donner une plus juste mesure de l'état réel du crédit public en France.

Frais de négociation de l'emprunt. — Droit de Timbre.

Le projet du Gouvernement prévoit pour les frais de négociation et pour l'acquittement des droits de timbre une somme de 2.050.000 fr. qui, conformément aux précédents, serait imputée sur le produit de l'emprunt. Ce chiffre avait été calculé pour un emprunt de 100 millions; il n'est plus par conséquent en proportion avec un capital de 80 millions seulement.

Le droit de timbre doit être compté à raison de 0 fr. 55 0/0 : pour 80 millions, on trouve 440.000 fr. seulement au lieu de 550.000 francs.

Quant aux frais de négociation, la Commission estime que le chiffre de 1.500.000 francs est fort exagéré. Depuis 1881, les frais de négociation des divers emprunts émis par l'État et les dépenses occasionnées par les différentes conversions se sont élevés aux sommes ci-après :

Emprunt d'un milliard en rente 3 0/0 (1881)......	2.462.041 18
Conversion des rentes 5 0/0 (1883)...............	2.590.927 02
Emprunt de 350 millions (1884)..................	952.844 44
Emprunt de 500 millions (1886)..................	1.712.595 72
Conversion des rentes 4 1/2 et 4 0/0 (1887).......	970.438 79
Émission de rentes 3 0/0 (869 millions) (1891).....	2.405.307 17
Conversion de rentes 4 1/2 0/0 (1894).............	2.780.876 71

(1) Les obligations de ce type se cotent à 440 francs, ce qui correspond au cours de 110 francs pour le 3 0/0.

En appliquant à l'emprunt de 80.000.000 de francs la proportion moyenne qui résulte des dépenses réelles ainsi constatées, on risquerait de tomber dans un excès contraire. Il paraît néanmoins certain que les frais d'émission de cet emprunt resteront bien au-dessous du chiffre de 1.500.000 francs et que, par conséquent, on pourra rendre disponible pour des travaux utiles une somme d'au moins 500.000 francs.

Conclusions.

En résumé, l'emprunt de 80 millions de francs que le Protectorat de l'Annam et du Tonkin serait autorisé à contracter, si la Chambre adopte le projet de loi, a paru pleinement justifié à votre Commission du budget.

Il ne peut y avoir de doute sur la nécessité de liquider au plus tôt le passif qui pèse si lourdement sur les finances du Protectorat : les charges de ce passif, calculées en général au taux exorbitant de 6 0/0, sont actuellement réparties sur un petit nombre d'exercices ; elles excèdent, dans ces conditions, les disponibilités probables des budgets annuels et ne pourraient être acquittées sans le concours financier de la métropole. L'emprunt réduira de près de moitié le taux de l'intérêt ; il allongera, en la portant à soixante années au lieu de vingt, la période d'amortissement ; il constituera donc, en ce qui concerne le passé, une opération de conversion vraiment avantageuse.

Les ressources du budget local, dont la tendance à progresser constamment ne peut être mise en doute, ne croîtraient pas assez vite cependant pour permettre l'exécution des travaux publics indispensables. Si donc, par des subsides ou par de simples avances, le budget de la République prenait à sa charge la liquidation de l'arriéré, comme on l'a fait en 1890, en 1892, en 1895, on se retrouverait en présence des mêmes difficultés que par le passé, et la nécessité inévitable de doter, à bref délai, notre colonie de l'outillage qui lui fait encore défaut, ramènerait sans nul doute les procédés onéreux et les expédients financiers avec lesquels il importe de rompre une fois pour toutes.

L'emprunt de 80 millions de francs répond à toutes ces nécessités : il permet d'affecter aux travaux publics les plus urgents, une dotation suffisante, sans imposer au budget local aucune charge qu'il ne puisse supporter. Il aura en outre l'avantage de préciser exactement les charges de la colonie et, en créant une dette coloniale, de la distinguer nettement de la dette métropolitaine.

La garantie de la métropole peut, en effet, sans aucun risque, être accordée à cet emprunt : l'étude à laquelle la Commission s'est livrée de la progression des recettes et des dépenses ordinaires est à cet égard absolument probante : cette garantie doit rester purement nominale ; elle ne sera vraiment utile que pour réduire le taux d'émission de l'emprunt projeté à un taux très voisin de celui auquel pourrait être réalisé un emprunt directement émis par l'État.

10

Mais la Commission estime que cette garantie doit encore offrir d'autres avantages. Elle sera, pour le Gouvernement, notamment pour le Ministre des Finances, et pour les Chambres, un puissant motif de porter une attention plus soutenue sur les budgets et sur les comptes du Protectorat. Pour qu'elle ne devienne pas effective et n'impose à nos finances aucune charge, il est indispensable qu'un contrôle vigilant prévienne le retour des abus dont les finances du Tonkin ont jusqu'à présent souffert.

Ces abus ont eu presque tous pour origine ou pour prétexte le désir de soustraire au contrôle du Gouvernement et des Chambres les principaux actes de l'Administration du Protectorat.

La loi nécessaire pour autoriser l'emprunt de 80 millions serait incomplète si l'on n'y insérait des dispositions suffisamment nettes et suffisamment impératives pour qu'à l'avenir les Gouverneurs généraux ne puissent plus se méprendre sur l'étendue de leurs attributions, ni méconnaître l'autorité du pouvoir central et du Parlement.

Sans qu'il soit besoin d'insister plus longtemps sur la nécessité de mettre une fois pour toutes un terme au système d'administration qui a trop longtemps prévalu au Tonkin, il convient de faire observer ici que les modifications apportées par la Commission du budget au projet du Gouvernement témoignent tout à la fois d'une grande confiance dans l'avenir de cette partie vraiment privilégiée de notre domaine colonial et de la volonté d'en favoriser autant que possible le développement normal et régulier.

En formulant des conclusions favorables à l'emprunt depuis longtemps annoncé, après avoir placé sous les yeux de la Chambre un exposé sincère et complet des fautes passées, votre Commission a conscience de s'être fidèlement inspirée de la résolution votée par la Chambre le 2 juillet 1895.

PROJET DE LOI

Article premier.

Le Protectorat de l'Annam et du Tonkin est autorisé à réaliser, par voie d'emprunt, une somme de 80 millions affectée à la liquidation définitive de sa situation financière et à l'exécution de divers travaux d'utilité publique.

Art. 2.

L'emprunt sera contracté, avec la garantie du Gouvernement de la République française, à un taux d'intérêt qui ne pourra dépasser trois francs vingt-cinq centimes pour cent (3 fr. 25 0/0) et sera remboursable en soixante ans.

L'annuité nécessaire pour assurer le service des intérêts et de l'amortissement sera inscrite obligatoirement au budget annuel du protectorat.

Cet emprunt pourra être réalisé soit avec publicité et concurrence, soit de gré à gré, soit par voie de souscription avec faculté d'émettre des obligations au porteur ou nominatives. Les conditions des souscriptions à ouvrir ou des traités à passer de gré à gré seront préalablement soumises à l'approbation des Ministres des Colonies et des Finances.

Art. 3.

Sur le produit de l'emprunt, il sera tout d'abord prélevé les sommes nécessaires pour :

1° La liquidation du compte du Chemin de fer de Phu-Lang-Thuong à Langson;
2° La conversion des annuités résultant d'anciens contrats;
3° Le remboursement des avances temporaires du Trésor;
4° Le règlement de tous les comptes arriérés au 31 décembre 1895;
5° Les frais de négociation et l'impôt du timbre;

Sur l'excédent :

20 millions seront affectés à la construction de chemins de fer de Hanoï à Phu-Lang-Thuon, de Langson à la frontière de Chine, et à la transformation de la ligne de Phu-Lang-Thuon à Langson

8 millions aux travaux maritimes :

Éclairage et balisage des côtes.................... 1.250.000 fr.
Amélioration du port de Haï-phong.............. 6.750.000 »

2 millions à la transformation de l'armement des tirailleurs Tonkinois ;

4 millions aux bâtiments civils ;

Et le surplus, soit 3 millions au moins, à la construction de routes dans les territoires militaires.

Art. 4.

Aucun chemin de fer ne peut être établi en Indo-Chine qu'en vertu d'une loi. L'exploitation ne peut en être concédée que dans la même forme.

Les projets et marchés relatifs à l'exécution des travaux doivent être approuvés par le Ministre des Colonies.

Art. 5.

Tout emprunt doit être approuvé par une loi.

Les marchés de travaux ou de fournitures comportant pour le protectorat, pendant plus d'un exercice des engagements annuels de 100.000 francs et au-dessus doivent, à peine de nullité, être ratifiés par le Ministre des Colonies.

Toutefois un règlement d'administration publique, notamment en ce qui concerne les travaux de simple entretien, les exceptions à la règle ci-dessus qui seraient reconnues nécessaires pour assurer la marche régulière des différents services.

ANNEXES

ANNEXE N° 1

*Rapport au Président de la République française, suivi d'un décret fixant les attributions
du Gouverneur général de l'Indo-Chine.*

Paris, le 21 avril 1891.

Monsieur le Président,

Les pouvoirs du Gouverneur général de l'Indo-Chine ont été successivement définis
d'abord en ce qui concerne le protectorat du l'Annam et du Tonkin par décret du 27 janvier 1886, puis pour l'ensemble de nos possessions d'Extrême-Orient, par les décrets des 17,
20 octobre et 12 novembre 1887.

Il ne semble pas néanmoins que la situation créée par ces actes ait été jusqu'à présent suffisamment nette, et le Gouvernement a eu, plus d'une fois, à se préoccuper des
difficultés qu'elle laissait subsister. Le Parlement, d'autre part, a manifesté à diverses
reprises son désir de voir donner au Gouverneur général plus d'autorité et de liberté
d'action.

S'inspirant de ces idées, mon Administration a soumis récemment au Conseil supérieur des Colonies un projet de loi relatif à l'organisation de l'Indo-Chine française,
et ce projet a été, de la part d'une des sections de ce Conseil, l'objet d'un examen appro-
fondi.

Mais, sans attendre que le projet ainsi élaboré et qui sera prochainement soumis au
Parlement ait reçu la sanction législative, ce qui entraînera des retards inévitables, il
importe de tirer immédiatement parti des études déjà faites et de rassembler, dans un texte
unique, les dispositions essentielles qui règlent les pouvoirs du Gouverneur général de
l'Indo-Chine.

Tel est l'objet du décret que j'ai l'honneur de vous soumettre.

L'article 1er détermine les règles qui président aux rapports du Gouverneur général,
soit avec le Gouvernement de la métropole, soit avec nos agents diplomatiques et consu-
laires d'Extrême-Orient.

L'article 2 spécifie qu'aucune nomination ne pourra être faite dans le personnel
de l'Indo-Chine, si ce n'est pas une décision du Gouverneur général, ou, s'il s'agit
de nomination où un décret doit intervenir, sans qu'il ait exercé son droit de présentation.

Les articles 4 et 5 précisent et fortifient les pouvoirs militaires du Gouverneur général.

L'article 8, emprunté comme les autres dispositions du présent décret, au projet élaboré
par la section de l'Indo-Chine du Conseil supérieur des Colonies, crée un directeur du contrôle spécialement chargé, sous l'autorité immédiate du Gouverneur général, de vérifier et de
centraliser la comptabilité des différents services.

Le rétablissement de cette fonction, qui avait été créée en 1886 par Paul Bert, com-
blera une lacune qui a été très justement signalée à la Chambre, lors de la discussion du
budget.

Si vous approuvez les conclusions du présent rapport, j'ai l'honneur de vous prier de
revêtir de votre signature le projet de décret ci-joint.

Veuillez agréer, Monsieur le Président, l'hommage de mon profond respect.

Le Ministre du Commerce, de l'Industrie et des Colonies,

Signé : Jules ROCHE.

---

a

Décret fixant les attributions du Gouverneur général de l'Indo-Chine.
(21 avril 1891.)

Le Président de la République française,
Sur le rapport du Ministre du Commerce, de l'Industrie et des Colonies,
Décrète :

Article premier.

Le Gouverneur général est le dépositaire des pouvoirs de la République dans l'Indo-Chine française. Il a seul le droit de correspondre avec le Gouvernement. Il communique avec les divers départements ministériels sous le couvert du Ministre chargé des Colonies.

Il correspond directement avec les Ministre de France, Consuls généraux, Consuls et vice-Consuls de France en Extrême-Orient. Il ne peut engager aucune négociation diplomatique en dehors de l'autorisation du Gouvernement.

Art. 2.

Le Gouverneur général organise les services de l'Indo-Chine et règle leurs attributions.

Il nomme à toutes les fonctions civiles, à l'exception des emplois ci-après : lieutenant gouverneur, résidents supérieurs, directeur du contrôle, résidents et vice-résidents, administrateurs principaux et administrateurs, magistrats et chefs des principaux services. Les titulaires de ces emplois sont nommés par décret sur sa présentation. En cas d'urgence, le Gouverneur général peut les suspendre de leurs fonctions. Il doit en rendre compte immédiatement au Ministre chargé des colonies.

Art. 3.

Le Gouverneur général peut déléguer, par décision spéciale et sous sa responsabilité, son droit de nomination au lieutenant gouverneur de la Cochinchine et aux résidents supérieurs de l'Annam, du Tonkin et du Cambodge.

Il peut également déléguer à ces fonctionnaires, dans la même forme, le droit de régler et d'organiser les attributions de leurs services.

Art. 4.

Le Gouverneur général a, sous ses ordres directs : le lieutenant gouverneur, les résidents supérieurs, le commandant supérieur des troupes, les commandants de la marine et les chefs des services administratifs.

Il peut déléguer tout ou partie de ses pouvoirs au lieutenant gouverneur de la Cochinchine et aux résidents supérieurs.

Art. 5.

Le Gouverneur général est responsable de la défense intérieure et extérieure de l'Indo-Chine. Il dispose à cet effet des forces de terre et de mer qui y sont stationnées.

Aucune opération militaire, sauf le cas d'urgence où il s'agirait de repousser une agression, ne peut être entreprise sans son autorisation.

Il ne peut, en aucun cas, exercer le commandement direct des troupes. La conduite des opérations appartient à l'autorité militaire, qui doit lui en rendre compte.

Art. 6.

Le Gouverneur général est chargé de l'organisation et de la réglementation du service des milices affectées à la police et à la protection des populations à l'intérieur de nos possessions de l'Indo-Chine. Il nomme à tous les emplois dans ce corps.

Art. 7.

Des territoires militaires pourront être déterminés par le Gouverneur général, après avis du résident supérieur compétent et de l'autorité militaire.

Dans ces territoires, l'autorité militaire exercera les pouvoirs du résident supérieur. Ces territoires rentreront sous le régime normal par décision du Gouverneur général.

Art. 8.

Le Directeur du contrôle est chargé, sous l'autorité immédiate et exclusive du Gouverneur général, de la surveillance des services financiers, y compris le service du trésorier-payeur, de la vérification et de la centralisation de la comptabilité tenue par les différents services.

Il peut être chargé, par le Gouverneur général, de procéder à toutes vérifications dans les différents services financiers du Tonkin, de l'Annam, de la Cochinchine et du Cambodge.

Art. 9.

Le Gouverneur général dresse, chaque année, conformément à la législation en vigueur, les budgets de la Cochinchine et des protectorats.

Après approbation de ces budgets par le Gouvernement, il prend toutes les mesures nécessaires pour leur exécution. Il soumet à la ratification du Gouvernement tous projets de travaux, contrats, concessions et entreprises de toute nature qui excèdent les ressources des protectorats.

Art. 10.

Sont abrogés les articles 1, 2 et 3 du décret du 20 octobre 1887, ainsi que toutes les dispositions contraires au présent décret.

Art. 11.

Le Président du Conseil, Ministre de la Guerre, le Ministre du Commerce, de l'Industrie et des Colonies, le Ministre des Affaires étrangères et le Ministre de la Marine sont chargés, chacun en ce qui le concerne, de l'exécution du présent décret.

Fait à Paris, le 21 avril 1891.

Signé : CARNOT.

Par le Président de la République :

Le Président du Conseil, *Ministre de la Guerre,* *Signé ;* C. DE FREYCINET.	*Le Ministre du Commerce, de l'Industrie* *et des Colonies,* *Signé :* JULES ROCHE.
Le Ministre des Affaires *étrangères,* *Signé :* RIBOT.	*Le Sénateur, Ministre* *de la Marine,* *Signé :* E. BARBEY.

CHEMIN DE FER DE PHU-LANG-THUONG A LANGSON

ANNEXE N° 2.

CAHIER DES CHARGES

Pour l'établissement d'une voie ferrée entre Phu-Lang-Thuong et Langson (Tonkin).

L'entreprise pour l'établissement d'une voie ferrée à simple voie d'environ 100 kilomètres de longueur et de 0^m,60 d'écartement entre le bord intérieur des rails, à établir entre Phu-Lang-Thuong et Langson comprend :

1° L'acquisition du matériel en France ;
2° Le transport de ce matériel à Phu-Lang-Thuong ;
3° Les travaux relatifs à la plate-forme ;
4° La pose et le montage du matériel et des bâtiments.

I. — *Acquisition du matériel en France.*

Article premier.

L'Administration [des colonies se réserve exclusivement le choix du matériel, la discussion du prix d'achat, la surveillance de la fabrication et l'admission en recette selon les règles administratives.

La recette en quantité aura lieu dans le port de livraison, en présence de l'entrepreneur, à qui un exemplaire du procès-verbal sera remis. Il prendra immédiatement charge des quantités admises et en assurera l'expédition au port destinataire.

Après la constatation des quantités et des poids, l'Administration fera procéder à leur poinçonnage contradictoirement [avec l'entrepreneur, qui pourra les frapper de sa marque.

Tout objet ne portant point le poinçon de l'État à l'arrivée au Tonkin sera mis à part et déduit de sa facture.

En cas de contestation entre la commission de recette et l'entrepreneur sur l'admission en recette de certains articles, ce dernier devra formuler ses observations par écrit et la commission lui en donnera acte.

Art. 2.

Les livraisons du matériel auront lieu par quantités minima de 800 tonnes et à des époques déterminées deux mois à l'avance par un ordre de service de l'Administration, qui sera notifié à l'entrepreneur pour qu'il puisse, en temps opportun, pourvoir aux moyens de transport.

Les frais qui pourront résulter de retards survenus à l'occasion du transport, de l'embarquement ou du magasinage du matériel sont à la charge de l'entrepreneur.

Art. 3.

Le matériel reçu par l'Administration des colonies dans les conditions ci-dessus spécifiées sera facturé par le fournisseur au nom de l'entrepreneur qui devra en effectuer le payement.

Sur la présentation des factures acquittées accompagnées du procès-verbal de recette, l'Administration créditera l'entrepreneur du montant de ses avances.

Art. 4.

Les sommes portées au crédit de l'entrepreneur pour achat de matériel seront majorées à son profit de 7 p. 100 pour frais généraux.

II. — *Transport du matériel à Phu-Lang-Thuong.*

Art. 5.

Le transport du matériel livré à l'entrepreneur sera effectué par ses soins et sous sa responsabilité moyennant le prix d'adjudication.

Ce prix comprend tous les frais incombant au matériel, du port de livraison en France, jusqu'à sa réception à Phu-Lang-Thuong, sur l'emplacement désigné, et notamment ceux du magasinage, s'il y a lieu, au port d'embarquement, l'embarquement, le transport par mer et sur les fleuves du Tonkin, jusqu'à Phu-Lang-Thuong, ainsi que tous les transbordements nécessaires, le débarquement et l'arrimage sur l'emplacement mis à la disposition de l'entrepreneur, l'assurance contre tous les risques de la traversée, les frais de surestaries, etc.

Art. 6.

La quantité de matériel à transporter est évaluée à 4.500 tonnes de 1.000 kilogrammes.

L'Administration se réserve la faculté d'augmenter ou de diminuer ce poids total de 1/5 sans modification de prix d'unité de transport. Cette réserve s'applique à l'ensemble et non aux diverses catégories du matériel en cours de transport.

Il demeure spécifié que les marchandises seront comptées au poids, quels qu'en soient la nature et l'encombrement : locomotives, wagons, voitures, ponts, outillage et appontements, etc.

Art. 7.

L'entrepreneur devra remettre à Phu-Lang-Thuong le matériel en aussi bon état qu'il l'aura reçu. Il devra, par suite, à l'arrivée, assister au récolement du matériel, auquel il sera procédé dans les formes réglementaires par le service des travaux.

En l'absence de réserves écrites notifiées à l'Administration au moment de la recette en France, le matériel sera considéré au départ comme en parfait état.

L'entrepreneur sera tenu de remplacer à ses frais, et dans un délai qui sera déterminé par l'administration locale, tout objet qui ne serait pas en bon état ou qui ne serait pas représenté.

L'entrepreneur reste détenteur du matériel jusqu'à la réception définitive de la ligne ou fraction de ligne.

Art. 8.

L'entrepreneur devra remettre à l'Administration des colonies, aussitôt l'embarquement terminé, et avant le départ :

Deux factures d'envoi, dont une sur timbre, reproduisant le détail des objets expédiés en quantités et en poids, arrêtées à la somme due pour le transport en vertu du marché ;

Deux factures du fournisseur du matériel indiquant la valeur dudit matériel ;

Deux exemplaires du connaissement ;

La police d'assurance endossée par l'entrepreneur au profit de l'Administration des colonies, compris les frais de transport et la majoration des frais généraux ;

Un exemplaire de chacune de ces pièces sera envoyé à l'Administration du Protectorat par l'Administration des colonies, pour la réception au Tonkin.

Art. 9.

Le règlement du transport aura lieu après récolement du matériel à Phu-Lang-Thuong ainsi qu'il a été dit à l'article 8, par l'inscription des sommes dues au crédit du compte courant de l'entreprise, à la date de cette reconnaissance.

Art. 10.

L'entrepreneur sera également crédité pour tous les frais incombant au transport, d'une somme de 110 francs par tonne de 1.000 kilog. quel qu'en soit l'encombrement.

Cette somme sera majorée, ainsi que la fourniture du matériel, au profit de l'entrepreneur, de 7 0/0 pour les frais généraux.

Le 0/0 de ces deux majorations devra être déterminé au même taux par le soumissionnaire.

III. — *Travaux relatifs à la plate-forme.*

Art. 11.

Les travaux relatifs à la plate-forme comprennent tous les travaux de réfection et de rectification de la route existante ; la dépose des tabliers de ponts reconnus trop faibles pour le passage des trains lourds ; la pose de nouveaux tabliers ; l'empierrement ou ballastage de la voie, etc., etc., en un mot, tous les travaux nécessaires pour que la route soit en état de recevoir la voie ferrée.

Ces travaux seront déterminés et surveillés par l'ingénieur du Protectorat du Tonkin.

Ils devront, autant que possible, être exécutés de façon à permettre la pose ininterrompue de la voie.

Art. 12.

Les terrassements seront exécutés suivant les profils en travers arrêtés par l'ingénieur chargé de la direction des travaux.

La voie sera posée, autant que possible, sur l'un des côtés de la route.

Les courbes ne devront pas descendre au-dessous de 35 mètres de rayon.

Les déclivités ne devront pas dépasser 4 0/0 ou 4 centimètres pour 1 mètre.

Autant que possible, deux courbes en sens contraire seront séparées par un alignement droit de 50 mètres au moins, et deux déclivités par un palier de 50 mètres au moins.

Les talus seront réglés suivant la nature du terrain ou des inclinaisons fixées par l'ingénieur.

Avant l'ouverture des travaux, le tracé sera fait par les soins de l'ingénieur.

L'entrepreneur devra assister à cette opération et fournir les ouvriers et les piquets nécessaires. Il sera tenu de veiller à la conservation du piquetage.

Art. 13.

L'entrepreneur devra se conformer rigoureusement aux prescriptions de l'ingénieur pour les précautions à prendre dans l'exécution des terrassements, pilonnage des terres, règlements des surfaces, etc.

Art. 14.

Pour l'exécution des travaux de terrassements, le matériel de voie, de wagons et de tombereaux sera fourni par l'Administration.

Le matériel de voie sera utilisé ultérieurement pour les voies accessoires.

L'entrepreneur devra compte à l'Administration du matériel qui lui aura été compté ; il sera tenu à la conservation en bon état.

L'entrepeneur devra pourvoir à la fourniture, à son compte, de tous les outils nécessaires, pelles, pioches, brouettes, etc., dont il gardera la propriété. Les chevaux ou mulets seront payés suivant les prix ordinaires de ces locations au Tonkin.

Art. 15.

Dans le cas où l'on rencontrerait accidentellement des rochers exigeant l'emploi de la mine, l'entrepreneur devra suivre rigoureusement les instructions de l'ingénieur pour le mode d'exécution des mines, le choix de la poudre, etc., etc.

Art. 16.

Il ne pourra être mis en dépôt sur les terrains riverains, que les déblais dont le transport serait trop éloigné pour être utilisés en remblais.

Ces dépôts devront être faits de façon à ne pas retomber sur la plate-forme et à ne pas faire obstacle à l'écoulement des eaux.

En cas d'insuffisance de déblais, on aura recours à des emprunts faits sur les terrains voisins reconnus par l'ingénieur propres à fournir des remblais de bonne qualité.

Art. 17.

Dans les parties en déblai, on pourra exécuter de suite le profil définitif. Mais, dans les parties en remblais, on devra dresser d'abord le terrain horizontalement et prendre toutes les précautions nécessaires pour empêcher le glissement des terres.

Art. 18.

L'écoulement des eaux devra être assuré au moyen de fossés, drains, dallots, etc., désignés par l'ingénieur.

Art. 19.

L'entrepreneur ne pourra commencer le ballastage qu'après la vérification et la réception de la plate-forme par le service des travaux.

Art. 20.

L'entrepreneur devra toujours avoir sur le chantier et à lui appartenant :
Un niveau d'eau avec son pied et deux mires ;
Une chaîne métrique et un double mètre.

Art. 21.

L'entrepreneur devra exécuter toutes les maçonneries nécessaires pour la consolidation des terrassements, petits ouvrages d'art, fondations des bâtiments, etc., etc.

Les matériaux employés seront désignés par l'ingénieur.

Art. 22.

Les pierres cassées pour béton devront être purgées de terre ou de toutes autres matières nuisibles au moyen du râteau ou de la claie.

Le sable sera de moyen grain, pur et exempt de toutes matières terreuses. Il sera passé à la claie si l'ingénieur le prescrit.

Les moellons seront durs, bien gisants, dégagés de toute gangue et lavés, si cela est nécessaire.

Toute la chaux sera de nature très hydraulique. Cette qualité sera constatée au moyen d'épreuves qu'on répétera autant de fois que l'ingénieur le jugera utile et aux frais de l'entreprise.

La chaux devra être conservée à l'abri de toute humidité, sur une aire en planches, et dans un lieu couvert parfaitement fermé.

Tous les matériaux seront vérifiés et reçus avant leur emploi. Ceux qui viendront de France y seront l'objet d'une réception, avant leur envoi, sans préjudice de la réception définitive au Tonkin.

Art. 23.

La fabrication du mortier sera faite en tenant compte des proportions de chaux, ciment et sable indiquées par l'ingénieur.

La composition du béton sera déterminée par l'ingénieur.

Enfin, pour l'exécution de tous les travaux de maçonnerie, avec mortier ou à pierres sèches, l'entrepreneur devra se conformer aux règles de l'art et aux prescriptions spéciales de l'ingénieur.

Art. 24.

La dépose des tabliers métalliques aura lieu avec le plus grand soin en vue de leur utilisation ultérieure, sous la surveillance du service des travaux, mais sous la responsabilité de l'entrepreneur, qui prendra les dispositions qui lui paraîtront les plus convenables pour cette opération.

Les matériaux seront soigneusement classés et transportés sur un emplacement désigné par l'administration qui en prendra charge après qu'ils auront été classés et mis en ordre.

Art. 25.

La pose des nouveaux tabliers métalliques se fera suivant les indications remises par le fournisseur à l'administration, qui surveillera le montage, dont toute la responsabilité appartient à l'entrepreneur.

Art. 26.

Le ballastage de la voie sera en sable, gravier ou pierres cassées.

La quantité de ballast à fournir peut être évaluée à environ un demi-mètre cube par mètre linéaire de voie.

Art. 27.

Le sable employé pour le ballast devra être bien siliceux, à gros grains, exempt de terre ou autres matières étrangères. Il ne devra donner ni poussière fine dans les sécheresses, ni faire pâte avec l'eau sous l'action du temps et de l'humidité.

Le gravier devra être fourni de cailloux durs réunis par du sable à gros grains.

La pierre cassée sera de bonne qualité, ne pouvant se décomposer sous l'action du temps. Elle sera cassée de manière à pouvoir passer en tous sens dans un anneau de $0^m,06$. Elle sera soigneusement purgée de terre et par suite passée au crible, s'il en est besoin.

Art. 28.]

Le ballast, soit en sable et gravier, soit en pierres cassées, devra provenir exclusivement de lieux d'extractions désignés ou acceptés par l'ingénieur.

Art. 29.

Le matériel nécessaire pour le ballastage, voie, locomotives et wagons, sera fourni par l'administration, emprunté, en ce qui concerne les voies et locomotives, au matériel définitif de la ligne. L'entrepreneur sera entièrement responsable de ce matériel qu'il devra remettre en bon état, les travaux terminés.

L'outillage de pelles, pioches, masses, etc., sera fourni par l'entrepreneur.

Art. 30.

Tous les travaux ci-dessus désignés seront exécutés en régie par l'entrepreneur, qui devra fournir le personnel ouvrier nécessaire à des prix débattus et fixés par le service des travaux pour chaque catégorie d'ouvriers.

Un agent de l'administration assistera à la paye des ouvriers, et visera la feuille de paye.

L'ingénieur pourra toujours refuser les hommes qu'il jugera incapables.

Art. 31

Le décompte des sommes dues à l'entrepreneur sera arrêté tous les huit jours.

Il sera accompagné des feuilles de paye des ouvriers et chefs de chantier, des factures acquittées pour dépenses faites au compte du Protectorat, pour fourniture de matériaux, employés, chaux, peinture, etc.

L'ensemble des sommes ainsi décomptées sera majoré de 18 0/0 pour frais généraux et le total obtenu porté au crédit de l'entrepreneur.

Tous frais d'administration de l'entreprise en France, tous frais de banque en France et au Tonkin, toutes les dépenses du personnel de direction technique et administrative des travaux, sont compris dans la dénomination de frais généraux au sens du présent paragraphe. Cette observation s'applique également aux autres articles du présent cahier des charges où il a été question de frais généraux.

IV. — *Pose et montage du matériel.*

Art. 32.

La pose du matériel comprendra : la pose de la voie, le montage des locomotives, voitures et wagons, le montage de l'outillage acheté en France tant pour l'atelier que pour les accessoires de la voie.

Art. 33.

La voie employée sera du système Péchot, adopté par le Ministre de la Guerre, pour les travaux de la défense des forts.

Le rail en acier de 9 kil. 500 m. courant est rivé sur la traverse ; la longueur du rail est de 5 mètres, et chaque rail doit reposer sur 8 traverses.

Les traverses seront constituées par une tôle emboutie sur tout son périmètre.

Il est formé ainsi des châssis ou travées de 5 mètres, pesant environ 150 kilogrammes, qui sont ajustés les uns à la suite des autres et rendus solidaires au moyen d'éclisses.

Dans les parties en courbe, des travées spéciales avec rails courbés seront employées.

Pour les raccordements, l'entrepreneur devra couper à ses frais les travées à la longueur nécessaire.

Art. 34.

Les rails dans le sens transversal, seront établis dans un même plan horizontal, sauf les cas spéciaux où des tassements nécessiteraient une légère surélévation de l'un d'eux.

Dans les parties en courbe, on donnera au rail de chaque voie correspondant au plus grand rayon une surélévation qui sera déterminée par l'Ingénieur.

Les surélévations seront raccordées par des pentes douces allongées.

Art. 35.

Les pentes, rampes et paliers seront raccordés entre eux par une succession de plans ayant environ chacun 5 mètres de longueur pour une différence de pente de 1 millimètre.

Ce raccordement sera toujours établi moitié en deçà, moitié au delà, du point d'intersection des deux pentes dont on veut adoucir la transition. Cette précaution est surtout importante pour les angles rentrants du profil en long.

Art. 36.

L'entrepreneur utilisera, selon les nécessités de la construction, le matériel de voie dont il a été établi détenteur. Il fera distribuer et transporter les matériaux sur toute l'étendue de son entreprise à ses frais et risques.

Art. 37.

Il ne pourra jamais se servir de la voie et de son matériel dans un but de trafic et de transport de voyageurs, et sera tenu de la restituer à l'administration en parfait état de conservation et d'entretien.

Toutefois, dès que des tronçons de voie auront été admis en recette, ils pourront, par clause additionnelle au marché, être affectés aux transports exécutés dans l'intérêt du Protectorat, dans des conditions à déterminer.

Le personnel de mécaniciens et de chauffeurs employé à la conduite des machines devra être accepté par l'ingénieur, sans que cette acceptation diminue en rien la responsabilité de l'entrepreneur.

Art. 38.

Dans les parties où le ballast aura été approvisionné d'avance, l'entrepreneur posera de suite la voie à hauteur sur le ballast.

Dans les autres cas, l'entrepreneur fera d'abord avec soin une pose provisoire sur la plate-forme, puis il apportera le ballast et répandra celui qui est nécessaire pour la première couche. Il relèvera alors la voie et la règlera à sa hauteur définitive.

La voie posée sera visitée et reçue par le service des travaux.

Les tronçons de voie présentés à la recette ne pourront comprendre moins de 5 kilomètres, et les sommes acquises à l'entrepreneur seront inscrites à son crédit à la date du procès-verbal de réception.

Art. 39.

Le plus grand soin sera apporté à la pose des changements, croisements et traversées de voie, sans supplément du prix consenti pour la pose de la voie courante.

Art. 40.

La pose des plaques tournantes, donnant lieu à des déblais pour loger la cuve, sera faite en régie par l'entrepreneur qui devra seulement transporter à ses frais ce matériel à pied d'œuvre.

Art. 41.

L'entrepreneur sera responsable de tous les matériaux qui lui auront été livrés par l'administration. Il devra justifier de leur l'emploi après la pose de la voie ; ceux perdus ou détériorés par négligence ou par défaut de soins seront remplacés ou réparés à ses frais.

Art. 42.

Un prix de 1 fr. 40 par mètre courant de voie sera payé à l'entrepreneur, y compris le transport des matériaux, la pose et toutes les sujétions stipulées ci-dessus.

Le montage des locomotives, des wagons, des voitures, aura lieu à Phu-Lang-Thuong, en régie, sous la surveillance de l'administration, par les ouvriers de l'entrepreneur.

L'atelier, les bâtiments des stations, le montage des outils, etc., seront également faits en régie par l'entrepreneur.

Le transport des matériaux pour ces ouvrages sera effectué gratuitement par l'entrepreneur.

Art. 43.

Sauf le cas d'empêchement constaté : inexécution de la plate-forme et manque de matériel par sa faute, l'entrepreneur devra avancer la voie au moins d'un kilomètre par jour.

La date du commencement de la pose est fixée à trois mois après la livraison du premier quart du matériel.

Le Protectorat se réserve le droit à toute époque de se substituer à l'entrepreneur pour l'exécution de tout ou partie de l'infrastructure, des transports ou de la superstructure, après deux mises en demeure, à un mois de distance, par le résident supérieur au Tonkin, en vue de la célérité et de la bonne exécution des travaux, objet du présent cahier des charges.

Il appartiendra au gouverneur général de prononcer dans ce cas la mise en régie totale ou partielle. Cette régie aura lieu au compte de l'entrepreneur et fera l'objet d'une comptabilité spéciale dont l'entrepreneur aura toujours le droit de prendre communication.

Cette mise en régie ne fera pas obstacle à toute demande de dommages et intérêts de la part du Protectorat contre l'entrepreneur, pour préjudice causé.

Art. 44.

Le Protectorat prend à sa charge les soins médicaux, les fournitures de médicaments et les frais d'hospitalisation au Tonkin. Les frais de rapatriement restent à la charge de l'entrepreneur.

Art. 45.

Les sommes dues à l'entrepreneur pour tous les travaux en régie et pose de voie seront majorées à son profit de 18 0/0 pour frais généraux.

Art. 46.

Les sommes dues à l'entrepreneur porteront intérêt à 5 0/0 l'an. Cet intérêt ne sera pas capitalisé.

Art. 47.

Le remboursement des avances faites par l'entrepreneur sera effectué par le Protectorat de la manière suivante :

500.000 francs payables un an après le départ du premier convoi de matériel en 1890;
500.000 francs payables un an après en 1891 ;
1.000.000 francs payables un an après en 1892 ;
1.000.000 francs payables un an après en 1893 ;
1.000.000 francs payables un an après en 1894;
Le solde, payable un an après en 1895.

Le Protectorat pourra anticiper ces payements au total ou par fractions.

Pour tous payements différés, l'intérêt au delà du jour de l'échéance sera porté à 6 0/0 et se confondra avec le capital de manière à porter intérêt à partir du 1er janvier de l'année suivante.

Art. 48.

Toutes les opérations financières auront lieu en francs : les payements en piastres effectués par l'entrepreneur au Tonkin seront convertis en francs au cours du jour où ils auront été faits.

Art. 49.

Chacun des concurrents annexera à sa soumission le récépissé constatant le versement à titre de cautionnement provisoire d'une somme de 20.000 francs.

Ce cautionnement provisoire devra être réalisé à la Caisse des dépôts et consignations à Paris, ou de ses préposés dans les départements, soit en numéraire, soit en rentes sur l'État et valeurs du Trésor au porteur, soit en rentes sur l'État nominatives ou mixtes.

Conformément aux dispositions de l'article 7 du décret du 18 novembre 1882, la réalisation de ce cautionnement provisoire sera effectuée aux conditions et d'après les formes exigées par les règlements spéciaux à l'établissement de la Caisse des dépôts et consignations.

Lorsque l'adjudication aura été approuvée par le Sous-Secrétaire d'État, l'adjudicataire devra convertir son cautionnement provisoire en un cautionnement définitif d'une importance double de celle du montant de ce premier cautionnement par application de l'article 6 des conditions générales des marchés du 10 juin 1870.

Ce cautionnement définitif sera constitué au choix de l'adjudicataire, au moyen de l'une ou de plusieurs valeurs indiquées pour le cautionnement provisoire, et d'après les mêmes formes que celles prescrites pour ce cautionnement.

Art. 50.

L'entrepreneur faisant élection de domicile à Paris, pour l'application de la présente convention, toutes les contestations qui pourront surgir à l'occasion de l'exécution du présent cahier des charges seront jugées administrativement.

Art. 51.

Les frais de timbre et d'enregistrement du présent contrat seront à la charge de l'adjudicataire. Il sera imprimé également aux frais de l'adjudicataire et par les soins de l'Administration soixante-quinze exemplaires du présent cahier des conditions, suivi de la soumission et du procès-verbal d'adjudication.

Art. 52.

Les conditions générales des marchés arrêtées le 10 juin 1870, sont applicables à la présente entreprise, en tout ce qui n'est pas contraire aux stipulations qui précèdent.

Paris, le 21 août 1889.

Les Membres de la Commission permanente des marchés coloniaux,
Signé : E. Petit, Odent, Suais, Eugène Bertin, Vermot, Gardies, Debar, Charvein.

Soumis à l'approbation du Sous-Secrétaire d'État.

Le chef de la 3e division,
Signé : Billecocq.

Approuvé :

Paris, le 23 août 1889.

Le Sous-Secrétaire d'État aux Colonies,
Signé : Étienne.

Soumission pour l'établissement d'une voie ferrée de 0^m,60 de Phu-Lang-Thuong à Langson.

Je soussigné Soupe (Georges), demeurant à Paris, 55, rue Saint-Lazare, me soumets et m'engage envers M. le Sous-Secrétaire d'État aux Colonies, agissant pour le compte du Protectorat de l'Annam et du Tonkin, pour le cas où la présente offre serait acceptée par lui, à exécuter le chemin de fer de Phu-Lang-Thuong à Langson dans les conditions et délais stipulés au cahier des charges annexé à la présente soumission, moyennant les bases du règlement qui suivent :

1° Payement du matériel fixe et roulant aux fournisseurs choisis par l'Administration des colonies et aux prix obtenus par ladite administration ;

2° Transport du port de livraison à Phu-Lang-Thuong, tous frais accessoires et d'assurance compris, à raison de 110 francs par tonne de 1.000 kilogrammes ;

3° Majoration de 7 francs sur 100 francs sur le montant des achats de matériel et du transport prévus aux deux articles précédents ;

4° Prix de la pose de la voie principale ou accessoire, y compris les appareils de voie et le transport du matériel à l'avancement, mais non compris le ballastage, à raison de 1 fr. 40 par mètre courant de voie ;

5° Travaux d'appropriation de la plate-forme comprenant terrassements, dépose et pose des ponts, les anciens tabliers étant transportés en dépôt à Phu-Lang-Thuong ; empierrement et ballastage ; montage de bâtiments et ateliers exécutés par l'entrepreneur pour le compte de l'administration et remboursés sur production de mémoires justificatifs ;

6° Majoration à titre de frais généraux à raison de 18 francs par 100 francs, sur le prix de pose de voie et travaux d'appropriation de la plate-forme, prévus aux articles 4 et 5 ci-dessus.

En conséquence, le montant des dépenses prévues est évalué en principal comme il suit :

1° Achat de matériel... 1.590.000 fr.

2° Transport de 4.500 tonneaux à 110 francs la tonne................ 495.000 »

3° Majoration à raison de 7 francs par 100 francs sur le montant des achats du matériel et du transport, prévus aux deux articles précédents.... 145.950 »

4° Pose de voie sur 103 kilomètres à raison de 1.400 francs le kilomètre... 144.200 »

5° Infrastructure.. 1.250.000 »

6° Majoration pour frais généraux de 18 francs par 100 francs sur les prix de pose de voie et travaux d'appropriation de la plate-forme, prévus aux articles 4 et 5 ci-dessus... 250.956 »

                                                      3.876.106 fr.

Le Protectorat remboursera les avances et frais effectifs conformément au cahier des charges, par termes qui demeurent fixés comme il suit :

500.000 francs payables un an après le départ du premier convoi de matériel en 1890;

500.000 francs payables un an après en 1891 ;

1.000.000 francs payables un an après en 1892 ;

1.000.000 francs payables un an après en 1893 ;

1.000.000 francs payables un an après en 1894 ;

Le solde, payable un an après en 1895.

Les sommes restant dues et décomptées, comformément au cahier des charges, porteront intérêt à 5 0/0 l'an.

Paris, le 13 septembre 1889.

Signé : Georges Soupe.

Les membres de la Commission permanente
des marchés coloniaux :
Signé : E. Petit, Odent, Suais, Eugène
Bertin, Vermot, Gardies, Debar,
Charvein.

Procès-verbal d'adjudication.

Aujourd'hui, treize septembre mil huit cent quatre vingt-neuf, en conséquence des ordres du Sous-Secrétaire d'État des colonies et conformément aux avis affichés et publiés tant à Paris que dans les autres places de commerce, nous Lidin, commissaire général de la marine, assisté de M. Bourlet, représentant le 7e bureau des colonies, en présence des membres de la Commission des marchés, le service de l'inspection n'étant pas représenté, avons procédé à l'adjudication, sur soumissions cachetées, relative à l'établissement d'une voie ferrée à effectuer de Phu-Lang-Thuong à Langson (Tonkin).

Trois soumissions ont été remises entre les mains du président et déposées sur le bureau.

Ces soumissions, décachetées dans l'ordre de leur présentation, ont donné les résultats suivants :

M. Soupe (Georges), demeurant à Paris, 55, rue Saint-Lazare, s'engage à exécuter le chemin de fer de Phu-Lang-Thuong à Langson, moyennant la somme totale de 3.876.106 fr.

M. A. Le Page a présenté une soumission qui a été déclarée nulle comme n'étant pas conforme aux conditions du cahier des charges.

La Société des travaux publics et constructions a présenté une soumission qui a été déclarée nulle comme n'étant pas conforme aux conditions du cahier des charges.

M. Georges Soupe, ayant fait l'offre la plus avantageuse à l'administration des colonies, a été déclaré provisoirement adjudicataire pour l'établissement d'une voie ferrée de Phu Lang-Thuong à Langson (Tonkin), au prix de 3.876.106 francs, et a signé avec nous.

A Paris, les jour, mois et an que dessus.

L'adjudicataire provisoire :
Signé : Georges Soupe.

Les membres de la Commission :
Signé : E. Petit, Suais, Bourlet, Gardies, Debar, Rabourdin, Lidin.

Soumis à l'approbation du sous-secrétaire d'État,

Pour le chef de la 3e division, *p. i.* :
Le chef du 6e bureau,
Signé : Gaston Follet.

Approuvé :
Paris, le 9 octobre 1889.

Le Sous-Secrétaire d'Etat des Colonies,
Signé : Étienne.

Enregistré à Paris, par duplicata, bureau des actes administratifs, le 29 octobre 1889, folio 55, case 1.

Reçu 4.850 francs, décimes compris.

Signé : Gourmaux.

ANNEXE N° 3.

ACTE ADDITIONNEL.

Au marché du 13 septembre 1889 relatif à l'établissement d'une voie ferrée de Phu-Lang-Thuong à Langson (Tonkin).

Entre le Sous-Secrétaire d'État au ministère du Commerce et de l'Industrie et des Colonies, agissant pour le compte du Protectorat de l'Annam et du Tonkin, d'une part ;

Et M. Georges Soupe, de l'autre, il a été convenu de modifier comme suit les clauses et conditions du marché du 13 septembre 1889, relatif à l'établissement d'une voie ferrée de Phu-Lang-Thuong à Langson (Tonkin) :

Article premier.

Toutes les sommes dépensées, au lieu d'être portées au crédit de l'entrepreneur, suivant les articles 3, 9, 31 et 45 du marché du 13 septembre 1889, seront inscrites, au fur et à mesure à un compte spécial du Protectorat, à Paris, de telle sorte qu'il puisse être délivré un certificat d'inscription, soit au nom de l'entrepreneur, soit au nom d'une autre personne qu'il désignera préalablement. Ces certificats mentionneront que les sommes inscrites seront payables à Paris, au ministère des finances, sur le compte courant du protectorat, dans les délais stipulés au cahier des charges.

Art. 2.

Les payements ne pourront pas être différés, dans tous les cas, de plus de six mois au delà du jour des différentes échéances fixées par l'article 47 du contrat.

Les intérêts dus à l'entrepreneur en vertu de l'article 46, lui seront payés annuellement, en même temps que les termes acquis.

Art. 3.

Le personnel de l'entreprise sera admis à bord des navires affrétés par l'État, gratuitement, sauf remboursement de la nourriture pendant la traversée, s'il existe de la place sur les steamers en partance au moment où se produiront les demandes, et à bord des paquebots des Messageries maritimes, dans les mêmes conditions que les fonctionnaires de l'État, c'est-à-dire moyennant payement par l'entrepreneur des prix de passage réduits de 30 p. 100.

Toutefois, les fonctionnaires de l'État ayant seuls droit à cette réduction de 30 0/0, le bénéfice de cette disposition ne pourra être étendu au personnel de l'entreprise qu'avec l'assentiment de la Compagnie des Messageries maritimes.

Art. 4.

Toutes les autres clauses et conditions du marché du 13 septembre 1889 sont maintenues.

Art. 5.

Le présent acte additionnel sera timbré et enregistré aux frais de l'entrepreneur et imprimé à la suite du contrat précité.

Fait en double, à Paris, le 7 novembre 1889.

L'adjudicataire,
Signé : Georges SOUPE.

Vu et accepté par la Commission permanente des marchés coloniaux.
Paris, le 8 novembre 1889.

Signé : E. PETIT, SORNEIN, SUAIS, E. BERTIN, VERMOT, KERMOR, GANT, DEBAR, RABOURDIN, LIDIN, VERDIER, inspecteurs.

Soumis à l'approbation du Sous-Secrétaire d'État,

Le chef de la 3ᵉ division,
Signé : BILLECOCQ.

Approuvé :
Paris, le 15 novembre 1889.

Le Sous-Secrétaire d'État des Colonies,
Signé : ÉTIENNE.

Enregistré à Paris, bureau des actes administratifs, le 16 novembre 1889, folio 66, case 2.
Reçu 3 fr. 75, décimes compris.

Signé : GOURMAUX.

Pour copie conforme :
Le sous-chef du 7ᵉ bureau.

ANNEXE Nº 4.

MINISTÈRE
DU COMMERCE
DE L'INDUSTRIE
ET DES
COLONIES
—
Sous-Secrétaire d'État
des Colonies.
—
1ʳᵉ Division.
2ᵉ Bureau.
—
Indo-Chine.

Paris, le 3 novembre 1890.

Le Sous-Secrétaire d'État des Colonies à Monsieur Soupe.

Monsieur,

A la suite de l'examen de vos réclamations des 30 août et 20 septembre de cette année, j'ai reconnu, de concert avec vous, la nécessité de fixer l'interprétation de certaines clauses du contrat du 13 septembre 1889 qui ont donné lieu à des constestations entre vous et le Directeur des Travaux publics au Tonkin.

De plus, la section de 42 kilomètres comprise entre Phu-Lang-Thuong et Bac-Lé devant être en état de réception dans deux ou trois mois, le moment est venu de régler par une clause additionnelle, ainsi que le prévoit l'article 37 du contrat, les transports à exécuter dans l'intérêt du Protectorat.

En conséquence, j'ai arrêté les dispositions suivantes, qui donnent satisfaction à vos réclamations dans la mesure qui m'a paru justifiée, et qui assurent la marche régulière de l'entreprise et le service du chemin de fer. Les articles qui suivent forment un tout indivisible; ils seront exécutoires comme complément du contrat, moyennant votre adhésion expresse et sans réserve par le retour du courrier :

1° Les lettres échangées à Hanoï les 5 et 6 mars 1890 entre M. Lion, Directeur des Travaux publics au Tonkin, et M. Thomas, fondé de pouvoir de l'entreprise, stipulent des dérogations du cahier des charges, et M. Lion indique que « le département a seul le droit d'accepter une dérogation à votre marché qui constitue une diminution à vos charges. » Cet accord conditionnel n'ayant pas obtenu mon approbation doit être considéré comme nul et de nul effet dans l'avenir. Mais vous renoncez expressément à toute réclamation à raison des marchés et des dépenses engagées au Tonkin;

2° Pour les dépenses restant à engager, il sera procédé suivant les prévisions du cahier des charges. Conformément à l'article 30 de ce cahier des charges, les travaux d'infrastructure seront « exécutés en régie par l'entrepreneur, qui devra fournir le personnel ouvrier nécessaire à des prix débattus et fixés par le service des travaux pour chaque catégorie d'ouvriers. »

Comme en vertu de l'article 14 « l'entrepreneur devra pourvoir à la fourniture à son compte de tous les outils nécessaires, pelles, pioches, brouettes, etc., dont il gardera la propriété », il doit être entendu qu'une allocation afférente à la valeur de cet outillage sera comprise dans le prix de la journée de l'ouvrier. Dans le cas où le service local des travaux publics trouverait plus avantageux, au point de vue de son contrôle, de faire ressortir sur les états de paye la somme due à l'ouvrier en dehors de la fourniture d'outils, il y aura lieu à dresser à votre profit un état spécial pour fournitures d'outils, d'après un taux à forfait de 10 0/0 du prix payé par la main d'œuvre (surveillants et chefs d'ateliers déduits).

3° L'article 5 du cahier des charges met à votre charge le débarquement à Phu-Lang-Thuong et l'arrimage du matériel sur l'emplacement mis à la disposition de l'entrepreneur.

Il y a lieu de donner une interprétation précise de cet article en disant que vous avez à votre charge, de ce chef, le débarquement à quai, le coltinage ou transport à bras à une distance maxima de 40 mètres de l'appontement et en plus le rangement ou arrimage sur wagon ou en magasin.

Tout transport au delà de ces limites et toute reprise du matériel ne sont pas compris dans les prévisions de l'article 5, mais bien dans celle des articles 36 et 42. Mais vous renoncez expressément à toute réclamation à raison des excédents de transports et reprises relatifs au matériel débarqués ce jour.

4° L'appontement et la plate-forme de déchargement à Phu-Lang-Thuong, devant être conservés pour le service d'exploitation du chemin de fer, sont à la charge de l'Administration dans tout ce qui a le caractère d'installation permanente et utilisable.

Les engins de débarquement dont vous réclamez le remboursement seront considérés comme étant à la charge de l'Administration si vous établissez, après avis du service local des travaux publics, que la situation des lieux et les variations considérables du niveau du fleuve ne permettaient pas en fait l'emploi des moyens ordinaires de débarquement et exigeaient l'emploi de grues à vapeur.

Dans le cas contraire les grues à vapeur pourront seulement vous être rachetées par le service de l'exploitation pour leur valeur au moment de la remise de la première section.

5° A partir du jour où une première section sera admise en recette, un service d'exploitation du chemin de fer organisé par le Protectorat prendra à sa charge l'entretien de la ligne, la surveillance de la voie et des bâtiments, la traction, l'entretien et la réparation du matériel moteur et des véhicules afférents à cette section, le service du mouvement et de l'exploitation commerciale.

Comme vous n'aurez plus d'action sur cette section, le service de l'exploitation se chargera pour votre compte au taux de 0 fr. 10 par tonne kilométrique, des transports, sur la section exploitée, du matériel destiné aux sections au delà. Il transportera gratuitement les employés de votre entreprise. Il transportera vos ouvriers à demi-tarif.

Il en sera de même au fur et à mesure de la réception de chaque tronçon pour toutes les parties qui seront livrées à l'exploitation.

c

6° Vous assurerez au contraire le transport à l'avancement du matériel énuméré aux articles 36 et 42 à partir du terminus de la partie exploitée.

Mais il devra être entendu que, dans le but de faciliter le ravitaillement de Langson et de seconder les services civils et militaires dans leurs opérations, vous transporterez à l'avancement, sur la demande qui vous en sera faite dix jours à l'avance et contre simple remboursement de vos frais matériels par l'Administration intéressée, ou de ramener vers la section exploitée, les troupes, les malades, le matériel de guerre ou de ravitaillement des services publics.

Pour reconnaître cet avantage, non prévu à l'article 37 du cahier des charges, il vous sera fait remise des payements que vous auriez à faire, en vertu de l'article 5 ci-dessus, au service de l'exploitation du chemin de fer. Ces sommes seront portées en recettes et en dépenses sans déplacement de fonds. L'Administration aura toutefois la faculté de vous réclamer le versement effectif, mais alors vous aurez droit au remboursement avec la majoration du 18 0/0 prévue au contrat.

Le transport à l'avancement du matériel des voies et de tous les autres matériaux sera effectué en régie, comme les travaux d'infrastructure ; cette dérogation aux articles 36 et 42 du cahier des charges a lieu conformément à l'accord intervenu entre nous, en compensation des excédents de transports et reprises à Phu-Lang-Thuong, auxquels vous renoncez, ainsi qu'il est dit à la fin de l'article 3 ci-dessus et afin d'éviter toute difficulté de ventilation et de règlement entre la régie et le forfait.

7° Au delà de la somme de 3.876.106 francs, inscrite à la soumission et au procès-verbal d'adjudication du 13 septembre 1889, *les payements à effectuer seront faits comptant à Paris* sur la production des factures ou bordereaux vérifiés, les bordereaux portant intérêt de 5 0/0 du jour de leur approbation au jour de leur payement ; ou, en cas de payement différé ou effectué alors dans la forme stipulée au contrat du 13 septembre 1889, vous recevrez à titre d'indemnité, outre l'intérêt de 5 0/0, une somme calculée sur chaque payement à raison de 3 0/0 l'an jusqu'à l'époque du remboursement, laquelle somme sera ajoutée au montant de chaque certificat délivré.

8° Dans le cas où l'Administration déciderait le prolongement du chemin de fer à partir de Langson vers la frontière chinoise du Quang-Si ou vers le Son-Ki-Kong navigable à ou près Nacham, vous vous obligez à exécuter cette ligne aux mêmes clauses et conditions que la ligne de Phu-Lang-Thuong à Langson, définies par les marchés relatifs à cette ligne et complétée par les sept articles ci-dessus. Quant à la difficulté que vous avez soulevée au sujet de l'interprétation de l'article 48 du cahier des charges, concernant le cours de la piastre, elle fera l'objet d'un accord spécial sur les bases duquel nous sommes du reste, dès à présent, tombés d'accord.

Recevez, Monsieur, l'assurance de ma considération distinguée.

Signé : E. ÉTIENNE.

ANNEXE N° 5.

Paris, le 22 novembre 1889.

NOTE

Pour M. le Sous-Secrétaire d'État.

J'ai l'honneur d'attirer l'attention de M. le Sous-Secrétaire d'État sur les marchés relatifs au chemin de fer de Phu-Lang-Thuong à Langson.

M. l'Inspecteur Verrier que j'ai désigné pour assister aux réunions de la Commission des marchés a porté à ma connaissance les faits suivants :

Le marché passé avec M. Soupe pour l'entreprise de la construction de ce chemin de fer stipule que l'entrepreneur payera les fournisseurs du matériel, et que les sommes dont il sera crédité par suite de ces payements lui seront remboursées avec une majoration de 7 0/0 pour frais généraux. Or, l'article 62 du Règlement du 14 janvier 1869 prohibe toute stipulation d'intérêts pour avance de fonds.

En outre, l'article 1ᵉʳ du marché Soupe réserve exclusivement à l'Administration, le choix du matériel, la discussion du prix d'achat, la surveillance de la fabrication et l'admission en recette, suivant les règles administratives.

Mais, comme les traités soumis à l'examen de la Commission des marchés ont pour titulaires des fournisseurs choisis par l'entrepreneur qui a discuté avec eux le prix des fournitures, il y a lieu de remarquer que l'entrepreneur ayant droit, d'après son marché à 25 0/0 du prix des fournitures (7 0/0 pour le payement et 18 0/0 pour le transport), n'a pas intérêt, au contraire, à obtenir les prix les moins élevés.

D'un autre côté, M. l'Ingénieur en chef des ponts et chaussées Fournier, qui a adressé des rapports au sujet de ces traités de gré à gré, fait remarquer que les offres que d'autres fournisseurs ont adressées à l'Administration, doivent être abondées de 15 0/0 pour pouvoir être comparées au prix des fournisseurs présentés par M. Soupe, ces 15 0/0 représentant les frais généraux et le bénéfice de l'entreprise générale. Il en résulte que les prix proposés par son intermédiaire ont déjà subi cet abondement, dont le montant pour les deux marchés ne s'élève pas à moins de 242.000 francs. Encore faut-il ajouter à cette somme 25 0/0 que prélèvera sur elle le fournisseur d'après les clauses de son contrat, ce qui élève à plus de 300.000 francs, le bénéfice que lui assure la manière de procéder qui a été suivie, bénéfice auquel il a droit.

Les traités de gré à gré avec MM. Decauville et Schmidt n'ont pas encore reçu de sanction définitive. L'inspection croit devoir appeler l'attention de M. le Sous-Secrétaire d'État sur les conséquences budgétaires de ces traités, ainsi que sur l'irrégularité contenue dans l'article 4 du marché passé avec l'entrepreneur.

ANNEXE Nº 6.

MINISTÈRE
DU COMMERCE
de
L'INDUSTRIE
DES COLONIES

—

Secrétariat d'État
des Colonies.

1ʳᵉ Division
2ᵉ Bureau

—

Indo-Chine

—

Paris, le 13 avril 1891.

Le Sous-Secrétaire d'État des Colonies, à Monsieur Soupe, 55, rue Saint-Lazare, Paris.

Monsieur,

Par lettre en date du 31 mars dernier, vous m'avez demandé de vous faire connaître les dates auxquelles sera effectué le remboursement des avances que vous pourrez encore avoir à faire pour la construction du chemin de fer de Phu-Lang-Thuong à Langson.

J'ai l'honneur de vous informer qu'afin d'assurer le payement des sommes qui vous seront dues pour cette entreprise, *un crédit d'un million de francs sera inscrit au budget de l'Annam et du Tonkin pour* 1892 et chacune des années suivantes, jusqu'à l'extinction complète de votre créance vis-à-vis du protectorat. Les certificats vous seront donc délivrés, jusqu'à concurrence de un million de francs, à l'échéance du 10 février de chacune des années prochaines.

En ce qui concerne l'application de l'indemnité de 3 0/0 qui vous a été accordée, j'ai l'honneur de vous proposer, à titre de transaction, pour terminer les difficultés qui se sont élevées entre nous à ce sujet, de considérer le 3 0/0 en question comme une augmentation de majoration et de les faire porter comme celle-ci sur le capital seul des sommes avancées par vous. L'indemnité produirait, dans ce cas, intérêt, au même titre que la majoration.

Cette solution éviterait le principal inconvénient que vous signalez dans la note que vous m'avez soumise le 2 mars dernier, puisque les 3 0/0 vous seraient acquis dès la délivrance du certificat et que vous n'auriez pas à redouter le préjudice que vous auriez éprouvé, suivant vous, en cas de remboursement préalable si l'indemnité snpplémentaire avait été considérée comme une augmentation d'intérêts.

Je vous serais obligé de me faire savoir le plus tôt possible si vous acceptez cette proposition.

Recevez, Monsieur, les assurances de ma considération distinguée.

Signé : ETIENNE.

ANNEXE N° 7

MINISTÈRE
DE LA MARINE
et des
COLONIES.
—
1re Division.

2e Bureau.
—
Indo-Chine.

Paris, le 8 juillet 1892.

Le Sous-Secrétaire d'Etat des Colonies, à Monsieur Soupe, 55, rue Saint-Lazare, Paris.

Monsieur,

Vous avez bien voulu me communiquer, le 27 avril dernier, un double de la lettre que vous avez adressée le 26 du même mois à M. le Gouverneur général de l'Indo-Chine, au sujet de la construction du chemin de fer de Phu-Lang-Thuong à Langson.

Ainsi que vous le déclarez vous-même, M. de Lanessan a seul qualité pour traiter avec votre entreprise, et pour répondre aux observations que vous avez formulées.

Dans ces conditions, je ne puis que vous accuser réception de votre communication du 27 avril dernier, qui a été de ma part, l'objet d'un examen attentif.

Recevez, Monsieur, les assurances de ma considération distinguée.

Signé : JAMAIS.

ANNEXE N° 8

MINISTÈRE
DE LA MARINE
et des
COLONIES.
—
Sous-Secrétariat d'État
des Colonies.
—
1re Division.
2e Bureau.
—
Indo-Chine.

Paris le 17 septembre 1892.

Le Sous-Secrétaire d'État des Colonies, à Monsieur Soupe, 55, rue Saint-Lazare, Paris.

Monsieur,

J'ai l'honneur de vous accuser réception de votre lettre du 13 septembre courant, par laquelle vous m'avez communiqué la réponse que vous avez faite à un télégramme du Résident supérieur du Tonkin relatif au règlement des dépenses nécessitées par la protection des chantiers de construction du chemin de fer de Langson.

Contrairement à votre opinion, j'estime que c'est avec le Gouverneur général de l'Indo-Chine que vous devez traiter directement la question dont il s'agit, de même que toutes celles qui se rapportent à l'exécution des travaux du chemin de fer de Phu-Lang-Thuong à Langson.

Si le contrat du 13 septembre 1889 a été signé par le Sous-Secrétaire d'État des Colonies il convient de remarquer que ce dernier n'agissait qu'en qualité de *mandataire de l'administration du protectorat de l'Annam et du Tonkin.* Celle-ci demeure seule responsable vis-à-vis de l'entrepreneur, et c'est à son représentant, c'est-à-dire le Gouverneur général, qu'il appartient de résoudre toutes les questions intéressant l'entreprise.

Recevez, Monsieur, les assurances de ma considération distinguée.

Signé : JAMAIS.

ANNEXE N° 9.

MINISTÈRE
DU COMMERCE
DE L'INDUSTRIE
et des
COLONIES

—

Secrétariat d'État
des Colonies.

—

1re Division.

—

2e Bureau.

—

Indo-Chine.

Paris, le 31 mai 1893.

Le Sous-Secrétaire d'État des Colonies, à MM. Soupe et Raveau, concessionnaires de l'entreprise des Chemins de fer du Tonkin.

Messieurs,

Par votre lettre du 7 avril dernier vous m'avez transmis copie des lettres échangées à Saïgon avec M. le Gouverneur général de l'Indo-Chine, au cours du voyage que M. Raveau a fait en Indo-Chine.

M. de Lanessan m'a transmis ces mêmes documents en me laissant le soin de régler *définitivement* avec vous les points sur lesquels il s'était mis, en principe, d'accord avec vous.

A la suite des entretiens que j'ai eus avec vous, à ce sujet, vous m'avez adressé le 17 mai dernier, une lettre dans laquelle vous exposez les conditions dans lesquelles vous seriez disposé à modifier les Conventions précédemment passées avec mon Administration.

Voici les propositions que vous avez formulées :

« A partir du 1er août prochain, les demandes de certificats que nous aurons à vous adresser ne seront plus calculées qu'avec la majoration unique de 25 0/0 du montant des bordereaux, cette majoration étant substituée aux deux autres de 18 0/0 et 3 0/0 annuelles auxquelles nous avions droit en vertu de nos contrats.

« Cette réduction étant consentie en considération de la rapidité et du mode d'exécution des travaux pour l'achèvement de la ligne de Langson, il est entendu que si les travaux n'étaient pas achevés, ou tous les certificats délivrés à la fin de l'année 1894, nous aurions droit, *ipso facto*, à titre de dommages et intérêts :

« 1° A une somme de 15.000 francs par mois ou fraction de mois de retard, cette somme payable en certificats, par mois ou fraction de mois en retard, au fur et à mesure ;

« 2° Sur tous les certificats délivrés après le 31 décembre 1894, il serait fait mention que les sommes inscrites sur ces certificats porteraient intérêt à partir du 1er janvier 1895.

« La majoration fixée ci-dessus à 25 0/0 serait *réduite à 22 1/2 0/0*, avec effet rétroactif au 1er août 1893, *dans le cas où nous serions chargés* du prolongement de la ligne jusqu'à Nacham et de la substitution de la voie de un mètre à celle de 0m,60 sur la ligne de Phu-Lang-Thuong à Langson, aux conditions du cahier des charges de 1889 et annexes, et si la concession du tramway entre Hanoï et Phu-Lang-Thuong nous était accordée. Il est entendu que nous nous chargerions de l'établissement de ce tramway à nos frais, risques et périls, sauf entente avec M. le Gouverneur pour la détermination de la concession. »

Je vous ai fait connaître que je serais disposé à donner mon adhésion à cette proposition à condition :

1° Que la majoration soit réduite, *après la réalisation des conditions que vous indiquez*, non pas à 22 1/2 0/0, mais à 20 0/0 ;

2° Que l'indemnité qui vous serait payée dans le cas où les travaux ne seraient pas terminés avant le 31 décembre 1894, serait fixée à dix mille francs par mois ou fraction de mois de retard au lieu de quinze mille francs. (La ligne de Langson à Phu-Lang-Thuong sera considérée comme terminée dès son achèvement avec la voie de 0^m,60 actuelle.)

Je vous prie de vouloir bien me confirmer l'acceptation que vous avez donnée verbalement à cette double réduction.

Il est entendu, conformément à votre lettre du 15 mai 1893 et à la note explicative qui est jointe :

1° Que vous pouvez considérer comme définitivement acceptée la proposition contenue dans la lettre que vous avez adressée le 26 février 1893 à M. le Gouverneur général de l'Indo-Chine, au sujet des études pour le prolongement de la ligne Langson à Nacham, études que vous pouvez entreprendre sans délai ;

2° Que pour les travaux relatifs à la substitution de la voie entre Phu-Lang-Thuong et Langson, comme pour ceux relatifs au prolongement de la ligne jusqu'à ou près Nacham (frontière de Chine), il n'y a aucune dérogation aux Conventions qui régissent actuellement l'entreprise du chemin de fer de Phu-Lang-Thuong à Langson, sauf en ce qui concerne les majorations et les payements qui sont ainsi fixés :

Pour toutes les dépenses où devaient être appliquées les majorations de 18 0/0, suivant cahier des charges de 1889, et de 3 0/0 annuelle, suivant lettre ministérielle du 3 novembre 1891, il sera appliqué la majoration fixe et unique de 20 0/0.

Pour toutes les dépenses où devaient être appliquées les majorations de 27 0/0 et de 3 0/0 annuelle, suivant les mêmes conventions, il sera appliqué la seule majoration de 7 0/0.

3° Qu'en ce qui concerne la solde, l'entretien et le logement de la milice, les bordereaux seront établis avec la réduction qu'a proposée M. Raveau au Gouverneur général de l'Indo-Chine, c'est-à-dire une majoration de 7 0/0 et 1 0/0 par an.

En ce qui concerne les annuités à payer par le Protectorat, il a été entendu, pour tenir compte du désir exprimé par M. de Lanessan, qu'à compter de l'échéance du 10 février 1898 et pour les années suivantes, les certificats ne seront plus délivrés que jusqu'à concurrence de 500.000 francs par an, au lieu d'un million, *l'Administration renonçant, à partir de l'échéance du 10 février 1898, à opérer par anticipation le remboursement des certificats.*

Pour les échéances des années 1894, 1895, 1896 et 1897, les certificats délivrés ou à délivrer, à raison d'un million par an, seront payées aux échéances indiquées, moitié en espèces et moitié en nouveaux certificats payables aux échéances d'années suivantes.

Cette prorogation des échéances ne devra donner lieu à aucune nouvelle charge pour le Protectorat, mais il est entendu que les nouveaux certificats vous seront délivrés dès que vous en ferez la demande, contre restitution jusqu'à due concurrence d'anciens certificats, qui seront rendus à mon Administration dans un délai de huit jours, à partir de la remise des nouveaux titres.

En m'accusant réception de la présente lettre, je vous prie de vouloir bien me faire connaître si nous sommes d'accord sur toutes les conditions de ce nouvel arrangement.

Recevez, Messieurs, les assurances de ma considération distinguée.

Signé : DELCASSÉ.

ANNEXE N° 10.

MINISTÈRE
ES FINANCES.
—
(Demande
renseignements.)
—

Paris, le 16 novembre 1893.

Le Ministre des Finances à M. le Sous-Secrétaire d'État des Colonies.

Monsieur le Sous-Secrétaire d'État et cher collègue, des renseignements viennent d'être demandés à mon Administration au sujet de certificats qui seraient délivrés par l'Administration des Colonies, à l'effet de constater que leurs titulaires sont inscrits au compte spécial du Protectorat de l'Annam et du Tonkin comme créanciers des sommes qui y sont indiquées et qui doivent leur être payées au Ministère des Finances, à des échéances éloignées, commençant dix années après l'émission desdits certificats. Les intérêts seraient stipulés à 5 p. 0/0 et payables comme le capital lui-même, au Ministre des Finances. Les titres seraient délivrés en payement des dépenses faites pour la construction de chemins de fer.

J'ai l'honneur de vous prier de vouloir bien me renseigner au sujet de cette affaire. Je désirerais notamment savoir si l'émission de titres ou de certificats semblables à ceux que je viens de décrire a été faite ou autorisée par vous, si elle est seulement projetée ou s'il y a eu un commencement d'exécution; enfin, le cas échéant, quel est le montant des certificats en circulation, et de ceux que vous seriez encore disposé à créer en vertu d'autorisations législatives.

Je vous serai reconnaissant de me transmettre ces informations aussitôt que possible.

Agréez, etc . . . .
. . . .

Le Ministre des Finances.
Signé : PEYTRAL.

ANNEXE N° 11.

US- SECRÉTARIAT
des
COLONIES.
—
1re Division.
—
Bureau
de l'Indo-Chine.
—
tificats destinés à
cquitter les dé-
enses du chemin
e fer de Phu-Lang-
huong à Langson.
—

Le Sous-Secrétaire d'État des Colonies à M. le Ministre des Finances.

Paris, le 25 novembre 1893.

Monsieur le Ministre et cher collègue,

En réponse à votre lettre du 16 novembre courant, j'ai l'honneur de vous informer que c'est à la suite d'un accord intervenu entre le Département des Finances et le Sous-Secrétariat d'État des Colonies, qu'il a été délivré des certificats constatant l'inscription au compte spécial du Protectorat de l'Annam et du Tonkin, à Paris, de créances se rapportant à la construction du chemin de fer de Phu-Lang-Thuong à Langson. Les formules usitées ont été arrêtées dans le Cabinet de M. le Directeur du Mouvement général des fonds, par MM. de Liron d'Airolles et Humbert, d'une part, et les représentants de mon Administration d'autre part.

En outre, je dois vous faire remarquer que votre Département a déjà remboursé, sur les fonds du Budget du Protectorat de l'Annam et du Tonkin, un certain nombre de ces certificats, aux échéances suivantes :

Le 20 janvier 1891...	3.928.703 85
Le 10 février 1892...	1.084.648 60
Le 10 février 1893...	1.113.145 15
Total........	6.126.497 60

Le premier de ces règlements a été effectué sur une demande de mon prédécesseur, formulée dans une dépêche adressée le 30 décembre 1890, n° 4611, au Ministère des Finances. M. Rouvier a acquiescé à cette demande, par lettre du 14 janvier 1891, n° 3053, timbrée : « Direction du Mouvement général des fonds ».

Veuillez agréer, etc.

Le Sous-Secrétaire d'État,
Signé : DELCASSÉ.

ANNEXE N° 12.

ENTREPRISE
des Chemins de fer
du Tonkin
—
Phu-Lang-Thuong à
Langson
—
55, rue Saint-Lazare
Paris

Paris, le 13 décembre 1893.

A Monsieur le Sous-Secrétaire d'État des Colonies, Paris.

Monsieur le Sous-Secrétaire d'État,

Nous avons l'honneur de porter à votre connaissance un extrait d'une lettre que nous a adressée notre représentant au Tonkin.

Voici cet extrait :

« J'ai reçu du Gouverneur le télégramme suivant :

« Hué, — 25 septembre, — Gouverneur général à M. Balliste, ingénieur de l'entreprise du chemin de fer, Hanoï.

« Colonies me câblent, qu'en raison nouvelle convention passée avec Soupe pour transformation chemin de fer en voie un mètre, nécessaire prendre toutes dispositions pour exécution travaux infrastructure voie entre Bac-Lé et Langson en vue utilisation voie un mètre. Je télégraphie à résident supérieur de donner instructions dans ce sens. Prière aviser de votre côté. »

Il résulte de la dépêche ci-dessus que Monsieur le Gouverneur général de l'Indo-Chine devrait prendre les mesures nécessaires pour préparer dès à présent l'infrastructure à la substitution d'une voie de un mètre à celle de 60 centimètres.

Nous n'avons pas à nous élever contre la décision que vous avez prise en faisant parvenir cette dépêche à Monsieur le Gouverneur général ; il est cependant de notre devoir de vous faire remarquer que, dans la nouvelle convention que vous citez précisément dans ladite dépêche, il est dit que la substitution en question ainsi que le prolongement de la ligne, sont subordonnés à la construction de la ligne de Hanoï à Phu-Lang-Thuong. Or, à l'heure actuelle, l'entente n'est pas encore faite sur cette construction.

D'un autre côté, il est dit, dans cette convention, que si la ligne de Langson n'est pas terminée le 31 décembre 1894, le Protectorat devra supporter une indemnité de 10.000 fr. par mois.

Sans nul doute, ces considérations ne vous ont pas échappé lorsque vous avez donné les instructions qui pouvaient, dans une certaine mesure, retarder les travaux de la ligne de Langson.

Nous espérons qu'il y aura entente sur la ligne d'Hanoï, et que, par conséquent, nous n'aurons pas à user de l'indemnité en question.

Néanmoins, pour la régularité de nos opérations, nous avons cru devoir vous signaler les conséquences qui pourraient résulter d'un arrêt ou d'un retard dans les travaux.

Veuillez agréer, Monsieur le Sous-Secrétaire d'État, nos salutations les plus respectueuses.

Signé : Georges SOUPE et RAVEAUX.

ANNEXE N° 13.

I

16 Décembre 1893.

Colonies à Gouverneur général, Hanoï.

Conseil des Ministres me charge vous rappeler, qu'en vertu de l'article 49 de la loi Finances du 26 décembre 1890, toute convention contenant concession en Indo-Chine de constructions lignes nouvelles chemins de fer ou tronçons nouveaux n'a pu, à partir de cette date, devenir définitive qu'avec la ratification du Parlement. Il ne paraît pas douteux que l'article 49 susvisé s'appliquerait notamment à tronçons Langson-Nacham et Phu-Lang-Thuong-Hanoï. Je suis convaincu que sommes d'accord, mais vous prie me le confirmer d'une manière formelle par télégramme.

Vu :

Le Sous-Secrétaire d'État,
Signé : Maurice LEBON.

ANNEXE N° 14.

II

Hanoï, 20 décembre 1893. 3 h. 10 soir.

Gouverneur général à Colonies.

N° 54. — Je vous prie dire Conseil des Ministres que je suis entièrement d'accord avec vous sur application article 49 loi Finances 1890 à tous chemins de fer à concéder en Indo-Chine. Dans contrat que je prépare actuellement j'ai soin insérer clause réservant : « Approbation pouvoirs publics conformément à législation ». Pour les tronçons « Langson-Nacham » et « Phu-Lang-Thuong-Hanoï », j'ai établi simplement les bases d'un contrat dont discussions et conclusions étaient réservées à Gouvernement. Votre prédécesseur a signé d'après ces bases avec MM. Soupe et Raveau une convention qu'il m'a envoyée comme définitive en me laissant seulement soin régler quelques derniers détails. Conformément à cette convention passée avec Sous-Secrétaire d'État, les concessionnaires faisaient faire des études, engageaient dépenses et votre prédécesseur me prescrivait, par télégramme du 23 septembre, de prendre toutes mesures nécessaires pour transformation voie ferrée à 1 mètre. N'ayant pas eu encore possibilité régler les détails qui avaient été laissés à mes soins par votre prédécesseur et

d

Secrétariat d'Etat
des
COLONIES.
—

M. Raveau étant ici, je viens de m'entretenir avec lui et j'ai pu le décider, malgré les travaux et dépenses déjà faits ou engagés, à subordonner construction des deux tronçons ci-dessus indiqués à approbation du Parlement. Exécution loi 1890 se trouve donc ainsi assurée, même pour les deux tronçons.

Signé : de LANESSAN.

ANNEXE N° 15.

EXTRAIT D'UNE NOTE POUR M. LE SOUS-SECRÉTAIRE D'ÉTAT.

(Décembre 1893)

Causes de la Convention du 3 novembre 1890.

Dès le mois d'août 1890, M. Soupe prétendit que le contrat du 13 septembre 1889 (cahier des charges) constituait une simple ouverture de crédit.

Il prétendait qu'il n'était pas obligé de continuer ses avances au Protectorat au delà des 3.876.106 francs prévus par le cahier des charges, et il se refusait à payer, aux mêmes conditions, pour le compte du Tonkin, les sommes qu'excéderaient lesdites prévisions.

Il profitait de cette difficulté pour réclamer diverses modifications qui constituaient une sérieuse aggravation du cahier des charges. La plupart de ses propositions furent jugées inacceptables par M. Fournié, inspecteur général des Travaux publics des Colonies, qui avait été chargé de les examiner.

Après de longues négociations, on finit par arriver à une entente qui aboutit à la convention du 3 novembre 1890.

Modifications au cahier des charges.

La plupart des clauses de cet acte additionnel portaient sur des questions techniques relatives à l'exécution des travaux en régie, à l'entretien et à la propriété du matériel de construction ou de débarquement, au débarquement et à l'arrimage du matériel à Phu-Lang-Thuong, au transport dudit matériel sur la ligne au fur et à mesure de sa mise en exploitation.

Indemnité supplémentaire de 3 0/0 par an.

Mais la clause principale de cette nouvelle convention portait que pour toutes les sommes excédant les 3.876.106 francs prévus au cahier des charges, il serait alloué à M. Soupe, outre les majorations et les intérêts auxquels il avait déjà droit en vertu de l'acte primitif, une somme calculée sur chaque payement, à raison de 3 0/0 l'an jusqu'à l'époque du remboursement; cette somme devait être ajoutée au montant de chaque certificat délivré.

Par suite de cette nouvelle stipulation, M. Soupe se trouvait donc toucher, en sus des majorations de 7 0/0 et de 18 0/0 prévues pour les dépenses de matériel et de travaux, une somme de 3 0/0 par an jusqu'à l'époque du remboursement. En d'autres termes, si l'adjudicataire avançait pour le compte du Protectorat une somme de 100.000 francs pour payement de travaux et si le certificat qui lui était délivré en remboursement de cette somme était payable à quatre ans de date, l'Administration avait à rembourser à M. Soupe :

1° Les 100.000 francs réellement avancés.......................... 100.000 fr.

2° Les 18 0/0 de majoration prévus par le cahier des charges.......... 18.000 »

3° Les 3 0/0 supplémentaires annuels prévus par la convention additionnelle du 3 novembre 1890. Le certificat étant présumé remboursable à quatre ans de date, c'est donc quatre fois 3 0/0 ou 12 0/0 à prévoir............... 12.000 »

Soit, au total, pour 100.000 francs................................ 130.000 fr.

non compris les intérêts à 5 0/0 payables annuellement sur cette somme jusqu'au remboursement du certificat, c'est-à-dire pendant quatre années entières.

Enfin le dernier paragraphe de la convention additionnelle du 3 novembre 1890 stipulait que :

« Dans le cas où l'Administration déciderait le prolongement du chemin de fer à partir de Langson jusqu'à Nacham, M. Soupe s'oblige à exécuter cette ligne aux mêmes clauses et conditions que la ligne de Phu-Lang-Thuong à Langson définies par les marchés relatifs à cette ligne et complétées par les sept articles ci-dessus. »

Intervention du Parlement.

Quelques jours après la signature de cette convention, les 26 et 27 novembre 1890, l'attention de la Chambre des députés fût appelée sur les marchés passés pour la construction de la ligne de Phu-Lang-Thuong à Langson.

M. le Sous-Secrétaire d'État s'exprima en ces termes :

« Je l'avoue, Messieurs, j'ai fait commencer les travaux du chemin de fer de Phu-Lang-Thuong à Langson sans avoir à ma disposition les sommes qui seraient nécessaires pour en assurer le payement. »

Puis, M. le Sous-Secrétaire d'État fit valoir les raisons qui lui paraissaient devoir justifier le parti qu'il avait pris et il concluait ainsi :

« J'ai dit que j'acceptais la responsabilité de mes actes et je demande un bill d'indemnité. Si vous voulez qu'à l'avenir la Chambre soit consultée, je m'inclinerai; mais, pour le passé, la législation est telle qu'il n'y avait pas nécessité de le faire. »

A la suite de cette déclaration, la Chambre renvoya à la Commission du budget une disposition ainsi conçue :

« Les projets relatifs à la construction et à l'exécution des chemins de fer en Indo-Chine seront soumis aux deux Chambres et adoptés par elles. »

Cette disposition devint l'article 45 de la loi de Finances du 26 décembre 1890.

Règlement de toutes les dépenses effecuées en 1890.

Cette même loi de Finances du 26 décembre 1890 mit à la disposition du Protectorat de l'Annam et du Tonkin une somme de 13.100.000 francs pour liquider tous les déficits des exercices antérieurs.

Il fut entendu que sur cette somme on prélèverait une somme de 4.000.000 de francs à laquelle on évaluait les dépenses déjà effectuées pour la fourniture du matériel et la construction du chemin de fer de Phu-Lang-Thuong à Langson.

En vertu de cette disposition, tous les certificats qui avaient été délivrés à l'adjudicataire jusqu'au 31 décembre 1890, furent remboursés aux ayants droit le 20 janvier 1891.

Le principal de la créance remboursée s'élevait à.................... 3.825.213 04

y compris les majorations.

Les intérêts atteignaient 103.490 81

Total de la somme payée sur le crédit voté par les Chambres 3.928.703 85

Payements effectués postérieurement au 20 janvier 1891.

A la suite de ce payement, il fut convenu, entre l'Administration des Colonies et M. Soupe, que dorénavant les certificats seraient délivrés, dans les conditions indiquées ci-dessus, à raison d'un million de francs par an payables le 10 février de chaque année.

En conséquence, un second payement d'un million (plus 84.648 fr. 60 pour intérêts) fut effectué le 10 février 1892 et un troisième, d'un million (plus 113.845 fr. 15 pour intérêts) fut effectué le 10 février 1893.

ANNEXE N° 16.

SOUS-SECRÉTARIAT
des
COLONIES.

—

Cabinet du Sous-Secré-
tariat d'État.

—

2 janvier 1894.

—

Télégramme n° 1.

III

Colonies à Gouverneur général, Hanoï,

Gouvernement me charge vous informer, en réponse à votre dépêche concernant chemin de fer Phu-Lang-Thuong-Langson que les errements anciens ne seront pas continués.

Pour éviter la suspension des travaux, ouvrez provisoirement un compte régie.

Le Gouvernement pourvoira d'urgence aux mesures nécessaires pour vous fournir les crédits.

Vu:

Le Sous-Secrétaire d'État,
Signé : Maurice LEBON.

ANNEXE N° 17.

MINISTÈRE
DU COMMERCE
DE L'INDUSTRIE
et des
COLONIES.

—

Sous-Secrétariat d'État
des Colonies.

—

1re Division.

—

2e Bureau.

—

Indo-Chine.

—

Paris, le 5 janvier 1894.

Le Sous-Secrétaire d'État des Colonies à Monsieur Soupe,
55, rue Saint-Lazare, Paris.

Monsieur,

En réponse à votre lettre du 29 décembre dernier, j'ai l'honneur de vous annoncer que les errements suivis jusqu'à présent, en ce qui concerne l'entreprise du chemin de fer de Phu-Lang-Thuong à Langson, ne seront pas continués.

J'estime que le Parlement doit être appelé à se prononcer sur tout ce qui a trait à la construction de lignes ferrées en Indo-Chine.

En conséquence, le compte de l'entreprise du chemin de fer de Langson sera soumis aux Chambres dès les premiers jours de la rentrée : en attendant qu'elles aient pu se prononcer à ce sujet, il ne m'est pas possible de donner suite aux demandes contenues dans votre lettre précitée du 29 décembre dernier.

Recevez, Monsieur, les assurances de ma considération distinguée.

Signé: Maurice LEBON.

ANNEXE N° 18.

MINISTÈRE
des
COLONIES.
—
...u de l'Indo-Chine
—
... janvier 1894.
—

IV

Colonies à Gouverneur général, Hanoï.

Veuillez préciser votre télégramme 17. Combien ouvriers sur chaque section. Donnez renseignements exacts et détaillés sur état avancement ouvrages d'art et approvisionnements matériaux. Donnez, par section, date pour achèvement avec justifications précises en indiquant notamment cube, terrassement et maçonneries à exécuter. Donnez estimation exacte des dépenses pour achèvement ligne en indiquant à part dépenses travaux et dépenses accessoires. Indiquez également chiffre que jugez nécessaire pour dépenses imprévues et éviter tous mécomptes. Quelles sont mesures que signalez dans télégramme 14 pour activer travaux.

Câblez chiffre exact dépenses acquittées par entreprise Soupe du 4 octobre 1893 jusque ouverture compte régie.

Vu :

Le Sous-Secrétaire d'État
Signé : Maurice LEBON.

ANNEXE N° 19.

MINISTÈRE
U COMMERCE
L'INDUSTRIE
et des
COLONIES.
—
...-Secrétariat d'État
des Colonies.
—
1re Division.
2° Bureau.
—
Indo-Chine.
—

Paris, le 5 février 1894.

Le Sous-Secrétaire d'État des Colonies à Messieurs Soupe et Raveau,
55, rue Saint-Lazare, Paris.

Messieurs,

Le Gouvernement a déposé, le 30 janvier dernier, sur le bureau de la Chambre, un projet de loi tendant à obtenir les ressources nécessaires à l'acquittement de toutes les dépenses du chemin de fer de Phu-Lang-Thuong à Langson.

Ce projet a été renvoyé à l'examen de la Commission des finances et je ne négligerai rien pour qu'il puisse être discuté, en séance publique, dans le plus bref délai possible.

Mais jusqu'à ce qu'une décision ait été prise à ce sujet par le Parlement, je ne saurais faire procéder à aucun payement relatif à cette affaire. J'ai donc l'honneur de vous informer que l'échéance du 10 février sera prorogée, elle fera l'objet d'un règlement ultérieur.

Recevez, Messieurs, l'assurance de ma considération distinguée.

Signé : Maurice LEBON.

ANNEXE N° 20.

Extrait du rapport de M. l'Inspecteur général Verrier sur les conditions dans lesquelles ont été passés les marchés pour la construction du chemin de fer de Phu-Lang-Thuong à Langson.

RÉSUMÉ.

Le marché du 13 septembre 1889, en accordant à l'entrepreneur des majorations de 7 et de 18 0/0 sur les payements effectués par lui pour le compte du Protectorat du Tonkin, en stipulant que les certificats d'inscription de crédit qui lui seraient remis seraient productifs d'un intérêt de 5 0/0, lui faisait déjà des avantages considérables, qu'il reconnaît lui-même, puisqu'il considère comme un bénéfice certain et *sans aléa* ces majorations.

Néanmoins ce traité a subi des modifications successives, toutes en faveur de l'entrepreneur :

1° Le prix du *transport* de France à Phu-Lang-Thuong a été porté, pour les transports effectués à partir des 540 premières tonnes, de 110 francs à 150 francs la tonne.

Le total des payements effectués pour ce transport a été en capital de....	882.085	90
Le payement de 5.400 tonnes à 110 francs a été de..................	594.000	»
Les payements faits dans les nouvelles conditions ont été de...........	288.085	90
Dans cette somme l'augmentation de 40 francs par tonne entre pour.....	76.812	25
dont le 7 0/0 est..	4.616	76
En somme cette modification a augmenté de........................	81.429	01

le montant des certificats délivrés à l'entrepreneur ;

2° La convention du 3 novembre 1890 a accordé à l'entrepreneur les avantages suivants :

a) Des indemnités pour fournitures d'outils s'élevant à 10 0/0 de la main-d'œuvre, indemnités qui, au 25 mai 1891, atteignaient....................

...indemnités qui, au 25 mai 1891, atteignaient....................	11.449	12
et ont atteint, entre le mois de septembre 1891 et le mois de mai 1893......	3.889	02
Soit en tout...	15.338	14
dont la majoration à 18 0/0 est.........................	2.760	87
Les certificats ont donc été augmentés de ce chef de.................	18.099	01

b) L'exécution en régie des transports à l'avancement que l'entrepreneur devait exécuter à son compte.

Le prix de revient de ces transports a été, jusqu'à Bac-Lé seulement, de.	131.259	»
dont la majoration à 18 0/0 est de	22.626	62
Soit en tout...	153.885	62

c) Une majoration de 3 0/0 se cumulant avec la majoration fixe de 18 0/0 et jusqu'à l'époque du remboursement. Le montant des sommes provenant de cette majoration s'élève à..................................... 253.347 84

3° La convention du 31 mai 1893 a supprimé cette majoration de 3 0/0 par an, mais en remplaçant la majoration fixe de 18 0/0 par an par une majoration de 25 0/0.

L'augmentation des sommes portées sur les certificats sur le montant de ce qu'auraient été ces mêmes certificats, si le marché du 13 septembre 1889 avait été exécuté, a été de	868.553	69
Et l'augmentation de majoration, soit 7 0/0 de ce capital, a été de......	60.798	76
Par conséquent, l'application des modifications consenties par simple correspondance a occasionné une augmentation de....................	567.560	24

Décomposable ainsi :

1º Lettre du 1ᵉʳ mars 1890.. 81.429 01
2º Lettre du 3 novembre 1890....................................... 425.332 47
3º Lettre du 31 mai 1893... 60.798 76

        Ensemble 567.560 24

En outre, ainsi qu'il a été dit plus haut, l'entrepreneur a payé, suivant la convention du 31 mai 1893, les dépenses de la solde, de l'entretien et du logement des brigades de la garde civile, qui se sont élevées à............. 522.778 84
y compris les majorations de 7 0/0 et de 1 0/0 par an, qui se sont élevées ensemble à.. 51.057 40

L'entrepreneur a, en outre, payé les dépenses antérieures relatives à cette garde, à la solde du personnel auxiliaire attaché aux travaux et aux fournitures de bureau, sans qu'aucune décision paraisse avoir modifié cette extension à son marché.

Les payements de cette catégorie s'élèvent à........................ 381.345 12
y compris les majorations diverses pour............................. 64.448 14

Enfin, les diverses sommes payées *en trop* à l'entrepreneur ont atteint :

a) Au 24 mai 1890 :

Trop payé sur salaires d'ouvriers 79.993 60
Droits de douane et de statistique, achat d'une grue à vapeur, etc....... 57.995 26
b) Du mois de septembre 1891 à novembre 1892, les sommes dont le détail est donné pages 35 et 36, et qui s'élèvent à...................... 9.833 50
y compris la majoration s'élevant à 836 fr. 25.

        Total........ 147.822 36

J'ai fait remarquer, en outre que l'entrepreneur, ayant irrégulièrement fait courir la majoration de 3 0/0 par an à partir des payements effectués au Tonkin et non à partir de la délivrance des certificats, s'est ainsi assuré un bénéfice illicite qui doit être estimé à 23.000 francs environ.

L'intérêt à 5 0/0 des certificats s'est trouvé augmenté de la même façon de plus de 83.000 francs.

A la fin de l'année 1893, plus de dix millions ont été dépensés et les travaux ne sont pas terminés ; ils ne le seront qu'à la fin de l'année 1894, si aucun mécompte ne se produit.

Mais, alors que la dépense a dépassé dans de telles proportions les évaluations primitives, on s'aperçoit, et il est bien tard, que la voie de 0ᵐ,60 ne pourra rendre que des services bien insuffisants et l'on a décidé de la remplacer par une voie de 1 mètre.

Quelle sera l'augmentation de dépense provenant de la réfection de l'infrastructure, de l'achat d'un nouveau matériel fixe et roulant ? Les éléments me font défaut pour l'apprécier ; ce que je puis dire, c'est que les services du Tonkin ont été unanimes en 1889 pour réclamer la voie de 1 mètre d'écartement, au moins, et qu'il a fallu l'obstination de l'inspection générale des travaux publics pour imposer la voie Decauville à 60 centimètres d'écartement, qui, une fois posée à grands frais, est à peu près inutile.

Paris, le 14 février 1894.

MINISTÈRE
des
COLONIES
—
1re Division
de l'Indo-Chine.

ANNEXE N° 21.

Paris, le 11 juillet 1894.

Le Ministre des Colonies à MM. Soupe et Raveau.

Messieurs,

M. de Lanessan vient de me communiquer le compte de l'entreprise du chemin de fer de Phu-Lang-Thuong à Langson, arrêté à la date du 30 juin 1894, et approuvé par vous.

Aux termes de cet acte, il doit être payé tant à vous personnellement qu'aux tiers porteurs de certificats, une somme de 1.589.356 fr. 72, en capital et intérêts.

J'ai l'honneur de vous informer que j'ai pris les dispositions nécessaires pour assurer le règlement immédiat du compte en question. Vous aurez à vous entendre à cet effet avec la Banque de l'Indo-Chine, qui devra verser entre les mains de chaque ayant droit les sommes qui lui reviennent d'après les conventions intervenues entre vous et M. le Gouverneur Général.

De mon côté, j'ai pris soin de télégraphier à M. Chavassieux que les travaux restant à exécuter continueront à vous être payés directement au Tonkin. A partir du 30 juin, les majorations seront réduites de 18 à 15 et de 7 à 5 0/0, suivant la nature des dépenses auxquelles elles s'appliqueront : elles vous seront payées sur place, contre quittances définitives en même temps que le montant des bordereaux approuvés. J'ai ajouté, dans mon câblegramme, que les dépenses afférentes aux travaux de la Citadelle de Langson rentreront désormais dans la catégorie des dépenses majorées de 5 0/0.

Recevez, Messieurs, les assurances de ma considération distinguée.

Le Ministre des Colonies.
Signé : DELCASSÉ.

ANNEXE N° 22.

RÈGLEMENT

des sommes dues pour les travaux du chemin de fer de Phu-Lang-Thuong à Langson à la date du 30 juin 1894.

Le Gouverneur général de l'Indo-Chine,

Vu la dépêche ministérielle en date du 29 juin 1894,

Considérant que le montant des travaux et fournitures effectués pour la construction de la voie ferrée de Phu-Lang-Thuong à Langson a été réglé et payé, dans les conditions prévues par les conventions intervenues entre l'Administration des Colonies et MM. Georges Soupe et Raveau, entrepreneurs, jusqu'au 5 octobre 1893, date à laquelle les bordereaux remis aux Colonies ont cessé d'être convertis en certificats ;

Qu'à compter de cette date, M. le Sous-Secrétaire d'État des Colonies a décidé que le mode de paiement employé jusqu'à ce jour ne serait pas continué ;

Qu'après entente entre le Département des Colonies, le Gouverneur général de l'Indo-Chine et les entrepreneurs, les travaux et les fournitures continuant à être exécutés dans les conditions prévues par les contrats des 13 septembre, 15 novembre 1889 et suivants, les paiements ont été effectués directement sur la caisse du Protectorat de l'Annam et du Tonkin à Hanoï, sans majoration au profit des entrepreneurs ;

Considérant qu'il y a lieu en conséquence de procéder à un règlement définitif des sommes dues jusqu'à ce jour aux entrepreneurs et de déterminer les conditions dans lesquelles les travaux seront continués jusqu'à parfait achèvement de la ligne ;

Vu les demandes présentées par les entrepreneurs et les comptes qui y sont joints ;

Arrête comme suit les comptes à régler au 30 juin 1894 :

A. — Les demandes de certificats accompagnées des bordereaux de travaux effectués (pièce n° 1) remis à l'Administration des Colonies et non suivies d'exécution s'élèvent :

Le 28 novembre 1893 à..................................	132.303 65
Le 19 décembre 1893 à..................................	141.996 »
Le 28 décembre 1893 à..................................	108.112 93
Le 16 janvier 1894 à..................................	124.348 93
Ensemble..................	506.761 51

lesquelles demandes, productives d'intérêts à 5 0/0 l'an depuis la date de l'approbation des bordereaux jusqu'au 30 juin 1894, soit du 5 octobre 1893 au 30 juin 1894 .... 4.869 50

Du 14 octobre 1893 au 30 juin 1894..................................	5.048 75
Du 2 novembre 1893 » »	3.573 73
Du 18 novembre 1893 » »	3.834 09
Total des demandes, y compris les intérêts...........................	524.087 58

Ces demandes comportent, suivant les termes de l'accord mentionné dans la dépêche ministérielle du 31 mai 1893, la majoration unique de 25 0/0 sur les travaux exécutés.

Mais, par cette même dépêche du 31 mai 1893, il avait été convenu que dans le cas où les entrepreneurs seraient chargés de travaux énumérés audit accord, il serait appliqué : 1° la majoration fixe et unique de 20 0/0 pour toutes les dépenses où devaient être appliquées les majorations de 18 0/0 suivant cahier des charges de 1889 et de 3 0/0 par an suivant lettre ministérielle du 3 novembre 1891 ; 2° la seule majoration de 7 0/0 pour toutes les dépenses où devaient être appliquées les majorations de 7 0/0 et de 1 0/0 annuelle, ainsi que pour les dépenses de solde, entretien et logement de la garde civile. Ces réductions devaient être faites avec effet rétroactif au 1er août 1893.

L'accord du 31 mai ayant reçu un commencement de réalisation, il y a lieu :

1° De rectifier suivant état ci-joint (pièce n° 2) les demandes de certificats détaillées ci-dessus et d'arrêter les sommes dues de ce chef aux entrepreneurs à la somme totale de.. 503.170 04

2° De ramener aux conditions de majoration réduite comme il vient d'être dit, les bordereaux remis depuis le 1er août 1893, soit à déduire suivant état ci-joint (pièce n° 3) la somme de.................................. 27.051 58

Reste net à payer.............. 476.118 46

Il demeure bien entendu qu'il devra être tenu compte aux entrepreneurs du montant de la réduction ainsi opérée de 47.969 fr. 12 (quarante-sept mille neuf cent soixante-neuf francs douze centimes), dans le cas où l'exécution des travaux énumérés dans l'accord du 31 mai 1893 ne leur serait pas confiée, soit directement, soit indirectement.

Cette somme ne serait pas productive d'intérêts.

B. — Les bordereaux de travaux exécutés et approuvés depuis le 18 novembre 1893 ayant été payés directement au Tonkin, sans majoration, il y a lieu de leur appliquer purement et simplement, en faveur des entrepreneurs, les majorations prévues au cahier des charges et contrats annexes de 1889, soit le 18 0/0 pour les travaux proprement dits et le 7 0/0 pour les dépenses de la garde civile, etc.

e

Il est entendu toutefois, qu'en vue d'arriver à un règlement définitif à la date du 30 juin 1894, les entrepreneurs ne recevront le montant de ces majorations que sur le total des bordereaux actuellement parvenus en France et joints au présent règlement (pièce n° 4), soit suivant état récapitulatif ci-joint :

1° le 18 0/0 sur 1.919.610 34.. 345.529 86
2° le 7 0/0 sur 584.368 81.. 40.905 47

Ensemble................... 386.435 33

Les majorations devront être dorénavant payées au Tonkin, en même temps que le montant des travaux, dans les conditions qui vont être stipulées plus bas; les bordereaux de même nature qui parviendraient encore en France seront majorés suivant les conditions nouvelles consenties par les entrepreneurs. Le paiement leur en sera fait au fur et à mesure de la réception des bordereaux.

C. — Pour tenir compte à MM. Soupe et Raveau des dommages qui leur ont été causés par l'interruption, depuis le 28 novembre dernier, des conventions relatives au mode de paiement des travaux exécutés, l'Administration du Protectorat accepte le paiement d'une somme représentant les pertes subies par les entrepreneurs et qu'à titre de transaction on pourrait fixer à 30.000 francs.

D. — Enfin, il y a lieu de faire droit immédiatement :

1° Au paiement du certificat émis au nom de la Compagnie *The Gresham Life Assurance* échu à la date du 10 février 1894 ;

2° Au paiement des intérêts échus à la même date sur tous les certificats délivrés jusqu'à ce jour.

Ces sommes s'élèvent, suivant état récapitulatif (pièce n° 5), à la somme de 696.802 fr. 93.

Récapitulation des sommes à payer immédiatement.

1° *Aux entrepreneurs.*

Le montant des bordereaux non convertis en certificats, — 5 octobre au 18 novembre 1893, — déduction faite des réductions de majorations depuis le 1ᵉʳ août 1893, soit... 476.118 46

Les majorations de 18 et 7 0/0 sur les bordereaux acquittés au Tonkin et reçus en France à la date du 30 juin 1894............................... 386.435 33

Somme à titre de transaction.................................... 30.000 »

Ensemble................. 892.553 79

2° *Aux porteurs de certificats.*

En principal............................. Fr.   500.000 »
En intérêts 196.802 93

696.802 93

Montant des paiements à faire au compte du chemin de fer........ 1.589.356 72

Moyennant le présent règlement, MM. Soupe et Raveau s'engagent à continuer, jusqu'à parfait achèvement, les travaux et fournitures en voie d'exécution.

Ils consentent, en outre, moyennant la réalisation des conditions stipulées dans la dépêche ministérielle du 31 mai 1893, à n'appliquer dès à présent, y compris les bordereaux en cours de route, que les majorations de 15 et 5 0/0 suivant la nature des dépenses aux lieu et place des majorations actuelles de 20 et 7 0/0.

Les travaux devant continuer jusqu'à nouvel ordre à être payés directement au Tonkin,

les majorations leur seront payées à Hanoï, en même temps que le montant des bordereaux approuvés.

Ils déclarent enfin renoncer à toute demande d'indemnité pour dommages quelconques
qu'ils auraient pu subir antérieurement à la date du présent règlement.

Ils garantissent, en outre, l'Administration du Protectorat contre toute réclamation des
porteurs des certificats échus à ce jour.

L'Administration du Protectorat, de son côté, s'engage à considérer comme définitif le
présent règlement de comptes.

Fait à Paris, le 30 juin 1894.

      Accepté :

Les Entrepreneurs,   *Le Gouverneur général,*
   G. SOUPE et RAVEAU.   DE LANESSAN.

ANNEXE N° 23.

CONTRAT D'EXPLOITATION ET DE CONSTRUCTION

*D'un Tramway à vapeur d'Hanoï à Phu-Lang-Thuong d'une longueur approximative de
quarante-huit kilomètres, et de construction d'une voie ferrée de Langson à ou près
Pac-Lam (Porte de Chine) (longueur, 50 kilomètres).*

Entre les soussignés :

1° M. le Gouverneur Général de l'Indo-Chine, d'une part;

2° La Compagnie de Fives-Lille, Société anonyme, au capital de 12 millions de francs,
demeurant à Paris, rue Caumartin, 64, représentée par M. Georges Raveau.

MM. Georges Soupe et Raveau, entrepreneurs de travaux publics, demeurant à Paris,
55, rue Saint-Lazare, agissant conjointement aux présentes, d'autre part;

Il a été arrêté et convenu ce qui suit :

I

PREMIÈRE PARTIE

En ce qui concerne la construction et l'exploitation du tramway d'Hanoï à Phu-Lang-
Thuong, concédées à MM. Georges Soupe et Raveau par câblegramme du 26 mai 1893 et
dépêche du 10 juin 1893 de M. le Sous-Secrétaire d'État des Colonies.

Conventions.

M. le Gouverneur Général de l'Indo-Chine, ainsi qu'il y est autorisé par la dépêche
ministérielle du 10 juin 1893 et le câblegramme du 26 mai 1893, détermine et règle ladite
concession de la façon suivante:

Article premier.

La voie ferrée suivra la direction générale de la route mandarine, entre Hanoï et Phu-
Lang-Thuong.

Le départ, côté Hanoï, se fera sur la rive gauche du fleuve Rouge, en un point à l'abri des inondations, et l'arrivée, côté Phu-Lang-Thuong, se fera sur la rive gauche du Song-Thuong, avec pénétration dans la gare actuelle de Phu-Lang-Thuong.

Le raccordement provisoire de l'appontement du bac à vapeur sur la rive gauche du fleuve Rouge avec la tête de ligne sera assurée d'un commun accord et dans les mêmes conditions de construction que le reste de la ligne, en attendant que la rive gauche du fleuve soit définitivement fixée.

Les concessionnaires s'engagent à exécuter et à exploiter les travaux ci-dessus désignés à leurs frais, risques et périls en se conformant pour la construction et l'exploitation aux clauses et conditions du cahier des charges annexé à la présente convention.

Ils s'engagent également à constituer, dans un délai de un mois après la date de l'approbation définitive de la convention, une Compagnie pour la construction et l'exploitation dudit tramway.

Art. 2.

La durée de la concession est fixée à 99 ans.

Art. 3.

La Compagnie sera constituée au capital actions entièrement libérées de cinq cent mille francs (500.000 fr.). Elle pourra émettre des obligations au fur et à mesure de ses besoins jusqu'à concurrence de quatre millions de francs (4.000.000 fr.), sous la condition que ces obligations ne seront émises qu'après l'arrivée du matériel au Tonkin. Toutefois, il reste dès à présent convenu que la Compagnie pourra faire des émissions partielles, si elle le juge conforme à ses intérêts, mais seulement après arrivée au Tonkin d'une partie du matériel.

Art. 4.

Le Gouvernement de l'Indo-Chine livrera à la Compagnie la plate-forme de la ligne et les ouvrages d'art qu'elle comporte, à l'exception des ponts nécessaires à la traversée du Song-Can et du Song-Thuong, ces ponts restant à la charge de la Compagnie.

La plate-forme devra être établie au-dessus du niveau des plus hautes eaux et présenter toutes garanties contre les inondations ; elle sera livrée à la Compagnie dans le délai d'un an, après que la présente convention sera devenue définitive.

Les deux ponts restant à la charge de la Compagnie, ainsi qu'il est dit ci-dessus, seront fixes et uniquement destinés au passage du matériel du tramway tel qu'il est défini au cahier des charges annexé.

Dans le cas où le Gouvernement de l'Indo-Chine jugerait convenable, soit de ménager des travées mobiles ou surélever les tabliers pour les besoins de la navigation, soit d'adjoindre un passage pour les voitures et les piétons, les frais résultant de ces travaux supplémentaires lui incomberaient et feraient l'objet d'une entente spéciale entre le Gouvernement et la Compagnie.

Art. 5.

Les terrains nécessaires au service du tramway (gare, garages, ateliers, etc.), seront livrés gratuitement à la Compagnie par le Gouvernement de l'Indo-Chine, et toutes les expropriations, s'il y a lieu, seront à la charge du Gouvernement.

Art. 6.

Le tramway sera exploité aux frais, risques et périls de la Compagnie, conformément aux clauses et conditions du cahier des charges annexé les recettes brutes appartiendront à la Compagnie tant qu'elles ne dépasseront pas 20.000 francs par kilomètre (vingt mille francs).

Au-dessus de 20.000 francs (vingt mille francs) par kilomètre de recette brute, l'excédent sera partagé de la manière suivante :

Si R représente la recette brute, $\dfrac{R-20,000}{5}$ sera attribué au Gouvernement de l'Indo-Chine et $\dfrac{4}{5}(R-20,000)$ sera attribué à la Compagnie.

Art. 7.

Pendant la durée de la concession, le Gouvernement de l'Indo-Chine s'engage à ne pas concéder d'autre ligne directe, soit de tramway, soit de chemin de fer entre Hanoï et Phu-Lang-Thuong.

La présente convention sera soumise à l'approbation du Parlement par les soins et la diligence de M. le Gouverneur Général de l'Indo-Chine.

Si cette approbation ne pouvait être obtenue dans le délai de un an, à partir de la signature de la présente convention, les concessionnaires auraient le droit de renoncer purement et simplement à la concession.

Art. 8.

Dans le cas où le cours de la piastre descendrait au-dessous de 3 francs, les taxes relatives au transport des voyageurs et marchandises figurant au cahier des charges annexé et comptées en piastres, seront relevées proportionnellement, si les concessionnaires le jugent opportun; toutefois les tarifs ne pourront être remaniés que pour des variations de la valeur de la piastre de 5 centimes.

Art. 9.

Les provenances françaises ne seront soumises à aucun droit de douanes, ni octroi de mer, ni à aucune taxe de quelque nature que ce soit, à leur entrée et pour la circulation au Tonkin; quant au matériel ou autres fournitures de provenance étrangère ils ne pourront être frappés que du même droit de douane dont ils seraient l'objet en France, et ils bénéficieront de tous les dégrèvements qui pourraient être accordés en faveur du Protectorat de l'Annam et du Tonkin.

II

DEUXIEME PARTIE.

En ce qui concerne la construction de la ligne de Langson à Pac-Lam (frontière de Chine), 50 kilomètres environ.

Art. 10.

La construction de ce tronçon, qui, d'après les conventions du 31 mai 1895, doit être faite en régie par MM. Georges Soupe et Raveau, conformément au cahier des charges du 13 septembre 1889 et annexes, sera transformée en forfait kilométrique, tant pour l'infrastructure que pour la superstructure, bâtiments d'exploitation et matériel roulant compris. Le matériel fixe et roulant et tous ses accessoires seront de même type que sur la ligne de Phu-Lang-Thuong à Langson.

Art. 11.

Le prix forfaitaire sera déterminé d'un commun accord entre les parties, d'après les renseignements, plans et profils fournis, tant par le Protectorat que par la Compagnie de Fives-Lille et MM. Georges Soupe et Raveau. En cas de désaccord et avant de soumettre ce marché à l'approbation du Parlement, le prix forfaitaire sera fixé en France par trois inspecteurs généraux des ponts et chaussées désignés par l'Administration.

Faute de pouvoir fixer, pour une cause quelconque, un prix forfaitaire kilométrique, MM. Georges Soupe et Raveau exécuteraient les travaux en régie, comme il est prévu dans la convention du 31 mai 1893, mais seulement après l'approbation du Parlement.

Il en serait de même dans le cas où le prix forfaitaire ne serait intervenu que pour partie des travaux. Le surplus serait fait en régie par MM. Georges Soupe et Raveau.

Art. 12.

Le Protectorat devra prendre, à ses frais, les mesures nécessaires pour assurer, s'il y a lieu, la sécurité sur les chantiers.

Dispositions générales.

1° La construction de la voie ferrée d'Hanoï à Phu-Lang-Thuong et de Langson à Pac-Lam devra être faite simultanément et les délais de construction et d'exploitation devront être en concordance pour les deux tronçons. Ce n'est qu'à cette double condition que les concessionnaires du tramway d'Hanoï à Phu-Lang-Thuong peuvent être contraints d'en faire la construction et l'exploitation à leurs frais, risques et périls, aux termes du contrat ci-dessus y afférent.

2° Si dans un délai de un an à partir de la signature des présentes, les Pouvoirs publics donnaient leur approbation aux concessions accordées par M. le Gouverneur Général de l'Indo-Chine pour la construction d'une voie ferrée entre Hanoï et Saïgon, MM. Georges Soupe et Raveau devraient renoncer à tout droit à l'exploitation du tramway de Hanoï à Phu-Lang-Thuong qui leur a été concédée par M. le Sous-Secrétaire d'État des Colonies, le 31 mai 1893, et ce, sans aucune indemnité.

Mais, de ce fait même, la construction de la voie ferrée entre Hanoï et Phu-Lang-Thuong devrait être exécutée par MM. Georges Soupe et Raveau et la Compagnie de Fives-Lille dans les conditions prévues pour la construction du tronçon de Langson à Pac-Lam, c'est-à-dire un prix forfaitaire kilométrique, et, à défaut d'entente, en régie, conformément au cahier des charges du 13 septembre 1889 et annexes, mais toujours après approbation des présentes par le Parlement.

Cette construction, jointe à la transformation de la voie, pourrait être exécutée sans qu'il soit donné immédiatement suite à la construction du tronçon entre Langson et Pac-Lam.

3° Avant d'être soumises à l'approbation du Parlement, les présentes devront être approuvées par le Conseil d'Administration de la Compagnie de Fives-Lille, par les soins et à la diligence de M. Raveau, faute de quoi MM. Georges Soupe et Raveau, soussignés, seuls de deuxième part, seraient engagés à leur exécution.

Fait double à Hanoï, le vingt janvier mil huit cent quatre-vingt-quatorze.

Approuvé l'écriture ci-dessus :

Signé : de LANESSAN.

Lu et approuvé :

Signé : Georges SOUPE et RAVEAU.

Piastre 0,48. Enregistré à Hanoï, le vingt janvier 1894, F° 68, c. 8. Reçu quarante-huit cents.

Signature illisible.

ANNEXE N° 24.

REMPLACEMENT DE LA VOIE.

Entre les soussignés :

1° M. le Gouverneur Général de l'Indo-Chine, d'une part;

2° La Compagnie de Fives-Lille, Société anonyme au capital de 12.000.000 de francs, ayant son siège social à Paris, 64, rue Caumartin, et MM. Georges Soupe et Raveau, entre-

preneurs de travaux publics, demeurant à Paris, 55, rue Saint-Lazare, agissant conjointement et solidairement, d'autre part ;

Après avoir été exposé :

Qu'aux dates des 17 et 31 mai 1893, il a été fait entre M. le Sous-Secrétaire d'État des
Colonies à Paris et MM. Georges Soupe et Raveau susnommés, des conventions relatives
à la transformation de la voie suivie entre Phu-Lang-Thuong et Langson; qu'aux termes
de ces conventions, MM. Georges Soupe et Raveau se sont obligés à faire cette transformation aux clauses et conditions stipulées dans le cahier des charges en date du 13 septembre 1889 et annexées ;

Il a été convenu et arrêté ce qui suit :

Article premier.

La Compagnie de Fives-Lille et MM. Georges Soupe et Raveau s'obligent à l'égard de
M. le Gouverneur général, qui accepte sous les réserves ci-après exprimées, à fournir, transporter et mettre en place tout le matériel fixe, entre Phu-Lang-Thuong et Langson, moyennant le prix forfaitaire kilométrique de quarante-sept mille quatre cent quatre-vingt-cinq
francs quatre-vingts centimes (47.485 fr. 80), y compris le ballastage de la voie et la dépose
de la voie actuellement en place.

Ce prix forfaitaire comprend :

Le remplacement de la voie de 0 m. 60, actuellement en rails de 9 kil. 500, par une
voie de 1 mètre de largeur entre les champignons des rails ; le poids de ces rails sera de
20 kilog. au moins par mètre courant, reposant sur des traverses métalliques pesant 30 kilog.
environ.

Il comprend également en outre la fourniture des croisements, des voies de garage,
leur pose et leur ballastage, conformément aux plans adoptés pour les gares actuelles de la
voie de 0 m. 60, sauf les modifications nécessaires pour leur allongement et l'élargissement
de la voie; la fourniture et l'installation des alimentations de Phu-Lang-Thuong, de Lang-
Nac et de Langson; la fourniture de deux ponts tournants pour locomotives, leur transport et
leur montage à Phu-Lang-Thuong et à Langson.

Le présent marché portera aussi sur le renforcement des ponts métalliques, ainsi que
sur les fournitures nécessaires à la modification de l'atelier de réparations. Les prix forfaitaires de ces travaux seront soumis à l'Administration, dès que les types de locomotives et
de wagons auront été arrêtés, les dispositions à prendre dépendant précisément du choix de
ce matériel.

La voie sera formée de rails d'acier pesant 20 kilog. au moins, par mètre courant, reposant sur des traverses métalliques pesant 34 kilog. environ. Ces traverses auront 1 m. 800
de longueur ; le nombre de traverses est fixé à dix par longueur de rail de 8 mètres.

Les croisements seront du modèle courant ; ils devront être construits au rayon nécessaire pour que les gares actuelles puissent être maintenues sans modifications dans les dispositions générales des voies et des bâtiments.

Dans les courbes de rayon inférieur à 300 mètres, les rails seront cintrés avant d'être
mis en place.

Le ballast sera de bonne qualité; il sera composé, soit de pierre cassée, soit de gravier
de rivière; il aura une épaisseur totale de 0 m. 40 ; la largeur du ballast en couronne sera
de 2 m. 30, et la pente des talus à 1/1 ¹/₂.

La plate-forme de la ligne sera livrée par le Protectorat, réglée à sa largeur définitive et
dans toute son étendue avant que les travaux de pose ne commencent; les gares auront
également été modifiées tant en ce qui regarde leur longueur que le déplacement des trot-
toirs.

Des dispositions seront prises pour que le travail du renforcement des ponts soit terminé en même temps que l'élargissement de la plate-forme, de manière à ce que le matériel
de la voie de 1 mètre puisse entrer immédiatement en service.

La pose de la voie commencera à Phu-Lang-Thuong, se continuant ainsi par une seule attaque jusqu'à Langson, de manière à ne pas interrompre le service de l'exploitation, qui se fera avec un seul transbordement.

Les rails, traverses, éclisses, boulons, etc., seront au préalable distribués sur la ligne au moyen du matériel actuel.

Les rails seront déposés en cordon sur un côté de la plate-forme, les traverses sur l'autre, les éclisses en paquets, les boulons en barils et seront déposés sur des points désignés.

Les croisements et appareils seront approvisionnés dans les gares auxquelles ils seront destinés.

Tous les transports des rails, traverses, etc., des ponts tournants, ou celles des pièces qui seront destinées au renforcement des ponts, seront considérés comme transports en service et seront effectués gratuitement par le chemin de fer. Le chargement et le déchargement seront à la charge de l'entreprise.

Le ballastage et le transport du ballast seront faits au compte et par les soins de l'entreprise, mais le matériel roulant qui lui sera nécessaire, locomotives et wagons en voie de 1 mètre, lui sera prêté gratuitement par le Protectorat. Les frais de personnel, de combustible, de graissage et d'entretien seront à la charge de l'entreprise.

Pendant la durée du remplacement de la voie, le nombre des trains d'exploitation sera limité à un dans chaque sens, de manière à ne pas entraver le travail de pose.

Il ne sera pas tenu compte du ballast actuellement sur la ligne ; ce ballast souillé par les travaux d'élargissement sera considéré comme du remblai et sera étalé par les soins de l'entreprise, de manière à compenser les tassements qui se sont produits et se produiront encore.

Les alimentations comprendront chacune un puits, une tour ou un beffroi, un réservoir de 50 mètres, une pompe à vapeur ou pulsomètre, deux grues de distribution et la canalisation nécessaire.

Les trois alimentations de Phu-Lang-Thuong, Lang-Nac et Langson, seront livrées au prix forfaitaire de 65.000 francs.

Les ponts tournants se composant d'une partie tournante, d'un pivot central, d'un chemin de roulement, le tout dans une cuve en maçonnerie, seront livrés ensemble au prix de 45.000 francs.

La Compagnie de Fives-Lille et MM. Georges Soupe et Raveau s'engagent à fournir, transporter et mettre en service le matériel roulant ci-après désigné aux prix forfaitaires suivants :

Le matériel roulant devra être construit de manière à pouvoir passer dans les courbes de 50 mètres de rayon ; il sera exécuté suivant les meilleurs modèles et avec des matériaux de première qualité.

Les voitures et les wagons seront montés sur boggies.

Le matériel sera muni des freins à vide direct dans la proportion de 1/2 de voitures et véhicules de voyageurs et 1/3 pour les véhicules à marchandises ; les autres véhicules étant munis de conduites blanches.

Les locomotives seront munies des appareils nécessaires à la mise en action des freins.

Matériel roulant.

Locomotives.

Huit locomotives à six roues accouplées et avant-train directeur à un essieu pesant 24 tonnes à vide, diamètre des roues accouplées 1 mètre, foyer en cuivre, tubes en acier ; les machines seront munies du frein à vide direct.

Prix unitaire pour la machine à Phu-Lang-Thuong, démontage, emballage, transport, remontage à la charge des constructeurs.. 52.000 fr.

Huit tenders, pesant 7 t. 500 environ à vide, contenance des caisses 6 m. 3 en eau et 2 t. 500 en combustible, le roulement sera formé par deux boggies à deux essieux chacun. Le tender sera muni d'un frein à vide et à main et la partie antérieure sera couverte par un abri de manière à protéger le personnel de conduite.

Prix rendu à Phu-Lang-Thuong, démontage, emballage, transport et remontage, etc., à la charge des constructeurs............................... 10.750 fr.

Outillage des machines comprenant : disques d'avant et d'arrière, lanternes, burettes, deux vérins, un cric, masse, burin, etc., et outillage de chauffe.

Livré à Phu-Lang-Thuong............................... 1.750 »

Voitures.

Huit voitures mixtes de 1re et 2e classes, sur boggies. — Caisses en teck. — — Ces voitures comprendront huit places de 1re classe avec sièges permettant de s'étendre la nuit, un lavabo, water-closet et vingt-quatre places de 2e classe, longueur du châssis, environ 12 mètres.

Poids de la voiture, environ 13 tonnes.

Prix à Phu-Lang-Thuong............................... 19.900 »

Quarante voitures de 3e classe à cinquante-six places, double toiture, couvertes au-dessus des fenêtres, etc. — Longueur du châssis 12 mètres environ.

Poids, 12 tonnes environ.

Prix à Phu-Lang-Thuong............................... 16.200 »

Six fourgons à bagages, longueur du châssis 8 mètres environ avec compartiment pour la poste, coffre à finance, etc.

Prix à Phu-Lang-Thuong............................... 11.800 »

Quinze wagons couverts montés sur boggies, chargement 15 tonnes (transport du bétail, etc.). Ces wagons pourront se transformer en ambulances.

Tare, environ 9 tonnes.

Prix à Phu-Lang-Thuong............................... 9.050 »

Trente wagons-plates-formes sur boggies, chargement 15 tonnes.

Tare, environ 7 tonnes.

Prix à Phu-Lang-Thuong............................... 7.850 »

Vingt wagons-tombereaux sur deux essieux, chargement 8 tonnes.

Prix à Phu-Lang-Thuong............................... 4.200 »

Art. 2.

Les travaux de pose, le renforcement des ponts, la livraison du matériel roulant devront être terminés dans un délai de dix-huit mois après l'approbation de la présente convention; toutefois, il reste entendu que la plate-forme sera livrée prête à recevoir la voie, six mois au moins avant l'expiration de ces délais.

Art. 3.

Tous les travaux forfaitaires qui ne sont pas compris dans les prix forfaitaires ci-dessus tels que l'élargissement de la plate-forme, la modification de la plate-forme des gares, les murs et soutènements en maçonnerie, etc., seront faits par MM. Georges Soupe et Raveau, en régie, conformément aux conventions des 17 et 31 mai 1893 avec M. le Sous-Secrétaire d'État des Colonies, à moins toutefois qu'il intervienne entre les parties une convention pour un prix forfaitaire.

Art. 4.

Les matières, matériaux ou le matériel de provenance française, et destinés aux travaux de la ligne de Phu-Lang-Thuong à Langson, ne seront soumis qu'aux droits ou taxes du tarif

f

douanier de la Métropole. Ceux qui seraient de provenance étrangère ne pourront être frappés que des droits dont ils seraient l'objet à leur entrée en France, et ils bénéficieront des dégrèvements qui pourraient être accordés en faveur de l'Annam et du Tonkin.

Art. 5.

Le Protectorat devra prendre à ses frais les mesures nécessaires pour assurer, s'il y a lieu, la sécurité sur les chantiers.

Art. 6.

Le marché forfaitaire stipulé à l'article premier ne sera définitif qu'après l'approbation du Parlement, et, avant d'être soumis à cette approbation, il sera déterminé en France, si M. le Gouverneur général le juge à propos, par un Comité composé de trois Inspecteurs généraux des Ponts et Chaussées, lequel comité fixera les prix définitifs. Également avant d'être soumis au Parlement, le marché forfaitaire devra être approuvé par le Conseil d'administration de la Compagnie de Fives-Lille, et ce par les soins et à la diligence de MM. Georges Soupe et Raveau, soussignés ès noms.

Art. 7.

Dans le cas où la transformation de la voie ferrée entre Phu-Lang-Thuong et Langson serait seule à être exécutée, c'est-à-dire dans le cas où il ne serait donné aucune suite, pour une cause quelconque, au contrat de construction des tronçons de Langson-Nacham et frontière de Chine et Hanoï-Phu-Lang-Thuong, MM. Georges Soupe et Raveau se réservent expressément le droit de renoncer au bénéfice des conventions passées avec M. le Sous-Secrétaire d'État des Colonies relativement à la transformation de la voie.

Fait double à Hanoï, le vingt janvier dix-huit cent quatre-vingt-quatorze.

Approuvé l'écriture ci-dessus :
Signé : de LANESSAN.

Lu et approuvé :
Signé : Georges SOUPE et RAVEAU.

Piastre 0,48. Enregistré à Hanoï, le vingt janvier 1894. F° 68, c. 6. Reçu quarante-huit cents.

Signature illisible.

ANNEXE N° 25

CONVENTION AVEC LA COMPAGNIE DE FIVES-LILLE

Entre les soussignés :

1° M. le Gouverneur général de l'Indo-Chine, agissant au nom et pour le compte du Protectorat du Tonkin, en vertu des pouvoirs qui lui ont été conférés par le Gouvernement français et sous réserve de l'approbation de la présente convention par les Pouvoirs publics, de première part ;

2° La Compagnie de Fives-Lille, Société anonyme au capital de 12.000.000 de francs, dont le siège social est à Paris, rue Caumartin, n° 64, représentée aux fins des présentes par son directeur général, M. Edmond Duval, conformément à une délibération du Conseil d'administration, en date du 27 septembre 1894, de deuxième part;

3° MM. Soupe Georges et Raveau Georges, concessionnaires de l'entreprise du chemin de fer de Phu-Lang-Thuong à Langson (Tonkin), agissant conjointement et solidairement et faisant élection de domicile à Paris, rue Saint-Lazare, n° 55, de troisième part;

Il a été exposé et convenu ce qui suit :

MM. Soupe et Raveau ont été déclarés adjudicataires, le 13 septembre 1889, de l'entreprise de construction d'un chemin de fer à voie de 0m60, entre Phu-Lang-Thuong et Langson (Tonkin), à des conditions fixées par le cahier des charges et par les autres pièces de l'adjudication. Les travaux ont été commencés et poursuivis en conformité de ces conditions qui ont été complétées par divers actes additionnels (1).

Depuis la date ci-dessus, ces Messieurs ont pris vis-à-vis de M. le Sous-Secrétaire d'État des Colonies l'engagement ferme :

1° D'exécuter à forfait les études du prolongement de la ligne dont il s'agit, au delà de Langson jusqu'à la frontière de Chine ;

2° De payer la solde, l'entretien et le logement de la garde civique, nécessaire à la protection des travaux de ce prolongement.

En outre, ils ont conclu, le 31 mai 1893, avec M. le Sous-Secrétaire d'État des Colonies, un contrat qui leur a concédé :

1° L'exécution des travaux et fournitures relatifs à la substitution de la voie de 1 mètre à celle de 0 m. 60 sur la ligne de Phu-Lang-Thuong à Langson ;

2° La construction du prolongement de cette ligne entre Langson et la frontière de Chine ;

3° La construction et l'exploitation d'un tramway à voie de 1 mètre entre Hanoï et Phu-Lang-Thuong.

En compensation de ces avantages, MM. Soupe et Raveau ont fait abandon d'une partie des majorations auxquelles ils avaient droit pour les travaux en cours d'exécution, mais sous réserve que le Protectorat devrait leur rembourser le montant des réductions ainsi consenties par eux dans le cas où il ne les mettrait pas en mesure d'exécuter ces entreprises.

Enfin, les trois contrats visés ci-dessus ont été renouvelés et confirmés par de nouvelles conventions, qui ont été conclues à Hanoï, le 20 janvier 1894, entre M. le Gouverneur général de l'Indo-Chine et MM. Soupe et Raveau, agissant tant en leur nom qu'au nom de la Compagnie de Fives-Lille.

Dans la situation qui vient d'être rappelée sommairement, M. le Gouverneur général a exprimé le désir :

1° De conserver pour le Protectorat l'exploitation de la ligne à établir de Hanoï à Phu-Lang-Thuong ;

2° D'ajourner à une époque ultérieure la substitution de la voie de 1 mètre à celle de 0 m. 60 sur la ligne de Phu-Lang-Thuong à Langson ;

3° De charger la Compagnie de Fives-Lille seule de la construction de la ligne de Langson à Nacham (frontière de Chine) et de celle de Hanoï à Phu-Lang-Thuong.

Les intéressés de deuxième et de troisième part y ayant consenti, le présent contrat a pour objet de régler les conditions du nouvel accord intervenu entre les parties.

Article premier.

La Compagnie de Fives-Lille s'engage envers M. le Gouverneur général de l'Indo-Chine, qui l'accepte, à construire pour le compte du Protectorat de l'Annam et du Tonkin les deux lignes de chemin de fer à voie de 1 mètre désignées ci-après :

1° De Hanoï (rive gauche du Fleuve-Rouge) à Phu-Lang-Thuong ;

2° De Langson à la frontière de Chine, comprenant deux sections : l'une de Langson à Dong-Dang, l'autre de Dong-Dang à Nacham, et à fournir à ces deux lignes du mobilier et du matériel roulant nécessaires à leur exploitation.

Cette construction et ces fournitures seront faites aux conditions suivantes :

Objet du contrat.

____

(1) Voir, page 16, convention du 3 novembre 1890, art. 8; p. 57, convention du 31 mai 1893.

Art. 2.

La Compagnie de Fives-Lille a préparé et a soumis au délégué de M. le Gouverneur général à Paris les avant-projets des deux lignes définies ci-dessus, dont les dispositions essentielles ont été arrêtées d'un commun accord, pour servir de base aux prix forfaitaires, comme il sera dit ci-après (art. 10).

Ces avant-projets seront immédiatement soumis à l'approbation des Pouvoirs publics et le présent contrat ne deviendra définitif qu'après que cette approbation aura été obtenue.

Art. 3.

La Compagnie de Fives-Lille aura à sa charge :

a. — La confection des projets définitifs et des projets d'ensemble et de détail des ouvrages d'art et installations de toutes sortes.

b. — La confection des plans parcellaires, des tableaux et autres pièces relatifs à l'acquisition des terrains, le mesurage des emprises et leur tracé sur le terrain, mais sans responsabilité en ce qui concerne la désignation des ayants droit.

Le Protectorat conservera pour son compte l'acquisition des terrains nécessaires à l'établissement des lignes et leurs dépendances, ainsi que le payement des indemnités accessoires qui seraient dues pour dommages résultant de l'exécution des travaux, exploitation de carrières, chambres d'emprunts, etc....., étant entendu que l'entreprise se mettra préalablement d'accord avec l'Administration du Protectorat au sujet de l'emplacement et de l'importance des terrains à occuper.

La livraison des terrains par l'Administration du Protectorat aura lieu au fur et à mesure des besoins de l'entreprise.

c. — L'exécution des terrassements et des ouvrages d'art que comporte l'établissement de la plate-forme de la voie courante et des stations.

Toutefois il est expressément entendu que le Protectorat prendra à sa charge l'exécution de tous les terrassements de la ligne d'Hanoï à Phu-Lang-Thuong, ainsi que de leurs défenses.

La largeur de la plate-forme sera de 4 mètres en remblai et de 6 mètres en déblai, y compris les fossés.

L'inclinaison des talus sera en rapport avec la nature et la consistance des terrains.

Les ouvrages d'art seront exécutés avec des matériaux de bonne qualité et suivant les règles de l'art, mais sans aucune espèce de luxe ; on emploiera des mortiers de ciment de Portland dans les fondations et des mortiers de chaux du Teil ou de ciment de Portland dans les autres maçonneries de l'infrastructure.

Si on parvenait à se procurer dans le pays de bonne chaux hydraulique et que l'Administration du Protectorat en prescrivît l'emploi, les prix des maçonneries où cette chaux serait employée seraient réduits en conséquence.

Le nombre et le débouché des ouvrages d'art de la ligne de Hanoï à Phu-Lang-Thuong ont été fixés par l'avant-projet ; mais ils pourront être modifiés par le Gouvernement du Protectorat dans les conditions stipulées à l'article 10 ci-dessous.

d. — La voie aura une largeur de 1 mètre entre les bords intérieurs des rails. Elle sera constituée avec des rails en acier, pesant 21 kilos 500 environ par mètre courant, et avec des traverses métalliques, pesant 34 kilos chaque environ, et dont le nombre sera de 10 par travée de rails de 8 mètres.

Les pièces accessoires de la voie seront en rapport avec ces données principales.

e. — Le nombre, l'emplacement et l'importance des stations sont déterminés par l'avant-projet, sous réserve des modifications de détail qui pourront y être apportées d'un commun accord.

Il en est de même du nombre et de l'emplacement des maisons de garde.

Les divers bâtiments des stations et les maisons de garde seront construits suivant les types annexés à l'avant-projet. On emploiera dans leur exécution la chaux grasse du pays.

f. — Le mobilier et le matériel fixe des stations, comprenant les grues, réservoirs, prises d'eau, etc..., seront en rapport avec l'importance des stations et les besoins du trafic. Ils seront établis suivant les types annexés à l'avant-projet et les quantités qui y sont prévues, sous réserve des modifications qui seraient reconnues utiles d'un commun accord.

g. — Le télégraphe comportera deux fils pour le service du chemin de fer. Les supports seront en fer suivant le type adopté pour la ligne de Phu-Lang-Thuong à Langson.

h. — Les divers types du matériel de traction et du matériel roulant destinés à l'exploitation des lignes projetées, ainsi que le nombre des locomotives et véhicules de chaque type à fournir par l'entreprise, sont fixés par l'avant-projet.

i. — Il en est de même en ce qui concerne l'emplacement des ateliers de réparations et des dépôts de machines et l'importance de leur outillage.

Tous les travaux et toutes les fournitures énumérées ci-dessus seront exécutés avec des matériaux de bonne qualité et avec le plus grand soin. On prendra pour modèle les principales lignes françaises d'intérêt local à voie de 1 mètre en ayant égard à la situation spéciale du pays à desservir.

Les agents de l'administration auront toutes facilités pour exercer leur contrôle dans les forges et dans les ateliers des constructeurs.

Art. 4.

Les matériaux destinés à l'exécution des ouvrages et des fournitures qui font l'objet de l'entreprise seront, autant que possible, de provenance française.

Ils seront exempts de tous droits de douane à leur entrée au Tonkin et de tous autres impôts intérieurs. Il en sera de même de l'outillage nécessaire pour l'exécution de l'entreprise, à charge de réexportation dans le délai d'un an après l'achèvement des travaux.

Provenance des matériaux. Entrée en franchise.

Art. 5.

Les matériaux et fournitures destinés à la construction et à l'exploitation de la ligne de Langson à Nacham et l'outillage de l'entreprise seront transportés gratuitement sur la ligne de Phu-Lang-Thuong à Langson et sur la section de Langson à Dong-Dang, lorsque cette section sera ouverte à l'exploitation. Il en sera de même des agents et ouvriers de l'entreprise.

Transports gratuits sur les lignes en exploitation.

Art. 6.

La Compagnie de Fives-Lille aura le droit de se servir du matériel de voie et du matériel roulant et de traction pour l'exécution des travaux ; mais il est bien entendu qu'elle devra livrer ce matériel en excellent état de réparation en même temps que les lignes auxquelles il sera destiné.

Emploi du matériel de voie et du matériel roulant pour l'exécution des travaux.

Art. 7.

Le Gouvernement du Protectorat devra prendre, à ses frais, les mesures nécessaires pour assurer, s'il y a lieu, la sécurité sur les chantiers.

Sécurité des chantiers.

Art. 8.

La Compagnie de Fives-Lille s'engage à terminer les lignes qui font l'objet du présent contrat dans les délais suivant à partir du jour de l'approbation des projets définitifs par le Gouvernement du Protectorat, sous réserve des cas de force majeure dûment constatés :

Délais d'exécution.

1° Ligne de Hanoï à Phu-Lang-Thuong, deux ans et demi ;

2° Section de Langson à Dong-Dang, deux ans et demi ;

3° Section de Dong-Dang à Nacham, trois ans.

Les projets définitifs devront être présentés dans un délai d'un an à partir de l'approbation du présent contrat par les pouvoirs publics, et sous les mêmes réserves que précédemment.

En cas de retard sur ces délais, la Compagnie de Fives-Lille subira une retenue de 20.000 francs par mois de retard, en ce qui concerne l'exécution des travaux, et de 10.000 fr. par mois de retard, en ce qui concerne la présentation des projets définitifs.

Art. 9.

Durée de garantie

Le délai de garantie est fixé à six mois pour les terrassements et à un an pour les ouvrages d'art, les bâtiments et le matériel fixe et roulant, à partir du jour de la mise en exploitation de chaque ligne ou section de ligne. Pendant ces délais, la Compagnie de Fives-Lille sera responsable de ses travaux et fournitures et elle sera tenue de remplacer les matériaux qui seraient reconnus défectueux et de réparer les avaries qui se seraient produites de son fait.

Art. 10.

Prix forfaitaires.

Dans les conditions qui viennent d'être définies, les sommes qui seront dues à la Compagnie de Fives-Lille pour l'exécution de la présente entreprise seront fixées séparément pour la ligne de Hanoï à Phu-Lang-Thuong et pour chacune des deux sections de Langson à Dong-Dang et de Dong-Dang à Nacham, soit d'un commun accord entre M. le gouverneur de l'Indo-Chine ou son délégué à Paris et la Compagnie de Fives-Lille, soit par la Commission arbitrale dont il sera parlé à l'article 11.

Pour les déterminer, on prendra pour base les avant-projets dressés par la Compagnie de Fives-Lille, et on aura égard à toutes les données concernant les travaux et les fournitures dont il s'agit.

Les sommes ainsi fixées seront des prix forfaitaires qui comprendront les dépenses de toute nature à effectuer pour la construction complète desdites lignes prêtes à être mises en exploitation ; elles ne pourront être modifiées que dans les cas suivants :

Si les projets définitifs qui seront soumis à l'approbation du Gouvernement du Protectorat permettaient de réaliser des économies dans l'établissement des lignes à construire par suite d'une réduction dans l'importance des ouvrages ou fournitures à exécuter, le montant de ces économies serait déterminé d'un commun accord ou par la Commission arbitrale et profiterait pour moitié au Protectorat et pour l'autre moitié à la Compagnie de Fives-Lille.

Si, au contraire, le Gouvernement du Protectorat reconnaissait dans l'examen des projets définitifs la nécessité d'augmenter l'importance des travaux et fournitures et, notamment, l'ouverture des ponts entre Hanoï et Phu-Lang-Thuong, l'excédent de dépenses qui devrait en résulter, déterminé comme il vient d'être dit, serait ajouté au montant de l'entreprise.

Les sommes qui seront finalement arrêtées d'après les projets définitifs présentés par la Compagnie de Fives-Lille et approuvés par le Gouvernement du Protectorat, et en ayant égard, s'il y a lieu, aux modifications dont il vient d'être parlé, constitueront les prix forfaitaires auxquels ladite Compagnie aura droit.

Art. 11.

Commission arbitrale.

Dans le cas où les parties ne parviendraient pas à se mettre d'accord, soit sur l'établissement des prix à forfait, soit sur les économies résultant des modifications de tracé ou autrement, soit sur les excédents de dépenses résultant de l'augmentation de l'importance des travaux et fournitures et, notamment, du nombre et du débouché des ouvrages d'art, soit sur les conditions d'exécution des travaux, soit sur toute autre question spéciale concernant la présente entreprise, les points en litige seront soumis à une commission arbitrale composée de :

MM. Robaglia, Menche de Loisne, Forestier, inspecteurs généraux des ponts et chaussées.

Cette commission statuera souverainement et sans appel sur toutes les questions qui lui seront soumises par le Protectorat ou par la Compagnie de Fives-Lille.

Art. 12.

Les sommes dues à la Compagnie de Fives-Lille pour ses travaux et fournitures lui seront payées sur le vu des situations mensuelles présentées par ladite Compagnie et contrôlées par le Protectorat.

Mode de paiement.

Ces situations provisoires, n'entraînant aucune reconnaissance préjudicielle du règlement définitif, n'engageant en rien les deux parties contractantes et ne valant que comme simples renseignements à l'appui des payements d'acomptes, seront dressées d'après deux séries de prix conventionnelles qui seront établies d'un commun accord, ou par la Commission arbitrale, s'il y a lieu, en répartissant le prix forfaitaire de chacune des deux lignes entre les diverses catégories de travaux et de fournitures y afférentes et proportionnellement à l'importance de ces travaux et fournitures.

Ces séries de prix indiqueront également les prix à porter dans les situations mensuelles pour les matières et matériaux approvisionnés, soit à l'atelier, soit à pied d'œuvre, et suivant l'avancement du travail à effectuer.

Le prix forfaitaire fixé pour chaque ligne ou section de ligne sera porté dans ces situations, à partir du jour de la réception provisoire de ladite ligne ou section de ligne.

Le payement des situations mensuelles, sous déduction d'un dixième pour garantie, aura lieu dans un délai de six semaines, au plus tard, à partir du jour de leur présentation.

A l'expiration du délai de garantie et après la réception définitive, la Compagnie de Fives-Lille aura le droit de toucher le solde restant dû sur le montant du forfait.

Dès que la retenue de 10 0/0 pour garantie dont il est question ci-dessus aura atteint la somme d'un million de francs (1.000.000 francs), elle ne sera plus augmentée et les situations mensuelles seront payées intégralement.

Les payements seront faits en francs, à Paris. Toutefois, si la Compagnie de Fives-Lille désirait recevoir une partie de ces payements en piastres à Hanoï, elle devra en donner avis, en temps opportun, au Gouvernement du Protectorat, et la transformation des francs en piastres se fera au cours officiel du jour du payement.

Art. 13.

Dans le cas où le présent contrat ne serait pas approuvé dans un délai de six mois, à partir de ce jour, il serait considéré comme nul et non avenu et les parties reprendraient leurs situations respectives, telles qu'elles résultent des conventions antérieures rappelées dans l'exposé.

Cas de résiliation.

Art. 14.

Si dans un délai de quatre ans, à partir de ce jour, le Gouvernement du Protectorat décidait de transformer la voie de 0 m. 60 de la ligne de Phu-Lang-Thuong à Langson en voie de 1 mètre, la Compagnie de Fives-Lille serait chargée de cette transformation et les conditions et prix de cette entreprise seraient fixés d'un commun accord ou par la commission arbitrale.

Transformation de la voie de la ligne de Phu-Lang-Thuong à Langson.

Passé ce délai, la Compagnie de Fives-Lille aurait le droit de reprendre sa liberté d'action.

Art. 15.

L● présent contrat sera enregistré au droit fixe.

Fait en triple exemplaire à Paris, le dix-neuf février mil huit cent quatre-vingt-quinze.

Pour le Gouverneur général et par délégations spéciales des 26 septembre 1894 et 14 février 1895, dont copie annexée aux présentes ·

Signé : FOURNIÉ.

Lu et approuvé :

Signé : G. SOUPE et RAVEAU.

Lu et approuvé :

Par délégation du Conseil,

Le Directeur Général de la Compagnie de Fives-Lille,

Signé : DUVAL.

ANNEXE N° 26.

MINISTÈRE
DES COLONIES.
—
Direction
des affaires politiques
et commerciales.
—
3ᵉ Bureau.
—
Indo-Chine.

Paris, le 4 septembre 1895.

Monsieur le Gouverneur général,

A la date du 30 mai dernier, M. V. Fournié, alors ingénieur conseil du Gouvernement général de l'Indo-Chine, agissant en vertu de la délégation spéciale reçue de vous le 14 février 1895, a remis au département le dossier complet des projets de prolongements de la ligne de Phu-Lang-Thuong-Langson vers Hanoï et vers Nacham. Ce dossier comprenait les contrats, les avant-projets dressés par la Compagnie de Fives-Lille et le devis contradictoire arrêté par la Commission arbitrale.

M. Fournié me demandait en votre nom de vouloir bien soumettre à l'approbation du Parlement, conformément aux termes impératifs de l'article 49 de la loi de finances du 26 décembre 1890, les avant-projets des chemins de fer d'Hanoï à Phu-Lang-Thuong, et de Langson à Dong-Dang et Nacham, ainsi que le contrat passé pour exécution avec la Compagnie de Fives-Lille, auteur de ces avant-projets.

L'article 13 de ce contrat du 19 février 1895 stipulait que l'approbation du Parlement, légalement obligatoire, devait être obtenue au plus tard le 19 août courant ; passé cette date, les parties reprenaient leurs situations respectives, telles qu'elles résultent des conventions antérieures.

J'ai l'honneur de vous faire connaître que j'ai décidé de ne pas présenter, sous cette forme, à l'approbation des Chambres les projets dont vous m'avez saisi par l'intermédiaire de l'Ingénieur conseil du Protectorat.

Je n'ai donc pas à me préoccuper du délai expirant le 19 août, et je n'ai entrepris aucune négociation avec la Compagnie de Fives-Lille en vue de sa prolongation.

J'ai été conduit à prendre cette détermination, en raison de la nécessité qui s'impose de ne présenter actuellement aux Chambres les questions de chemin de fer au Tonkin, qu'en réduisant autant que possible leurs rapports avec les errements passés. J'estime que tout ce qui concerne les prolongements ou les modifications de la ligne de Phu-Lang-Thuong à Langson doit pouvoir être considéré comme une affaire nouvelle, soumise intégralement au contrôle parlementaire imposé par l'article 49 de la loi de finances du 26 décembre 1890 ;

par l'article 9 du décret du 21 avril 1891 et encore tout récemment par l'article 58 de la loi de finances du 16 avril 1895. . . . .

. . . .

Je terminerai en vous donnant l'assurance que les travaux projetés ne sont pas abandonnés ; ils seront soumis au Parlement en même temps que les propositions d'emprunt. comme liés à cet emprunt, bien plus qu'à l'ancienne entreprise du chemin de fer de Langson, et, dans ces conditions, je ne doute pas que l'exécution en soit autorisée. Je vous rappelle à ce sujet mon télégramme du 18 juillet par lequel je vous invitais à comprendre dans les prévisions de dépenses sur fonds d'emprunt une somme de vingt millions de francs pour les prolongements de la ligne de Phu-Lang-Thuong à Langson.

Agréez, Monsieur le Gouverneur général, les assurances de ma considération la plus distinguée.

Le Ministre des Colonies,
Signé : CHAUTEMPS.

ANNEXE N° 27.

Paris, le 21 décembre 1895.

ENTREPRISE
DES
CHEMINS DE FER
DU TONKIN.
—
Phu-Lang-Thuong
à Langson.
—
rue Saint-Lazare,
Paris.

A Monsieur le Ministre des Finances,
A Monsieur le Ministre des Colonies,

Monsieur le Ministre,

Dans l'exposé des motifs de la loi présentée par le Gouvernement pour l'emprunt du Protectorat de l'Annam et du Tonkin, nous lisons que « les travaux du chemin de fer d'Hanoï à la frontière de Chine avaient donné lieu à des concessions qui, *pour être valables*, devaient être sanctionnées par le Parlement. »

Nous protestons de toutes nos forces contre cette assertion.

Ces concessions nous ont été *accordées* par le Département des Colonies *sans aucune réserve pour l'approbation du Parlement.*

Il est vrai qu'à la demande de M. le Gouverneur général de l'Indo-Chine, nous avons consenti, par lettre du 20 décembre 1893, à ajourner l'exécution des travaux jusqu'à l'approbation du Parlement, mais cet ajournement dans l'exécution ne modifie en rien nos droits primitifs, tels qu'ils résultent des contrats.

D'ailleurs, la concession de Langson à la frontière de Chine nous a été *accordée antérieurement* à la loi de finances de 1890 et, en conséquence, ne pouvait pas être soumise à cette loi.

La concession de la voie ferrée d'Hanoï à Phu-Lang-Thuong nous a été accordée postérieurement à la loi de 1890 ; mais, comme on nous imposait la *construction* et *l'exploitation* de cette ligne *à nos frais, risques et périls, sans aucune subvention ni garantie d'intérêts,* il n'a été stipulé aucune ratification des Chambres.

Quant à la transformation de la voie ferrée de Phu-Lang-Thuong à Langson, elle a toujours été considérée, dans toutes les lettres, dans toutes les conventions, comme ne tombant pas sous la loi de finances de 1890.

Bien plus, récemment, le 30 juin 1894, le Protectorat nous a obligé à restituer une somme de 47.969 fr. 12, en *considérant que l'accord du 31 mai avait reçu un commencement de réalisation,* et, depuis cette époque jusqu'à aujourd'hui même, le Protectorat nous a fait des retenues proportionnelles sur chaque payement qu'il nous a effectué.

Nous ne pouvons donc pas laisser imprimer, sans protester, que les concessions à nous

g

accordées ne sont pas définitives, alors qu'il n'y a eu aucune clause suspensive de stipulée à l'origine, alors qu'il y a eu un commencement d'exécution et *des dépenses importantes faites successivement depuis plusieurs années d'un commun accord avec le Département des Colonies et le Gouvernement de l'Indo-Chine.*

Prêts à remplir, maintenant comme autrefois, nos engagements à l'égard du Protectorat, nous demandons que le Protectorat les tienne à notre égard.

Veuillez agréer, monsieur le Ministre, l'assurance de nos sentiments les plus respectueux et les plus dévoués.

G. SOUPE et RAVEAU.

ANNEXE N° 28.

PROTECTORAT
de
l'Annam et du Tonkin.

Contrôle financier de l'Indo-Chine.

Compte des dépenses de construction et dépenses accessoires du chemin de fer de Phu-Lang-Thuong à Langson.

NOTE PRÉLIMINAIRE

Le compte général ci-annexé comprend :

Dépenses comprises dans le compte.

1° Les dépenses de toute nature effectuées, au titre de la construction du chemin fer de Phu-Lang-Thuong à Langson, depuis l'origine des travaux jusqu'au 15 août 1895 inclus ;

2° Les dépenses restant à effectuer, au même titre, jusqu'à la clôture définitive du compte de construction.

Montant des dépenses payées de l'origine des travaux au 15 août 1895 inclus (20.734.652 96).

Le montant des dépenses payées, de l'origine des travaux au 15 août 1895 inclus, s'élève à la somme de.. 20.734.652 96

Cette somme se répartit comme suit :

Dépenses de construction......................................		15.028.467 52
Dépenses accessoires.	Réduction de la citadelle de Langson et constructions y afférentes..............................	251.711 80
	Études pour la continuation de la ligne de Langson à Pac-Lam..................................	94.252 20
Dépenses de protection.	Casernements, blockhaus et route de Lam à Bac-Lé (1).	3.188.026 56
	Solde et entretien de la brigade de garde civile chargée de la protection de la voie.....................	1.461.711 81
Compte d'intérêts et indemnité spéciale de 30.000 francs allouée à la maison Soupe et Raveau par le règlement du 30 juin 1894...............		710.483 07
	Somme égale..............	20.734.652 96

---

(1) Les dépenses de construction de la route de Lam à Bac-Lé se sont élevées à la somme de 6.861 fr. 31.

Montant des dépenses restant à effectuer après le 15 août 1895 (1.104.299 fr. 50).

Les dépenses restant à effectuer après le 15 août 1895 sont évaluées à la somme de.. 1.104.299 50

sur laquelle, au 15 août 1895, celle de 106.529 fr. 50 avait été déjà mandatée par l'Administration locale.

Elles se décomposent comme suit :

Dépenses de construction... 340.162 11

Dépenses de protection.	Casernements et blockhaus......................... 293.164 79	
	Solde et entretien de la brigade de garde civile chargée de la protection de la voie (jusqu'au 31 décembre 1895 : à compter du 1ᵉʳ janvier 1896, les dépenses de cette nature seront payées au titre du budget du Protectorat)................................. 303.487 72	

Compte d'intérêts... 167.484 88

Somme égale...................... 1.104.299 50

Montant total des dépenses payées de l'origine des travaux au 15 août 1895 inclus et des dépenses restant à effectuer après le 15 août 1895 (21.838.952 fr. 46).

Le montant total des dépenses déjà faites à la date du 15 août 1895, et des dépenses restant à effectuer à partir de cette date jusqu'à la clôture définitive du compte de construction du chemin de fer, atteint le chiffre de........................... 21.838.952 46

se répartissant comme suit :

Dépenses de construction... 15.368.629 63

Dépenses accessoires.	Réduction de la citadelle de Langson et constructions y afférentes... 251.711 80
	Études pour la continuation de la route de Langson à Pac-Lam.. 94.252 20

Dépenses de protection,	Casernements, blockhaus et route de Lam à Bac-Lé.... 3.481.191 35
	Solde et entretien de la brigade de garde civile chargée de la protection de la voie....................... 1.765.199 53

Compte d'intérêts et indemnité spéciale de 30.000 francs allouée à la maison Soupe et Raveau, lors du règlement du 30 juin 1894........... 877.967 95

Somme égale........ 21.838.952 46

Bases du compte.

Le compte a été dressé au moyen :

1° Du compte établi au Ministère des Colonies au commencement de la présente année et inséré dans le rapport fait au nom de la Commission du budget, par M. le député Doumer, au mois de mars dernier (Document n° 1244, annexé au procès-verbal de la séance de la Chambre des Députés du 28 mars 1895) ;

2° Des écritures du trésorier-payeur du protectorat ;

3° Des duplicata des bordereaux des dépenses liquidées au Tonkin et payées tant en France qu'au Tonkin, ainsi que des pièces justificatives jointes à ces bordereaux.

Nécessité de prendre comme base du travail le compte dressé au Ministère des Colonies.

Le compte dressé à Paris a dû être pris comme base du travail, en raison de la non-existence, dans les archives du Protectorat, des pièces justificatives des dépenses liquidées et payées en France au début de l'entreprise. Ces pièces ont bien été communiquées pour la plupart à l'administration locale, mais elles ont été réexpédiées en France à l'appui des comptes du payeur du Protectorat, sans qu'il en ait été gardé copie.

Concordance entre les écritures du trésorier-payeur du Protectorat et les éléments du compte général figurant au débit du compte local de trésorerie « chemin de fer de Langson. »

Le compte dressé à Paris comprend le montant des bordereaux n°s 1 à 105 inclusivement (série de 1894-1895), qui figure au débit du compte de trésorerie ouvert dans les écritures en piastres du trésorier-payeur au titre du chemin de fer.

Un état détaillé de ces bordereaux, portant répartition des dépenses auxquelles ils ont trait, est joint au compte général (annexe B).

Les dépenses inscrites au débit du compte local de trésorerie « chemin de fer de Langson », de l'ouverture dudit compte au 15 août 1895 inclusivement,

	Piastres	Cents
s'élèvent à la somme de (en piastres.)	4.120.120	45

Ces dépenses font l'objet de l'annexe I (Copie du carnet de détail tenu pour le débit du compte « Chemin de fer de Langson » par le trésorier-payeur du Protectorat).

Elles comprennent :

	Piastres	Cents
D'une part, des dépenses effectives et définitives, savoir :		
1° Le montant de l'annexe B, dont il vient d'être parlé, soit, en piastres.	1.538.722	14
2° Le montant des sommes figurant à la 2° partie du compte général (bordereaux 106 à 211 inclus), soit, en piastres	1.340.834	75
3° Le montant des sommes figurant sommairement à la 3° partie du compte général et dont le détail est indiqué à l'annexe C (Dépenses payées directement aux ayants-droit sans l'intermédiaire de la maison Soupe et Raveau), soit, en piastres	344.463	24
4° Le montant de la 4° partie du compte général (Intérêts payés à Paris, le 10 février 1895, aux porteurs de certificats d'inscription non encore échus à cette date), soit, en piastres	67.553	92
Ensemble	3.291.574	05

D'autre part, des opérations d'ordre, savoir :

	Piastres	Cents
1° Dépenses correspondant à des recettes en atténuation et qu'il y a lieu, en conséquence, de considérer comme annulées, dépenses indiquées en détail à l'annexe K, ci	230.458	93
2° Régularisation de payements faits à Paris (Voir à l'annexe O le détail de ces payements) et dont le montant est compris dans le compte dressé au Ministère des Colonies (1re partie du compte général), soit, en piastres	598.087	42
Ensemble	828.546	35

	Piastres	Cents
Ensemble	828.546	35
Total	4.120.120	40

La différence de cinq cents existant entre le total ci-dessus et le montant du débit du compte « Chemin de fer de Langson » paraît devoir être attribuée à une erreur de calcul.

Ainsi est établie, à cinq cents près, en ce qui concerne les dépenses figurant au débit du compte de trésorerie du chemin de fer, la concordance entre le compte général ci-joint et les écritures du trésorier-payeur du Protectorat. (Voir à ce sujet l'annexe O.)

Recettes figurant au crédit du compte local de trésorerie « Chemin de fer de Langson ».

Des recettes figurent, d'autre part, au crédit du compte « Chemin de fer de Langson ». Elles font l'objet de l'annexe J (Relevé des opérations inscrites au carnet de détail tenu pour le crédit du compte « Chemin de fer de Langson » par le trésorier-payeur du Protectorat).

Ces recettes s'élèvent à la somme de 2.442.035 piastres 19 cents.

Elles constatent :

D'une part, l'existence de moyens spéciaux de payement mis à la disposition du Trésor, soit en France, soit au Tonkin, et provenant de la réalisation de l'emprunt de 4 millions de francs fait à quatre établissements de crédit, ainsi que de l'emprunt de 750.000 piastres fait à la banque de l'Indo-Chine ;

D'autre part, des recettes faites en atténuation de dépenses inscrites au débit du compte, recettes dont le montant doit, par suite, être considéré comme annulé (1).

Origine d'une partie des recettes en atténuation inscrites au crédit du compte « Chemin de fer de Langson ». Mode de payement irrégulier adopté pour les dépenses de solde et d'entretien de la brigade de garde civile chargée de la protection de la voie.

Lesdites recettes en atténuation ont, en partie, pour origine un mode de payement irrégulier adopté pour les dépenses de la brigade de garde civile chargée de la protection de la voie ferrée. Aux termes des conventions conclues avec MM. Soupe et Raveau, ces entrepreneurs devaient, en effet, faire l'avance des dépenses de cette catégorie et ces dépenses devaient leur être remboursées avec une majoration fixée d'abord à 7 0/0, puis réduite à 5 p. 0/0 lors du règlement du 30 juin 1894. Or, un grand nombre de dépenses de cette nature ont été directement payées sur les fonds du Protectorat. Le montant n'en était pas moins mandaté au nom de MM. Soupe et Raveau, comme s'ils eussent réellement fait les avances correspondantes. La majoration y était ajoutée. Et comme MM. Soupe et Raveau n'avaient rien déboursé, un ordre de recette, s'élevant au même chiffre que celui de la dépense, la majoration non comprise, était joint à l'ordre de payement émis en leur nom. Les entrepreneurs ne recevaient que le montant de la majoration. Le chiffre de la dépense était successivement inscrit au débit et au crédit du compte du chemin de fer et se trouvait ainsi annulé de fait aux deux termes du compte. Quant à la dépense réelle faite par le service de trésorerie du Protectorat, elle figurait déjà au débit du compte ou y était ultérieurement portée, lors du rattachement des écritures de l'agent local de payement à celles du trésorier-payeur. Il a été, d'ailleurs, mis fin à ces errements dès le début de la présente année et, à quelques exceptions près, les dépenses de solde et d'entretien de la brigade du garde civile, attachée au service du chemin de fer, directement payées par les soins de l'Administration locale, n'ont, de l'assentiment tacite du représentant des entrepreneurs, donné lieu à aucune majoration.

Solde débiteur du Compte « Chemin de fer de Langson » au 15 août 1895.

Le compte « Chemin de fer de Langson » présentait, à la date du 15 août dernier, un solde débiteur de 1.678.085 piastres 26 cents, soit, en francs, à 2 fr. 70 taux officiel du mois d'août, de 4.530.830 fr. 20.

Voir l'annexe I : Copie du carnet de détail des dépenses effectuées au titre du compte Balance) et l'annexe S (Certificat délivré par le trésorier-payeur du Protectorat).

---

(1) Une somme de 896 fr. 56, figurant parmi les recettes du compte, est destinée à atténuer des dépenses non encore faites au titre du compte (Voir à ce sujet les annexes L, M, N et P). La dépense correspondante se trouvera, en conséquence, annulée lorsqu'elle s'effectuera.

Impossibilité où s'est jusqu'à présent trouvée l'Administration locale de clore ce compte de trésorerie. Dépenses restant à y inscrire.

Il serait superflu d'insister sur l'impossibilité où s'est jusqu'à présent trouvée l'Administration locale de clore ce compte de trésorerie. L'examen des documents suffit à démontrer de la manière la plus probante que l'achèvement des travaux de construction proprement dits, c'est-à-dire des travaux confiés à la maison Soupe et Raveau, ne coïncidait nullement, comme on a pu le penser, avec la cessation définitive des dépenses accessoires de toute nature se rattachant à l'achèvement de la ligne. La construction des postes militaires, des blockhaus et des casernements destinés à la protection du chemin de fer n'a été terminée que plus tard. Les travaux de parachèvement, qui ont donné lieu à la passation d'un marché spécial (marché du 11 mars 1895, conclu avec M. Vola) sont encore en cours.

Les dépenses de solde et d'entretien de la brigade de garde civile du chemin de fer ne pourront, en l'absence de ressources disponibles en 1895, être imputées au budget du Protectorat qu'à compter du 1ᵉʳ janvier 1896 (1).

Enfin, un grand nombre de dépenses, non comprises dans ces catégories et énumérées en détail aux annexes E, F et G, restent à effectuer, sans qu'il soit possible de les acquitter à un titre autre que celui du compte de trésorerie du chemin de fer.

Liquidation du compte « Chemin de fer de Langson » au moyen des ressources provenant de l'emprunt projeté.

La liquidation de ce compte est comprise dans le projet d'emprunt transmis en août dernier au département.

Solde débiteur probable du compte à l'époque de sa clôture.

Le solde débiteur définitif dudit compte a été, lors de l'établissement de ce projet, évalué à 5.500.000 francs.

Si l'on ajoute au solde débiteur que présentait le compte à la date du 15 août dernier soit, en piastres.. 1.678.085 26

le montant des dépenses restant à payer à cette date (5ᵉ, 6ᵉ et 7ᵉ parties du compte général ci-joint et annexes E, F et G), soit, en piastres.. 408.982 68

on obtient un solde débiteur définitif, en piastres, de.................... 2.067.067 94

En francs, au cours de 2 fr. 75 qui a servi de base aux calculs de conversion pour le projet d'emprunt, ce solde correspond à la somme de 5.739.436 fr. 83, excédant de 239.436 fr. 83 la somme prévue audit projet pour la régularisation du solde du même compte.

La différence que fait ressortir ce rapprochement s'explique :

1° En raison de ce fait que le compte exact des dépenses du chemin de fer déjà effectuées ou restant à effectuer n'a pu être dressé qu'après l'établissement du projet d'emprunt, et que certaines dépenses reconnues depuis lors nécessaires, avaient été, tout d'abord, involontairement négligées ;

2° En raison de la prévision, dans le compte général ci-joint, au nombre des dépenses restant à imputer au débit du compte « Chemin de fer de Langson », du montant des intérêts, à l'échéance du 10 février 1896, ainsi que des intérêts de retard des certificats à échoir, s'élevant ensemble à la somme de 164.940 fr. 23, intérêts qui, au projet d'emprunt ne sont pas compris dans le solde débiteur du compte du chemin de fer et sont inscrits à la suite du principal des certificats.

---

(1) Ces dépenses sont prévues au budget de l'exercice 1896 (Chapitre III, articles 3 et 4.), pour une somme de 185.145 piastres 50 cents.

Majorations supplémentaires à payer à MM. Soupe et Raveau
dans le cas où ces entrepreneurs ou leurs ayants cause ne seraient pas chargés
de l'exécution des travaux prévus à la convention du 31 mai 1893.

Au chiffre des dépenses totales de construction et dépenses accessoires du chemin de fer telles qu'elles ont été évaluées au compte général ci-joint, peut venir s'ajouter celui d'une dépense nouvelle, que rendent possible les conventions arrêtées avec la maison Soupe et Raveau.

Si les travaux énumérés dans la lettre ministérielle à MM. Soupe et Raveau, en date du 31 mai 1893, dans la lettre de MM. Soupe et Raveau à M. le gouverneur général de l'Indo-Chine, en date du 20 décembre 1893, et au contrat du 19 février 1895 (1), venaient à n'être pas confiés à MM. Soupe et Raveau ou à leurs ayants cause, les sommes majorées, suivant la nature des dépenses, à compter du bordereau n° 62, de 15 0/0 ou de 5 0/0, seraient passibles de majorations supplémentaires s'élevant respectivement à 3 0/0 et à 2 0/0 (règlement du 30 juin 1894).

L'évaluation de ces majorations supplémentaires fait l'objet de l'annexe Q.

Elles s'élèveraient au chiffre de................................... 126.401 fr. 36

A cette somme, il conviendrait, dans la même hypothèse, d'ajouter celle de... 47.969   12
représentant le montant de la réduction de majoration conditionnellement consentie par MM. Soupe et Raveau sur le chiffre des bordereaux remis depuis le 1ᵉʳ août 1893 jusqu'au 16 janvier 1894 (règlement du 30 juin 1894).

Il y aurait donc à payer à MM. Soupe et Raveau une somme totale complémentaire de .... 174.370 fr. 48

Bordereaux payés sans majoration.

Trois bordereaux ont été payés à MM. Soupe et Raveau sans majoration (bordereaux nᵒˢ 105, 208 et 211).

L'annexe R donne le détail des dépenses auxquelles ces bordereaux avaient trait.

Dépenses relatives à la construction du chemin de fer, dont la régularisation définitive
doit être opérée au moyen de l'emprunt projeté.

En établissant le compte général ci-joint, on a dû considérer comme des opérations définitives les payements faits en certificats d'inscription.

Ces payements ont nécessairement, en effet, ce caractère, au point de vue spécial du compte administratif des dépenses de construction du chemin de fer.

Mais, en fait, le Protectorat doit faire face, lors de l'échéance des certificats, aux obligations dont il n'a, par la délivrance de certificats, que différé l'exécution matérielle.

Il y a donc lieu de se demander au moyen de quelles ressources il y pourra parvenir.

Les certificats échus à la date du 10 février dernier et dont l'échéance a été prorogée au 10 août s'élèvent à la somme de................................ 1.000.000 »

Le payement de cette somme a été opérée au moyen de l'avance de cinq millions de francs accordée par la loi du 13 juillet 1895, avance remboursable avant le 1ᵉʳ avril 1896, et comprise dans le projet de liquidation de la situation financière du Protectorat à effectuer au moyen des ressources de l'emprunt.

(1) Construction des tronçons de Hanoï à Phu-Lang-Thuong et de Langson à la frontière de Chine; substitution de la voie de 1 mètre à celle de 60 centimètres, sur la ligne de Phu-Lang-Thuong à Langson.

Les certificats à échoir s'élèvent, savoir :

Certificats à l'échéance du 10 février 1896......... 1.000.000 00
     —   —   1897......... 879.003 38
     —   —   1898......... 319.801 30
     —   —   1901......... 500.000 00

                  Ensemble......... 2.698.804 68   2.698.804 68

Le montant de ces certificats est compris dans le projet d'emprunt.

Il en est de même en ce qui concerne :

1° La partie de l'emprunt de 4 millions de francs restant à rembourser après le 31 décembre 1895, soit... 2.666.666 67
et les intérêts à 5 0/0 afférents à cette somme (tant les intérêts échus au 25 juin 1896 que les intérêts de remboursement anticipés) ci........................... 160.000 »

                  Ensemble........ 2.826.666 67   2.826.666 67

2° Le montant de l'emprunt de 750.000 piastres fait à la Banque de l'Indo-Chine, soit en francs à 2 fr. 75. 2.062.500 00
et les intérêts à 6 0/0 afférents à cet emprunt et échus au 1er juillet 1896................................. 123.750 00

                  Ensemble......... 2.186.250 00   2.186.250 00

3° Le solde débiteur définitif du compte de trésorerie du chemin de fer, primitivement évalué à la somme de 5.500.000 francs et qui paraît devoir atteindre celle de.. 5.739.436 83   5.739.436 83

Le montant total des dépenses concernant la construction du chemin de fer, à payer au moyen des ressources de l'emprunt, s'élève donc au

chiffre de... 14.451.158 18

Ressources au moyen desquelles ont été effectuées les dépenses relatives à la construction du chemin de fer, déjà régularisées définitivement.

La différence entre cette somme et le montant total des dépenses faites ou à faire au même titre a été ou sera imputée au budget du Protectorat (exercices 1891, 1892, 1893 et 1895).

Hanoï, le 9 octobre 1895.

Le contrôleur financier de l'Indo-Chine,
Signé : PICANON.

MONOPOLE DES DOCKS
ET TRAVAUX AU PORT D'HAIPHONG

ANNEXE n° 29

Acte de rachat des magasins généraux de la Société des docks de Haïphong.

Entre :

Monsieur de Lanessan, gouverneur général de l'Indo-Chine, agissant au nom et pour le compte du Protectorat de l'Annam et du Tonkin,

D'une part;

Et la Société des Docks de Haïphong, Société anonyme, au capital d'un million cinq cent mille francs, représentée par messieurs :

Ulysse Pila, chevalier de la Légion d'honneur, membre de la Chambre de commerce de Lyon, négociant, demeurant à Lyon, place d'Helvétie, n° 5, Président du Conseil d'administration;

Gustave Cambefort, négociant, demeurant à Lyon, rue Duquesne, n° 17, secrétaire;

Gabriel Saint-Olive, chevalier de la Légion d'honneur, ancien banquier, demeurant à Lyon, place Morand, 9;

Henri Baboin, négociant, demeurant à Lyon, quai d'Occident, n° 3;

Seuls membres du Conseil d'administration, avec Messieurs :

André Descours, négociant, demeurant à Lyon, quai Tilsitt, n° 12;

Henri Bergasse, négociant, demeurant à Marseille, boulevard Notre-Dame, n° 4;

Paul Raffard, chevalier de la Légion d'honneur, juge au Tribunal de commerce de la Seine, demeurant à Paris, rue de Courcelles, n° 62;

Spécialement autorisés à l'effet des présentes par délibération de l'assemblée générale extraordinaire des actionnaires, en date du huit décembre mil huit cent quatre-vingt-douze, et ayant, aux termes de la même délibération, les pouvoirs d'agir à la simple majorité,

D'autre part;

Il a été convenu ce qui suit :

Article premier.

La Société des Docks de Haïphong vend au Protectorat de l'Annam et du Tonkin tous les établissements affectés à l'entreprise des Magasins généraux, avec leur mobilier, tout l'outillage fixe, roulant et flottant qu'elle possède, les appontements, etc. En outre, elle lui rétrocède tous les monopoles et privilèges qui lui ont été accordés par le contrat du six août mil huit cent quatre-vingt-six.

Art. 2.

Cette vente et cette rétrocession sont consenties moyennant le paiement de vingt annuités égales conformément aux indications du tableau ci-joint, établi d'après la formule posée par l'annexe au présent article ci-après :

Art. 3.

Le présent contrat entrera en vigueur le premier janvier mil huit cent quatre-vingt-treize. A cette date le Protectorat prendra possession des établissements, de l'outillage et des appontements que la Société lui vend.

h

Les immeubles, outillage et appontement faisant l'objet d'un inventaire dressé contradictcirement entre le Protectorat et la Société devront être livrés le premier janvier mil huit cent quatre vingt-treize, en bon état d'entretien.

À la même date, le Protectorat sera substitué à tous les droits et privilèges de la Société.

Art. 4.

Au trente-un décembre de la présente année, il sera dressé contradictoirement un inventaire de toutes les marchandises en magasinage ou en entrepôt.

Cet inventaire servira de base à la liquidation des sommes dues à cette date à la Société.

Art. 5.

Chaque annuité sera payée à la Société en deux fois à Paris, le vingt-cinq juin et le vingt-cinq décembre de chaque année.

La première demi-annuité du montant de francs *cent quatre-vingt-trois mille six cent soixante-trois et 55 centimes*, sera versée le vingt-cinq juin mil huit cent quatre-vingt-treize et, la deuxième demi-annuité du montant de (183.653 fr. 55) francs *cent quatre-vingt-trois mille six cent soixante trois et 55 centimes* sera versée le vingt-cinq décembre mil huit cent quatre-vingt-treize.

Art. 6.

Le Protectorat se réserve le droit de se libérer par anticipation, à toute époque, en tout ou en partie, du capital restant à amortir.

Dans le cas où le Protectorat userait de cette faculté, un nouveau tableau d'amortissement sur les mêmes bases que celui annexé au présent contrat serait dressé pour les sommes restant alors à payer.

Art. 7.

La Société, afin de coopérer au développement du port de Haïphong et afin de se conformer aux prescriptions de l'arrêté du 2 mai 1890, contracte l'obligation de compléter, dans un délai de trois ans, à partir de la signature du présent contrat, l'outillage dudit port, conformément aux clauses et conditions stipulées aux articles suivants :

Art. 8.

Le complément d'outillage du port de Haïphong pourra comprendre, au gré du Protectorat et sous les réserves indiquées aux articles suivants : l'achèvement du canal de ceinture, avec la construction d'un avant-port à l'extrémité vers le Cua-Cam ; l'établissement d'un ou de deux ponts métalliques sur ledit canal; la construction d'appontement sur ledit canal, le Cua-Cam et le Song-tam-bac; la fourniture de grues et apparaux pour les appontements ; l'établissement de voies ferrées, reliant les docks avec les différents appontements; l'achèvement des travaux concernant l'éclairage du port et de son entrée; les travaux d'installation de la douane aux docks.

Art. 9.

Le Protectorat sera en droit d'exiger de la Société l'exécution de ces travaux jusqu'à concurrence d'une somme de *un million de francs*.

Art. 10.

La Société des Docks devra, avant le 30 juin 1893, présenter à l'approbation du Protectorat et suivant un programme dressé par lui, les projets et estimations concernant les travaux qui lui auront été spécifiés par le Protectorat.

Dans le cas où le Protectorat ne tomberait pas d'accord avec la Société sur le montant des estimations de ces travaux, il sera procédé à un arbitrage d'un commun accord.

Art. 11.

Des situations pour les travaux et approvisionnements exécutés par la Société seront dressés tous les mois. Le montant en sera porté au crédit du compte de la Société, lequel portera intérêt de six pour cent (6 0/0) l'an.

Une expédition de chaque situation, revêtue de l'approbation du Résident supérieur, sera remise à la Société.

Art. 12.

Le paiement des travaux exécutés sera fait au moyen d'annuités dont le montant sera fixé par le Protectorat mais ne pourra être inférieur à deux cent mille francs.

Chaque annuité sera réglée à Paris en deux fois, aux mêmes époques et dans les conditions stipulées à l'article 5 du présent contrat, la première demi-annuité n'étant exigible que lorsque les travaux exécutés s'élèveront au moins à deux cent mille francs.

Art. 13.

Si la Société venait à rétrocéder la totalité d'une partie des travaux qu'elle aura à exécuter, le concessionnaire devra être agréé par le Protectorat.

Art. 14.

Pour tout ce qui est relatif aux travaux, la Société sera soumise aux conditions générales arrêtées le vingt octobre mil huit cent quatre-vingt-neuf par le sous-secrétaire d'État, tant qu'elles ne seront pas contraires aux stipulations qui précèdent.

Art. 15.

Les frais d'enregistrement seront à la charge du Protectorat.

Art. 16.

Toutes les difficultés concernant le sens ou l'exécution du présent contrat seront jugées administrativement avec faculté d'appel devant le Conseil d'État.

Fait double à Lyon, le huit décembre mil huit cent quatre-vingt-douze.

Signé pour approbation : M. PILA, CAMBEFORT, G. SAINT-OLIVE, Henri BABOIN, de LANESSAN.

ANNEXE N° 30.

Clauses additionnelles à l'acte de rachat des magasins généraux de la Société des Docks de Haïphong. (Contrat du 8 décembre 1892.)

Entre Monsieur de Lanessan, Gouverneur général de l'Indo-Chine, agissant au nom et pour le compte du Protectorat de l'Annam et du Tonkin, d'une part;

Et la Société des Docks à Haïphong, représentée par Messieurs Ulysse Pila et Cie en vertu d'une procuration en date du 21 juillet 1890, passée à l'étude de Mᵉ Thomasset, notaire à Lyon, ladite procuration enregistrée à Lyon (A. C. 1.) le 22 juillet 1890, n° 271, et sous réserve de la ratification par l'assemblée générale des actionnaires, d'autre part;

Il a été convenu ce qui suit :

ARTICLE PREMIER. — Conformément à l'article 13 du contrat du 8 décembre 1892 susvisé, l'Administration du Protectorat accepte et reconnaît la rétrocession, faite par la Société des Docks de Haïphong à M. Malon, entrepreneur, résidant à Haïphong, des droits et charges qui lui incombent en vertu du contrat précité pour l'exécution des travaux dont il est question aux articles VII, VIII, IX et XI de l'acte de rachat du 8 décembre 1892.

Conformément aux dispositions du paragraphe 1er de l'article 9 des clauses et conditions générales du 16 novembre 1866, la Société des Docks de Haïphong reste responsable vis-à-vis de l'Administration de l'exécution du contrat du 8 décembre 1892.

L'acte de rétrocession passé entre la Société des Docks de Haïphong et M. Malon devra être soumis à l'approbation de M. le Gouverneur général de l'Indo-Chine.

ART. 2. — Le deuxième paragraphe de l'article XII de l'acte de rachat des Magasins généraux ayant trait au mode de règlement des annuités à payer pour les travaux à exécuter est modifié comme suit :

« Chaque annuité sera réglée à Lyon, en deux fois aux mêmes époques et dans les conditions stipulées à l'article 5 du contrat du 8 décembre 1892, au moyen de mandats émis au nom de la Société lyonnaise de dépôts de comptes courants et de crédit industriel. »

ART. 3. — Le présent contrat additionnel sera enregistré gratuitement.

Fait double, à Hanoï, le   janvier mil huit cent quatre-vingt-quatorze.

Approuvé l'écriture,   Lu et approuvé l'écriture ci-dessus,

Signé : DE LANESSAN.   *Signé :* Ulysse PILA.

ANNEXE N° 31.

État des sommes dues, au 31 juillet 1895, à la Société des Docks pour travaux exécutés suivant situations.

NUMÉROS du programme	DÉSIGNATION DES TRAVAUX	MONTANT.	OBSERVATIONS.
		fr. c.	
1	Remblais dans l'enceinte des docks..........	16.860 74	Terminé.
2	Logement du directeur des douanes.........	29.189 10	—
3	Logement de l'officier d'administration.......	13.650 »	—
4	Logements pour les employés de la douane et dépendances...............................	23.068 50	—
5	Construction d'un magasin d'armes..........	6.982 50	—
6	Transfert des anciens bureaux de la douane...	5.256 90	—
7	Construction d'un hangar pour la réparation des caisses à pétrole......................	4.200 »	—
8	Construction d'un magasin à opium..........	8.452 50	—
—	Construction d'une annexe au magasin à opium.	8.580 »	—
9	Nouveau remblai entre les deux épis d'amont aux docks...............................	14.432 »	—
10	Hôtel des postes et télégraphes..............	50.915 47	—
11	Construction d'un commissariat de police et de deux postes	71.058 25	—
12	Reconstruction des casernes de la garde civile et consolidation du logement de l'Inspecteur...................................	15.432 »	—
13	Appontement sur le Cua-Cam au boulevard Courbet.................................	116.700 »	En cours.
14	Quai le long du square Paul-Bert............	85.631 61	—
15	Pont de bateaux sur le lac Lach-Tray...... ..	n'a pas été commencé	—
16	Phare des Nouvays (premiers travaux)........	43.479 50	—
—	— (travaux définitifs)........	96.753 25	—
17	Ponts sur le canal (pont Paul Bert)..........	193.147 59	Terminé.
—	— (pont des Marchés)........	135.050 »	En cours.
18	Imprévus, grues, outillage, etc..............	43.854 96	—
—	Construction d'un appontement en face le Gouvernement général (ajouté au programme)..	8.305 13	Terminé.
	Total.....................	1.000.000 »	

NOTA. — Les travaux compris aux numéros 13, 14, 16 et 17 (pont des Marchés) seront terminés par M. Malon en vertu d'un contrat de substitution approuvé en principe par M. le Gouverneur général et actuellement soumis à la signature des parties. — Dans les 43.854 fr. 96 du n° 18 se trouvent compris les 32/33 du prix forfaitaire de 33.000 francs demandé pour la réfection et l'exhaussement de la résidence de Haïphong.

Les travaux compris sous les numéros 13, 14, 16 et 18, qui sont à terminer par M. Malon, formeront une dépense totale de 400.000 francs environ.

Hanoï, le 4 octobre 1895.
Pour le Directeur des Travaux publics,
Par ordre, *le commis*,
Signé : CABROL.

COMPAGNIE DES MESSAGERIES FLUVIALES

ANNEXE N° 32.

CONTRAT

Pour le service des correspondances fluviales du Tonkin,

Entre :

M. de Lanessan, gouverneur général de l'Indo-Chine, agissant au nom et pour le compte du Protectorat de l'Annam et du Tonkin,

D'une part :

Et MM. Marty et d'Abbadie, domiciliés à Haïphong, agissant conjointement et solidairement,

D'autre part ;

Il a été convenu et arrêté ce qui suit:

CHAPITRE PREMIER

Conditions générales.

Article premier.

Le service à exécuter comprend les lignes suivantes :

NUMÉROS des lignes.	NOMS DES LIGNES.	DISTANCES.	NOMBRE de voyages.	NOMBRE de milles.
1	Haïphong à Hanoï	105	3	32.760
2	Haïphong à Dap-cau	57	6	35.568
3	Sept-Pagodes à Phu-lang-Thuong	18	6	11.232
4	Haïphong à Mui-ngoc par Pointe Pagode	120	3	37.440
5	Haïphong à Nam-dinh direct	82	2	17.056
6	Haïphong à Vinh	202	1	21.008
(1) 7	Hanoï à Nam-dinh (direct)	55	1	5.720
(1) 7 a	Hanoï à Nam-dinh par Ninh-binh et Phu-ly	105	1	10.920
8	Hanoï à Viétri	39	3	12.168
9	Viétri à Tuyen-quan	52	1	5.408
10	Viétri à Cho-bo	55	1	5.720
11	Viétri à Yen-bay	76	1	7.904
12	Yen-bay à Lao-kay	91	1	9.464
	Total			212.368

(1) *Le contrat original porte par erreur :*
7 — Hanoï-Nam-dinh (direct) .... 57 *milles* 1 *voyage,* 5.928 *milles.*
7 a — Hanoï-Nam-dinh par Nin-binh et Phu-ly .... 103 » 1 » 10.712 »

Art. 2.

L'administration se réserve la faculté de réduire le nombre des voyages stipulés pour chaque ligne ou même de supprimer complètement une ou plusieurs des lignes prévues à l'article précédent, mais dans aucun cas le nombre de milles prévus au dit article ne pourra être réduit de plus d'un sixième.

Le mode d'exploitation des lignes sur lesquelles des réductions auront été opérées pourra, sur la proposition des concessionnaires, différer de celui prévu au présent contrat, de manière à faciliter le développement du trafic ; notamment la vitesse moyenne obligatoire pourra être réduite ; les arrêts et relâches augmentés et rendus variables et facultatifs, etc.

Art. 3.

L'administration pourra exiger la création de lignes non indiquées à l'article 1er ou une augmentation du nombre de voyage prévus par le dit article.

Dans l'un et l'autre cas, les conditions d'exécution du service et la subvention qui devra être allouée aux lignes nouvelles ou aux voyages supplémentaires feront l'objet de conventions spéciales.

Dans le cas où l'accord ne pourrait s'établir entre les concessionnaires et l'administration, celle-ci aurait le droit d'assurer le fonctionnement de ces nouveaux services comme elle le voudrait.

Toutefois, si elle en faisait l'objet d'une adjudication, MM. Marty et d'Abbadie auraient la faculté de prendre lesdits services au prix même résultant de l'adjudication, mais ils devront en informer l'administration dans les huit jours qui suivront.

Art. 4.

Si les concessionnaires augmentaient la fréquence des départs sur les lignes subventionnées, toutes les obligations stipulées au présent contrat s'appliqueraient aux voyages supplémentaires, mais sans aucune subvention pour les dits voyages.

Art. 5.

Les concessionnaires pourront créer, s'ils le jugent convenable, des lignes autres que celles indiquées à l'article 1er ou que celles réclamées par l'administration, mais dans ce cas ils ne recevront pour ces lignes aucune subvention. Si l'administration en fait usage, elle y sera soumise aux mêmes tarifs que les particuliers.

Art. 6.

Les concessionnaires transporteront gratuitement, sur toutes les lignes subventionnées, les correspondances, les colis postaux et les articles d'or et d'argent pour les services du protectorat et de l'État.

Art. 7.

L'administration sera libre de faire effectuer ses transports de personnel civil et militaire, de matériel, de correspondances, d'argent et tous autres transports quelconques, soit par les bateaux subventionnés ou non subventionnés des concessionnaires, soit par tous autres moyens qui lui paraîtront préférables.

Toutefois, sur les cours d'eau suivis par les lignes subventionnées, elle s'engage à ne faire faire ses transports que par les bateaux des concessionnaires ; mais dans les cas urgents, si MM. Marty et d'Abbadie ne pouvaient assurer ces transports avec la rapidité nécessaire, l'administration serait en droit d'y pourvoir par ses propres moyens.

Art. 8.

Les transports des passagers et des marchandises du protectorat seront payés aux concessionnaires d'après les bases suivantes :

	PASSAGERS de 1re classe.	PASSAGERS de 2e classe.	PASSAGERS DE PONT	
			européens.	indigènes.
Trajets inférieurs à 51 milles.........	0 20	0 12	0 08	0 05
— de 51 à 101 milles	0 15	0 09	0 06	0 04
— au-dessus de 101 milles	0 12	0 08	0 05	0 02

Les enfants au-dessous de dix ans payeront demi-place et au-dessous de trois ans voyageront gratuitement.

Supplément de bagages : 5 centimes par 100 kilog. et par mille marin.

Marchandises : 5 centimes par mille marin par 1.000 kilos ou mètre cube, au choix des concessionnaires y compris les frais de chargement et de déchargement des navires.

Toutefois, sur la ligne de Yen-bay à Lao-kay on appliquera les tarifs suivants :

Passagers de 1re classe .... 0 fr. 40
Passagers de pont européens....................... 0 16
— — indigènes 0 08
Bagages supplément............... 0 fr. 30 par 100 kilos et par mille.
Marchandises .... 0 30 par tonne et par mille.

Le minimum de perception pour un transport est fixé à 0 fr. 50.

Tous ces tarifs pourront être revisés tous les trois ans, sur la demande de l'une ou de l'autre des parties, afin de leur faire subir des variations correspondant à celles des tarifs du commerce.

Les passagers de 1re classe seront nourris à bord des bateaux; le prix du repas est fixé à 4 francs.

Les autres passagers auront droit au fourneau de l'équipage si leur traversée doit dépasser douze heures.

Les officiers supérieurs ou assimilés voyageant sur réquisition auront droit, sans augmentation de prix, à une couchette sur les bateaux pourvus de cabines de voyageurs.

Art. 9.

Les concessionnaires recevront du Protectorat, pour les lignes prévues à l'article 1er, une subvention calculée à raison de trois francs vingt-cinq centimes par mille effectivement parcouru, soit pour les 212.368 milles prévus, une somme de 690.196 francs par an.

Art. 10.

Le présent contrat entrera en vigueur le 1er janvier 1897 et prendra fin le 31 décembre 1906. Mais les concessionnaires s'engagent à commencer dès maintenant, avec les clauses et conditions stipulées au présent contrat, le service de la ligne de Yen-bay à Lao-kay, et à l'assurer d'une manière aussi régulière que le permettront les vapeurs dont ils disposent ; ledit service devant fonctionner d'une manière définitive dans le délai d'un an à dater de ce jour.

Art. 11.

L'Administration s'engage à ne subventionner aucun service de navigation sur les lignes prévues à l'article 1er ni sur celles qui seraient ultérieurement créées à la suite d'un accord entre elle et les concessionnaires, sauf dans le cas prévu par le 3° paragraphe de l'article 3.

Art. 12.

Dans le cas où les concessionnaires suspendraient l'exploitation d'une ou plusieurs lignes subventionnées, à moins que ce ne soit par suite d'un cas de force majeure dûment constaté, l'Administration aura le droit de réquisitionner les bateaux nécessaires au maintien de l'exploitation avec tout leur matériel et leur personnel et de remettre immédiatement la totalité du service en adjudication, sans préjudice des dommages et intérêts à réclamer.

Le payement de la subvention sera immédiatement suspendu proportionnellement aux services non effectués, et l'Administration ne sera redevable envers les concessionnaires que des frais de location des bâtiments dont elle ferait usage.

Le montant de ces frais sera déterminé à dire d'experts.

Dans le cas où l'Administration dexrait recourir à une nouvelle adjudication, les concessionnaires s'engagent à la couvrir du supplément de subvention que pourrait entraîner la réadjudication pour la période restant à courir jusqu'à la fin de la concession actuelle.

Art. 13.

Les concessionnaires ne pourront sous-traiter qu'avec le consentement de l'Administration, tout ou partie des services subventionnés, créés ou qui pourront être créés ultérieurement. S'il était reconnu que les concessionnaires aient sous-traité sans le consentement de l'Administration, celle-ci serait en droit de résilier le présent contrat sans aucune indemnité.

Toutefois l'un des concessionnaires pourra se retirer ou céder ses droits sans en référer à l'Administration, pourvu que l'autre figure dans la nouvelle association.

En cas de décès d'un ou des concessionnaires, leurs héritiers ou ayants droit pourront, sans qu'il soit besoin d'autorisation, continuer l'exploitation ou la céder à un nouveau concessionnaire qui devra seulement être agréé par l'Administration.

Art. 14.

Moyennant la subvention déterminée par l'article 9, les concessionnaires exécuteront les services mentionnés à l'article 1er à leurs frais, risques et périls ; toutes les dépenses de nature quelconque, y compris les risques de mer et de navigation, seront à leur charge.

Art. 15.

Les bateaux desservant les lignes subventionnées seront exempts de tous droits de phares et d'ouvrage et de tous autres droits de navigation actuellement existant ou qui seraient établis dans l'avenir.

Art. 16.

Les concessionnaires s'engagent à exécuter dans les conditions prévues aux articles 46 et 58 tous les travaux d'amélioration et d'entretien de la navigation fluviale du Tonkin et de l'Annam jusqu'à Vinh, qui leur seront réclamés par le Protectorat pendant la durée du présent contrat.

i

CHAPITRE 2.

Itinéraires et Escales.

Art. 17.

Sur chaque ligne subventionnée, l'Administration fixera les itinéraires et les escales. Elle fixera de même, après avis des concessionnaires, les jours et heures des départs, le temps maximum à passer aux escales et arrêts et la durée moyenne des traversées. Aucun arrêt ou escale ne pourra être établi sans le consentement de l'Administration.

Art. 18.

Les bateaux desservant les lignes subventionnées devront faire leurs opérations de chargement et de déchargement aux quais ou appontements des concessionnaires dans les endroits où il en existera et aux points fixés par l'Administration dans les autres.

Art. 19.

Dans le cas où, pour une cause quelconque, les bateaux des lignes subventionnées ne pourraient pas atteindre les escales ou arrêts officiellement désignés, le transport des correspondances, des passagers et des marchandises de l'Administration ou des particuliers jusqu'à ces escales ou arrêts devra être assuré par les soins et aux frais des concessionnaires, qui toucheront alors la subvention.

Art. 20

Les concessionnaires devront avoir des réprésntants à Haïphong, à Hanoï, à Phu-Lang Thuong, à Dap-cau et à Yen-bay.

CHAPITRE 3.

Surveillance du service.

Art. 21.

Le Résident supérieur au Tonkin est chargé de l'exécution générale du service; il désignera, dans chaque localité de départ, d'arrivée ou d'escale, un fonctionnaire qui le représentera à cet effet auprès des concessionnaires ou leurs représentants.

CHAPITRE 4.

Des bateaux.

Art. 22.

Les bâtiments affectés au transport des voyageurs sur les lignes subventionnées, devront avoir des dimensions et un tirant d'eau appropriés aux cours d'eau suivis.

Art. 23.

Les navires des lignes 1 et 2 devront fournir aux essais une vitesse minima de 9 nœuds 1/2 et tous les autres une vitesse minima de 8 nœuds.

Art. 24.

La vitesse moyenne d'exploitation des lignes subventionnées ne devra pas être inférieure à 6 nœuds.

Art. 25.

Tous les bateaux des lignes subventionnées devront être installés de façon à pouvoir transporter facilement des troupes et des chevaux.

Art. 26.

Tous les navires des lignes subventionnées ou non, exploitées par les concessionnaires, devront naviguer sous pavillon français.

Art. 27.

Dans le cas où un navire viendrait à se perdre ou être mis hors d'état de naviguer, il devra être remplacé dans un délai maximum de six mois. En attendant son remplacement, le service sera assuré d'une façon complète par les soins et aux frais des concessionnaires.

Art. 28.

Les navires affectés au service des lignes subventionnées devront être reçus par une Commission spéciale nommée par le Résident supérieur et qui aura seule qualité pour en autoriser la mise en service. Cette Commission s'assurera que les bateaux satisfont aux conditions stipulées par les articles 22, 23, 24 et 25 et qu'en outre :

1° Les navires et les appareils sont en bon état et d'une solidité suffisante ;

2° Qu'ils sont pourvus de tous les aménagements nécessaires pour le transport des troupes, des chevaux, des correspondances et de l'argent ;

3° Que les chaudières et les machines sont en bon état.

En outre, cette Commission déterminera le nombre maximum de voyageurs de chaque catégorie et le poids maximum des marchandises que chaque bateau pourra recevoir.

Art. 29.

Les bateaux des lignes 1 et 2 devront être munis d'un roof sur le pont garni de canapés pouvant donner à coucher à 12 passagers de 1re classe au moins ; ceux des autres lignes auront un roof pouvant donner à coucher à 4 passagers de 1re classe au moins.

Des lieux d'aisance seront organisés séparément pour les passagers de 1re classe, les autres passagers auront droit à ceux de l'équipage, qui devront être bien tenus. Tous les bateaux seront couverts d'une toiture et munis de rideaux, afin que tous les voyageurs soient à l'abri du soleil et de la pluie.

Art. 30.

Les navires, les machines et leurs objets d'armement devront être tenus en état constant de bon entretien.

CHAPITRE 5.

Service des postes.

Art. 31.

Le commissaire français ou patron sera responsable des dépêches au même titre qu'un agent des postes, il n'aura droit à aucune indemnité de ce fait ; il devra remettre les dépêches et boîtes mobiles aux bureaux des postes desservis. Dans les escales intermédiaires, il devra, en outre, les recevoir à ces mêmes bureaux pour les transporter à bord par ses soins, là où les bureaux ne seront pas distants de plus d'un kilomètre des endroits d'accostage.

Art. 32.

Les dépêches devront constamment, à bord des bateaux, être tenues sous clef, dans un endroit où le commissaire ou le patron auront seuls accès.

Les boîtes mobiles confiées par l'Administration des Postes devront être solidement fixées à bord et dans un endroit facilement accessible au public.

Art. 33.

En cas d'accident ou d'avarie, le commissaire ou le patron devra assurer le transport des dépêches au bureau de poste voisin par la voie la plus rapide, les frais de transport étant à la charge des concessionnaires.

Art. 34.

Il est interdit aux concessionnaires de transporter des objets de correspondance autres que ceux qui leur seront remis par les bureaux de poste des localités desservies.

Les concessionnaires auront toutefois le droit de transporter des papiers de service comprenant les connaissements, les expéditions de navire et toutes les pièces de service et de correspondance entre les différentes agences des concessionnaires.

Toute contravention commise par les concessionnaires ou leurs agents sera punie conformément aux lois sur le transport des dépêches.

En cas de récidive et si les circonstances démontrent que le fait de contravention doit être attribué à un des agents des concessionnaires, cet agent sera destitué, si le Résident supérieur le demande, sans préjudice des peines qu'il aura encourues.

CHAPITRE 6.

Des passagers et des marchandises.

Art. 35.

Les passagers du Protectorat se distinguent en :

Passagers sur ordre, dont le voyage est aux frais du Protectorat.

Passagers sur autorisation, dont le voyage est aux frais des intéressés, mais qui bénéficient du tarif résultant du présent contrat.

Ces derniers comprennent les fonctionnaires et agents de tous ordres, les personnes chargées d'une mission soit par le Gouvernement français, soit par l'Administration du Protectorat, les militaires des armées de terre et de mer et, en général, toutes personnes rétribuées par l'État français ou par le Protectorat, ainsi que leur famille.

L'autorisation est donnée par le Résident supérieur ou par les personnes à ce désignées.

L'Administration a, pour chaque voyage, le droit de disposer en faveur des passagers sur ordre :

1° De la moitié des places de 1re classe ;

2° De la moitié des places de pont dont le nombre sera évalué au procès-verbal de réception de la commission mentionnée à l'article 28.

Chaque cheval embarqué sera considéré comme occupant la place de cinq indigènes, l'Administration ne pouvant exiger l'embarquement de plus de douze chevaux sur le même navire.

Art. 36.

Les passagers de 1re classe auront droit à 100 kilos de bagages, les autres à 30 kilos.

Art. 37.

L'Administration retiendra les places des passagers sur ordre vingt-quatre heures à l'avance, au moins, par déclaration faite au représentant des concessionnaires. Les concessionnaires pourront disposer librement des places qui ne leur auraient pas été demandées dans le délai ci-dessus.

Les passagers sur autorisation prennent place avec les passagers ordinaires pour l'obtention des places disponibles dans l'ordre de leur inscription.

Art. 38.

Sauf les dispositions prévues à l'article 6, les concessionnaires ne seront astreints à aucun transport gratuit pour le compte de l'État ou du Protectorat, mais ils devront toujours et de préférence transporter les approvisionnements et le matériel de l'Administration moyennant les prix stipulés à l'article 8 qui comprennent les frais de chargement et de déchargement des navires.

Art. 39.

Les concessionnaires auront la faculté de transporter les passagers ordinaires, les marchandises, ainsi que les matières d'or ou d'argent n'appartenant pas à l'État ou au Protectorat, sous les réserves stipulées à l'article 35.

Le produit de ces transports leur appartiendra intégralement.

Le produit de la taxe postale appartient à l'Administration.

CHAPITRE 7.

Des Pénalités.

Art. 40.

Les départs auront lieu, comme il est dit à l'article 17; tout retard aux heures de départ et d'arrivée, sauf le cas de force majeure dûment constaté, rendra les concessionnaires passibles d'une amende de 20 francs pour la première heure, 40 francs pour la deuxième heure et chacune des heures suivantes.

Art. 41.

Si le retard dépassait vingt-quatre heures, le Directeur des Postes et Télégraphes prévenu par le télégraphe prendrait les mesures nécessaires pour assurer le transport des dépêches aux frais des concessionnaires sans préjudice de l'amende encourue.

Art. 42.

En cas de perte d'un bâtiment, si le remplacement ne se faisait pas dans les délais prescrits par l'article 27, les concessionnaires seraient passibles d'une amende de 50 francs par jour de retard.

Art. 43.

Le montant des amendes et retenues, fixé conformément aux articles ci-dessus, sera prélevé par l'Administration sur les sommes dues aux concessionnaires.

CHAPITRE 8.

Cautionnement. Payement de la subvention, des transports.

Art. 44.

Le cautionnement fixé à 100,000,000 francs devra être être versé à la Caisse des dépôts et consignations le 1ᵉˢ janvier 1897. Il sera remboursé à l'expiration du contrat.

Ce cautionnement pourra être remplacé, avec l'autorisation de l'Administration, par une garantie constituée au moyen d'une première hypothèque de même somme sur les immeublés ou le matériel des concessionnaires.

Art. 45.

La subvention sera payée tous les mois, d'après le nombre de milles effectivement parcourus et déduction faite des amendes qui auraient pu être prononcées dans les cas prévus au présent cahier des charges.

Les sommes dues pour les transports du Protectorat seront également payées mensuellement sur des décomptes établis en francs.

Les payements seront effectués en piastres, au cours officiel du jour.

CHAPITRE 9.

Des travaux à exécuter.

Art. 46.

Les travaux neufs et d'entretien destinés à améliorer la navigation fluviale en Annam et au Tonkin que les concessionnaires devront exécuter conformément à l'article 16 du présent contrat pourront comprendre notamment, au gré du Protectorat :

L'amélioration de la navigation sur le haut fleuve Rouge, entre Yen-bay et Lao-kay. La fourniture des engins et apparaux qui pourraient être nécessaires aux passages des rapides, le balisage, l'entretien, etc. Le balisage de la partie basse du fleuve Rouge ainsi que de toutes les rivières. Les travaux d'amélioration et d'entretien en général des services et canaux, la mise en état de navigabilité pour les jonques et chaloupes du canal de ceinture à Haïphong, le creusement des canaux et en particulier le canal du Lac-tray au Cua-cam, le canal du Ninh-binh à Phat-diem, Thanh-hoa, etc. la construction d'appontements aux escales des lignes subventionnées ou non, etc., etc. Mais il est entendu que l'on exécutera tout d'abord les travaux destinés à améliorer les voies fluviales suivies par les bateaux des concessionnaires.

Art. 47.

Le Protectorat ne pourra pour ces travaux exiger des concessionnaires, à moins d'accord spécial avec eux, une dépense annuelle de plus de 500,000 francs, en outre des dépenses de matériel et une dépense totale de plus de 3 millions de francs.

Art. 48.

Le programme des travaux à exécuter sera dressé par le Protectorat. Les études seront faites par les concessionnaires.

Art. 49.

Le Protectorat pourra exiger que les travaux du haut fleuve Rouge commencent au plus tard six mois après la signature du présent contrat et les autres un an après.

Tous ces travaux devront être achevés dans le plus bref délai.

Art. 50.

Dans le cas où le Protectorat ne tomberait pas d'accord avec les concessionnaires sur le montant des estimations des travaux, le Protectorat pourra les exécuter ou les faire exécuter comme il le voudra ; les concessionnaires devront alors en acquitter le montant contre l'échange de situations de pareille somme, mais alors les frais d'étude leur seront remboursés et l'intérêt stipulé à l'article suivant sera majoré de 1 0/0.

Art. 51.

Des situations pour les travaux et approvisionnements exécutés ainsi que pour le matériel fourni par les concessionnaires seront dressés tous les mois.

Le montant en sera porté au crédit du compte des concessionnaires, lequel portera intérêt à 6 0/0 l'an.

Une expédition de chaque situation mensuelle, revêtue de l'approbation du Résident supérieur et formant titre de créance, sera remise aux concessionnaires.

Art. 52.

Le payement des fournitures et travaux exécutés sera fait au moyen d'annuités, dont le montant sera fixé par le Protectorat, mais qui ne pourront être inférieurs à 200.000 francs.

Chaque annuité sera réglée au Tonkin, en deux fois, les 15 janvier et 15 juillet, en piastres, au taux officiel du jour et par payement minimum de 100.000 francs.

La première demi-annuité ne sera exigible que quand le montant des travaux exécutés ou des fournitures faites s'élèvera à 200.000 francs.

Art. 53.

Les concessionnaires pourront rétrocéder la totalité ou une partie des travaux qu'ils auront à exécuter, mais la personne ou société à laquelle la rétrocession sera faite devra être agréée par le Protectorat.

CHAPITRE 10.

Conditions particulières et générales.

Art. 54.

L'Administration s'engage à céder aux concessionnaires, aux escales où cela sera possible, en face des appontements ou quais d'accostage, les terrains nécessaires à l'établissement d'agences ou de dépôts.

Art. 55.

Les concessionnaires devront, du jour de la mise en vigueur du présent contrat, avoir transporté leurs installations de Haïphong sur la rive droite du Song-tam-Bac, à l'embouchure du Cua-cam, et construit sur cette rive droite des quais pour l'accostage de leurs navires.

A cet effet, l'Administration s'engage à leur abandonner les terrains lui appartenant et limités par le Cua-cam, la rue de la Douane, le port de commerce et la propriété d'Abbadie.

Mais les concessionnaires devront avoir à cet endroit, dans le plus bref délai possible, des installations provisoires permettant d'y transporter leur exploitation.

Art. 56.

Les frais d'enregistrement, arrêtés au droit fixe de 1 fr. 50, sont à la charge des concessionnaires, qui devront en outre faire imprimer le présent contrat et en délivrer deux cents exemplaires à l'Administration.

Art. 57.

Les concessionnaires seront soumis aux clauses et conditions imposées aux entrepreneurs et fournisseurs par l'arrêté de M. le Sous-Secrétaire d'État des Colonies du 20 octobre 1889, en tant qu'elles ne seront pas contraires aux stipulations qui précèdent.

Art. 58.

Toutes les contestations que pourrait soulever l'interprétation ou l'exécution du présent contrat seront jugées administrativement, avec faculté d'appel devant le Conseil d'État.

Fait double, à Haïphong, le 16 septembre 1893.

Signé : DE LANESSAN.

Signé : MARTY et D'ABBADIE.

Enregistré à Haïphong (Tonkin), le vingt septembre 1893, f° 170, c. 12. Reçu un franc cinquante centimes, soit : quarante-sept cents.

Signé : HENCKEL.

ANNEXE N° 33.

État des sommes dues à MM. Marty et d'Abbadie, pour travaux exécutés suivant leur contrat, en date du 16 septembre 1893.

DATE DES SITUATIONS.	MONTANT des situations.	SOMMES portées en compte.	TOTAL par travaux.
	fr. c.	fr. c.	fr. c.
Année 1894.			
N° 1 du programme. — Coupure du banc de sable à Hanoï.			
Janvier 31............................	8.918 08	8.918 08	10.637 38
Février 28............................	1.719 30	1.719 30	
N° 2 du programme. — Travaux d'amélioration du haut fleuve Rouge (dérochements).			
Avril 30	33.718 »	35.967 »	44.112 »
Avril 30	2.250 »		
Décembre 31	44.112 »	8.145 »	
Fournitures de bouées pour le haut fleuve Rouge.			
Juillet 31.............................	21.000 »	21.000 »	21.000 »
Travaux du haut fleuve Rouge (régie).			
Octobre 31	212 74	212 74	1.055 83
Novembre 30	515 48	215 48	
Décembre 31	327 61	327 61	
Travaux du haut fleuve Rouge (solde de M. Beauverie).			
Octobre 31............................	1.000 »	1.000 »	3.000 »
Novembre 30	1.000 »	1.000 »	
Décembre 31	1.000 »	1.000 »	
N° 3 du programme. — Balisage de Phat-Diém et du Cua-Hoï.			
(1893) Novembre 30....................	418 16	418 16	3.895 09
(1894) Juillet 31......................	3.476 93	3.476 93	
N° 4 du programme. — Groupe scolaire.			
Octobre 31	4.050 70	4.050 70	46.260 25
Novembre 30	31.097 73	27.047 03	
Décembre 31..........................	46.260 25	15.162 52	
N° 5 du programme. — Coupure du Lach-Tray.			
Décembre 31..........................	34.200 »	34.200 »	34.200 »
A reporter......	....	....	104.160 55

1

DATE DES SITUATIONS.	MONTANT des situations.	SOMMES portées en compte.	TOTAL par travaux.
	fr. c.	fr. c.	fr. c.
Report......			164.160 55
Travaux d'amélioration du chenal du Day.			
Novembre 30...........................	8.400 00	8.400 00	12.800 00
Décembre 31...........................	4.400 »	4.400 »	
			176.960 55
Montant des situations au 31 décembre 1894.			
Année 1895.			
N° 2 du programme. — Amélioration du haut fleuve Rouge (Dérochements).			
Janvier 31.............................	55.692 »	11.580 »	49.290 »
Février 28.............................	93.402 »	37.710 »	
N° 3 du programme. — Travaux du haut fleuve Rouge (Régie).			
Janvier 31.............................	374 87	374 87	
Février 28.............................	348 69	348 69	
Mars 31.............................	371 54	371 54	1.373 14
Avril 30.............................	217 29	217 29	
Mai 31.............................	60 75	60 75	
Travaux du haut fleuve Rouge (Solde de M. Beauverie).			
Janvier 31.............................	1.000 »	1.000 »	
Février 28.............................	1.000 »	1.000 »	3.000 »
Mars 31.............................	1.000 »	1.000 »	
N° 4 du programme. — Groupe scolaire à Haïphong.			
Janvier 31.............................	56.172 54	9.912 29	
Février 28.............................	62.306 57	6.134 03	27.315 70
Mars 31.............................	73.575 95	11.269 38	
N° 5 du programme. — Coupure du Lach-Tray.			
Janvier 31.............................	57.000 »	22.800 »	
d° supplémentaire (69.449 70)..........	12.449 70	12.449 70	
Février 28.............................	81.199 70	11.750 »	145.329 70
Mars 31.............................	142.849 70	61.650 »	
Avril 30.............................	179.529 70	36.680 »	
Travaux d'amélioration du Day.			
Février 28.............................	10.264 80	10.264 80	10.264 80
Montant des situations approuvées du 1er au 31 mai 1895...........................	....	....	236.573 34
Report du montant des situations au 31 décembre 1894...........................	....	....	176.960 55
Total général........	....	....	413.533 89

Arrêté le présent état à la somme de : quatre cent treize mille cinq cent trente-trois francs quatre-vingt-neuf centimes.

Hanoï, le 26 juin 1895.

L'Ingénieur en chef des ponts et chaussées, Directeur des travaux publics,
Signé : RENAUD.

DÉMOLITION DE LA CITADELLE D'HANOÏ

ANNEXE Nº 34.

Démolition de la citadelle d'Hanoï (Tonkin). — Construction d'un mur d'enceinte.— Déplacement de bâtiments.— Constructions diverses.

Marché de gré à gré,

Entre les soussignés :

M. le Gouverneur général de l'Indo-Chine, agissant au nom et pour le compte du Protectorat de l'Annam et du Tonkin,

d'une part ;

Et M. Auguste Bazin, ingénieur civil, demeurant à Paris, rue de Saint-Pétersbourg, nº 21,

d'autre part.

Il a été convenu et arrêté ce qui suit :

Article premier.

M. Bazin prend l'engagement, à l'égard de M. le Gouverneur général de l'Indo-Chine, qui accepte, d'exécuter les travaux de démolition de la citadelle d'Hanoï (Tonkin) et de construction d'un nouveau mur d'enceinte, et ce aux clauses et conditions ci-après :

Les travaux comprennent :

1º La démolition des murailles et des parapets de la citadelle, au-dessus d'une ligne d'arasement dont la cote sera fixée par le Protectorat;

2º Le remblai des fossés et mares jusqu'à concurrence des déblais à provenir des parapets, suivant les indications de l'Administration;

3º L'ouverture de voies dans les terrains déclassés de la citadelle, conformément aux indications du Protectorat et non compris, l'empierrement, le cylindrage et la plantation qui restent à la charge du Protectorat;

4º La construction d'un mur d'enceinte, avec banquette d'infanterie, suivant tracé, A B C D E F G H I du plan annexé au présent marché et suivant profil aussi annexé.

Art. 2.

Les travaux énumérés en l'article précédent seront exécutés moyennant le prix de soixante mille piastres (60.000 p.) et moyennant la concession à M. Bazin, à titre de propriété définitive, des terrains de la citadelle déclassés avec les servitudes qu'ils comportent, tels que ces terrains figurent teintés en rose au plan annexé, à l'exception de plusieurs parcelles d'une superficie d'ensemble cinq (5) hectares qui restent la propriété du Protectorat.

En outre, des cinq (5) hectares qui restent sa propriété, le Protectorat aura la faculté de prendre d'autres parcelles, jusqu'à concurrence d'une superficie d'ensemble cinq (5) hectares, à raison de 0 fr. 20 le mètre carré.

La désignation des emplacements ainsi réservés au Protectorat, pour une contenance totale pouvant varier de cinq (5) à dix (10) hectares, sera faite, d'un commun accord entre les parties contractantes, dans un délai de cinq (5) mois, à dater de la signature des présentes. Ces emplacements seront affectés à des usages d'utilité publique, et ils ne pourront être rétrocédés à des particuliers à titre de vente, d'échange, ou autrement, avant un délai de dix années.

Le plan définitif de la voirie devra être remis à M. Bazin, dans un délai de cinq (5) mois, à dater de la signature des présentes.

Les travaux devront être commencés avant le 1ᵉʳ septembre prochain. Les travaux de démolition devront être terminés dans un délai de trois ans à partir du 1ᵉʳ septembre 1894. Les travaux de tracé des voies, de construction du mur et de remblai, des fossés et mares sur le tracé des voies, devront être terminés dans le délai d'un an à partir de la même date.

M. Bazin entrera en possession le 1ᵉʳ septembre prochain, des terrains concédés et de tous les matériaux et construction existant sur ces terrains, à la date de la signature du présent marché, à l'exception des constructions en fer démontables, qui devront être enlevées par les soins du Protectorat avant la prise de possession. Toutefois, M. Bazin ne prendra possession des bâtiments dont le déplacement est prévu dans l'article suivant, qu'après construction des bâtiments nouveaux les remplaçant.

Les matériaux provenant de la démolition des murs de la citadelle, y compris les murs d'escarpe et de contrescarpe, pourront être employés dans la construction du nouveau mur d'enceinte.

Art. 3.

Le présent marché comprend les travaux de construction, sur emplacements à désigner par le Protectorat, de tous les bâtiments dont le déplacement ou la construction nouvelle sera une conséquence du déclassement de la citadelle, et notamment les magasins à poudre, les magasins à dynamite et les bâtiments occupés par les officiers et sous-officiers de tirailleurs tonkinois ainsi que tous travaux nécessaires pour l'écoulement des eaux.

M. Bazin pourra être chargé en outre, à Hanoï, de tous autres travaux de construction qui lui seraient demandés.

Tous ces travaux seront évalués d'après les prix du bordereau annexé au présent marché.

M. Bazin sera soumis aux clauses et conditions générales imposées aux entrepreneurs des ponts et chaussées par l'arrêté de M. le Ministre des Travaux publics en date du 16 février 1892, en tout ce qui n'est pas contraire aux stipulations du présent marché.

Art. 4.

La durée du présent marché est de cinq (5) années, à compter du 1ᵉʳ septembre 1894.

Les dépenses prévues à l'article 2 ci-dessus seront imputées au budget du Protectorat et réparties par portions égales, sur les cinq exercices de durée du contrat, à compter de 1895.

Les dépenses des travaux prévus à l'art. 3 ci-dessus, seront également imputées au budget du Protectorat; elles entreront en compte l'année qui suivra le commencement du travail, et le montant de ces dépenses sera réparti par portions égales, pour chacun de ces travaux, sur les exercices restant à courir jusqu'à l'expiration du contrat. A cet effet, il sera établi, au 31 décembre de chaque année, une situation des travaux et parties de travaux effectués et reçus.

Art. 5.

Si les travaux spécifiés en l'article 1ᵉʳ ci-dessus n'étaient pas commencés au 1ᵉʳ septembre prochain, M. Bazin serait déchu de tous ses droits, et le présent marché serait nul et non avenu.

Art. 6.

Le présent marché sera enregistré aux frais du Protectorat.

Fait double, à Hanoï, le 15 février 1894.

Approuvé l'écriture.
Signé : DE LANESSAN.

Signé : A. BAZIN.

ANNEXE N° 35.

Démolition de la citadelle d'Hanoï.

Acte additionnel au contrat du 15 février 1894, relatif à la démolition de la citadelle d'Hanoï.

Entre Monsieur le Gouverneur général de l'Indo-Chine, commandeur de la Légion d'honneur, agissant au nom et pour le compte du Protectorat de l'Annam et du Tonkin,

d'une part ;

Et Monsieur le marquis de l'Enferna, chevalier de la Légion d'honneur, demeurant à Hanoï, rue Jules-Ferry, n° 65, administrateur délégué de la Société générale d'études industrielles et commerciales pour la Chine et l'Indo–Chine, dont le siège social est à Paris, rue Saint-Lazare, n° 55, agissant pour le compte de ladite Société devenue titulaire du contrat du 15 février 1894, par suite de la substitution consentie par Monsieur le Gouverneur général le 29 janvier 1895, et enregistrée le même jour,

d'autre part ;

Il a été reconnu d'un commun accord que le contrat du 15 février 1894 ne pouvait être exécuté dans le délai primitivement prévu, que la nécessité de déplacer une grande partie des bâtiments militaires actuellement existants dans la citadelle et d'assurer l'écoulement des eaux ne permettrait pas d'ouvrir les voies et de terminer les travaux de démolition à l'époque fixée au contrat sus-visé, et qu'il était par suite nécessaire de préciser certains points de ce contrat et d'en modifier d'autres.

Il a été par suite convenu ce qui suit :

Article premier.

Prorogation du délai d'exécution.

Le délai prévu au § 5 de l'article 2 du contrat du 15 février 1894 est porté de trois à cinq années. Le travail de réduction de la citadelle d'Hanoï, qui a été commencé le premier septembre mil huit cent quatre-vingt-quatorze et qui devait être achevé le premier septembre mil huit cent quatre-vingt-dix-sept, ne devra donc être terminé que le premier septembre mil huit cent quatre-vingt-dix-neuf.

Art. 2.

Ordre d'exécution des travaux.

L estravaux seront exécutés dans l'ordre suivant :

Du premier septembre mil huit cent quatre-vingt-quinze au premier septembre mil huit cent quatre-vingt-seize la Société exécutera le travail d'arasement du parapet sur le front nord, procédera à l'ouverture des voies 63, 52, 53 et 54 dans la partie comprise entre la limite des terrains de la citadelle et la voie n° 63.

Pendant cette même période elle procédera au déplacement des bâtiments de la compagnie des ouvriers et des logements des officiers de tirailleurs tonkinois et achèvera la construction du mur d'enceinte avec banquette d'infanterie, aujourd'hui en voie d'exécution.

Du premier septembre mil huit cent quatre-vingt-seize au premier septembre mil huit cent quatre-vingt-dix-sept, elle dérasera les parapets sur le front Est et ouvrira les voies 60, 61 et 62. Il est entendu toutefois que le travail de dérasement sur le front Est ne pourra être exécuté qu'après la construction des nouveaux magasins des subsistances. Elle commencera pendant cette même période les travaux de déplacement des magasins à poudre et dynamite.

Du premier septembre mil huit cent quatre-vingt-dix-sept au premier septembre mil huit cent quatre-vingt-dix-huit elle commencera, à partir du front Est, le dérasement du parapet sur le front sud et ce jusqu'au point qui lui sera fixé par la direction d'artillerie et achèvera le déplacement des magasins à poudre et à dynamite.

Enfin, du premier septembre mil huit cent quatre-vingt-dix-huit au premier septembre mil huit cent quatre-vingt-dix-neuf, elle finira le dérasement du parapet sur le front sud, l'effectuera sur le front ouest et achèvera l'ouverture de toutes les voies dans la limite des terrains de la citadelle. Toutefois, pour permettre à la Société de poursuivre les travaux de démolition et l'enlèvement des matériaux provenant de ces démolitions, la Société pourra être autorisée par la Direction d'artillerie, avant les époques fixées ci-dessus pour le dérasement total du parapet sur un front, à démolir les murs et à ouvrir en certains points du parapet des brèches de quatre mètres de largeur, sous la seule condition que les gravois provenant des démolitions et les terres provenant des brèches ainsi pratiquées, soient jetés dans le fossé, contre l'escarpe, de façon à laisser un passage libre pour l'écoulement des eaux entre le pied du talus de ces remblais et la contrescarpe qui ne sera pas démolie. Le nombre des brèches ainsi faites d'avance ne pourra pourtant pas dépasser quatre par chaque front.

Art. 3.

Conditions particulières d'exécution.

Les voies à ouvrir sont figurées et cotées en largeur sur un plan annexé au présent contrat qui annule le plan qui avait été joint au contrat primitif.

Pour leur ouverture en plan et profil, ainsi que pour les travaux nécessaires à l'écoulement des eaux le long de ces voies, la Société devra se conformer à toutes les instructions qui lui seront données par le Protectorat.

En ce qui concerne les déplacements ci-dessus prévus des bâtiments militaires, elle devra se soumettre à toutes les instructions qui lui seront données par le service de la Direction d'artillerie.

Les déblais provenant du dérasement des parapets ou de l'ouverture des voies seront tout d'abord employés à l'ouverture des voies, l'excédent sera jeté dans le fossé, contre l'escarpe, de façon à laisser un passage libre pour l'écoulement des eaux entre le pied du talus de ces remblais et le mur de la contreescarpe qui ne sera pas démoli.

Art. 4.

Comblement des fossés.

En outre des travaux prévus au contrat primitif la Société générale d'études se charge d'exécuter le comblement total des fossés de la citadelle. Ce travail sera opéré aussitôt après le dérasement du parapet et sur chaque face dans la même année que celle indiquée à l'article 2 ci-dessus pour le dérasement du parapet.

Il est toutefois stipulé que ce comblement total ne pourra être poussé sur la face est, en venant du Nord, en deçà du débouché de l'Arroyo chinois, ni commencé sur les faces sud et ouest avant que la municipalité d'Hanoï n'ait exécuté les travaux d'égout nécessaires pour évacuer les eaux qui se déversent aujourd'hui sur la face est dans les fossés de la citadelle.

Ces travaux de comblement seront exécutés aux conditions du cahier des charges et aux prix de la série annexée au présent contrat.

Art. 5.

Augmentation de la surface des terrains du Protectorat.

En compensation de la plus-value apportée par ce comblement aux terrains de la citadelle, la surface des terrains restant la propriété du Protectorat sera portée de 5 à 9 hectares. Ces terrains, propriété du Protectorat, sont figurés par une teinte noire sur le plan annexé au présent contrat.

Ils comprennent :

1° Toute la surface comprise entre le rond-point et les voies 55, 58, 62 et le chemin bordant la contrescarpe côté ouest.

2° Toute la surface comprise entre le rond-point et les voies 54, 58 et 61.

3° Toute la surface comprise entre le rond-point et les voies 54, 58, 55 et 60 ;

4° Le surplus de la surface jusqu'à concurrence de 9 hectares sera pris dans la partie comprise entre le rond point et les voies 54, 55, 61 et 62 la surface étant prise au Nord de la voie 61 et devant être limitée par une parallèle à cette voie.

Les 4 hectares cédés en compensation du comblement des fossés ne deviendront la propriété définitive du Protectorat que si ce comblement est effectué complètement.

Les 4 hectares ainsi cédés à l'Administration, de même que les 5 précédemment réservés par le contrat du 15 février 1894, ne pourront être rétrocédés à des particuliers, à titre de vente, d'échange ou autrement, avant un délai de dix années.

Art. 6.

Prolongation du délai.

La durée du payement des travaux prévus à l'article 4 du contrat primitif et de celui des nouveaux travaux prévus à l'article 5 du présent contrat est portée de cinq à sept années.

Art. 7.

Mode de payement.

Des situations pour les travaux et approvisionnements exécutés par la Société seront dressées tous les mois. Le montant en sera porté à la fin de chaque mois et pendant l'année au compte de la Société, lequel portera intérêt à 6 0/0 l'an. Au 31 décembre de chaque année, le montant des situations ainsi que celui des intérêts sera arrêté. Le montant des intérêts sera payé le 1ᵉʳ juillet de l'année suivante avec l'annuité correspondante à cette année. Quant au montant des situations, il sera divisé en parties égales entre le nombre d'années restant à courir pour le payement des travaux. Le total des sommes ainsi obtenues majorées d'un intérêt de 6 0/0 comptées du 31 décembre de l'année où elles auront été portées en compte représentera l'annuité à payer au 1er juillet de l'exercice. Il est toutefois stipulé que l'intérêt de 6 0/0 sera compté sur le capital même, mais que les intérêts des capitaux ne seront pas eux-mêmes à la fin de chaque année productifs d'intérêts.

Il est également entendu que le forfait primitif de 60.000 piastres prévu au paragraphe 1er de l'article 2 du contrat du 15 février 1894 ne saurait être productif d'intérêts et que le payement de ce forfait aura lieu en cinq années comme il a été prévu au contrat primitif.

Art. 8.

Libération anticipée.

Le Protectorat se réserve le droit de se libérer à toute époque par anticipation de tout ou partie des sommes à payer à la Société sous la seule condition de la prévenir trois mois au moins avant une époque d'échéance.

Art. 9.

Exonération d'impôts.

Sauf pour les parties qui seraient vendues ou louées, les terrains concédés à la Société seront exempts d'impôts jusqu'au 31 décembre 1899.

Art. 10.

Droits d'enregistrement.

Les frais de timbre et d'enregistrement auxquels pourraient donner lieu le présent contrat ainsi que les pièces y annexées seront enregistrés au droit fixe et à la charge de la Société.

Fait double à Hanoï, le 2 juillet 1895.

Lu et approuvé :
Le Gouverneur général de l'Indo-Chine,
Signé : A. ROUSSEAU.

Lu et approuvé :
Pour la Société générale d'études industrielles
et commerciales en Chine et en Indo-Chine.
L'Administrateur délégué de la Société,
Signé : Marquis A. de L'ENFERNA.

7 piastres 27. Enregistré par duplicata
à Hanoï, le 6 juillet 1895.
F° 195 C. 18. Reçu sept piastres vingt-sept cents.
Signé : PONSIGNON.

Protectorat
de
Annam et du Tonkin.

ANNEXE N° 36

Démolition de la citadelle de Hanoï.

CAHIER DES CHARGES ET SÉRIE DES PRIX *joints à l'acte additionnel au contrat du 15 février 1894, relatif à la démolition de la citadelle de Hanoï.*

Article premier.

Objet des travaux.

Le présent cahier des charges a pour objet l'exécution du comblement des fossés de la citadelle de Hanoï et ce dans les conditions prévues au contrat annexe au contrat du 15 février 1894.

Art. 2.

Provenance des remblais.

Les remblais nécessaires au comblement des fossés, en dehors de ceux provenant de l'ouverture des voies et du dérasement du parapet seront pris :

1° Dans l'arasement des terrains de la citadelle et les fossés à exécuter pour l'écoulement des eaux des voies à ouvrir ;

2° Dans les terrains appartenant au protectorat situés au jardin d'essai ou devant être incorporés au jardin, sous la condition que la distance moyenne entre le lieu d'extraction et le lieu d'emploi n'excède pas 500 mètres ;

3° Dans le banc de sable situé en face de Hanoï dans le lit du fleuve Rouge.

Les quantités de remblais de ces diverses provenances sont indéterminées et peuvent varier en toutes proportions. L'une des provenances peut même être supprimée sans que la Société puisse élever aucune réclamation.

Pour les remblais à prendre dans la citadelle et dans ou près le jardin d'essai, la Société sera tenue, au point de vue des dérasements et terrassements à exécuter, de se conformer à toutes les instructions qui lui seront données par le Protectorat et ne pourra élever aucune réclamation au sujet des épaisseurs plus ou moins grandes des déblais à enlever ni des emplacements où il lui sera donné l'ordre de les exécuter.

Pour ceux provenant du banc de sable, la Société les prendra où elle le jugera le plus convenable et le Protectorat n'aura pas à intervenir en quoi que ce soit.

Art. 3.

Conditions spéciales d'exécution.

Les terres mises en remblais seront fortement pilonnées et ce par couche de trente centimètres au maximum. Leur surface sera dressée suivant le profil prescrit par le Protectorat, et la Société générale sera tenue, pendant toute la durée du délai de garantie, de maintenir le règlement de cette surface au profil prescrit.

Art. 4.

Mode d'évaluation des remblais

Les terres employées au comblement et provenant soit de l'arasement des terrains de la citadelle, soit du jardin d'essai, seront décomptées au profil des déblais.

k

Il sera à cet effet dressé avant et après l'exécution du travail de terrassements, contradictoirement avec la Société, des profils, et le cube résultant du calcul de ces profils donnera le chiffre à décompter aux prix indiqués à l'article 5 ci-dessous.

Le cube des terres, provenant du banc de sable, sera mesuré et décompté au profil de remblai, étant pris à la partie supérieure suivant celui prescrit par le Protectorat.

Ce mode de mètres exigera que les remblais provenant du banc de sable soient exécutés après ceux des autres provenances, ou soient faits dans des parties du fossé strictement limitées. Il en résulte pour la Société une sujétion à laquelle elle devra se soumettre et pour laquelle elle ne pourra élever aucune réclamation.

Art. 5.

Prix à appliquer.

Les prix à appliquer seront les suivants :

Déblais mis en remblais provenant de l'arasement des terrains de la citadelle ou de l'ouverture des fossés à exécuter pour l'écoulement des eaux des voies à ouvrir, compris piochage, fouille, chargement, transport, déchargement, mise en remblais, pilonnage, dressement de surfaces, etc., compris également tous faux frais et main-d'œuvre.

Le mètre cube mesuré en déblais : seize cents (0 p. 16).

Déblais mis en remblais provenant de ou près le jardin d'essai, dans des terrains appartenant au Protectorat, compris, comme ci-dessus, piochage, fouille, chargement, transport, déchargement, mise en remblais, pilonnage, dressement des surfaces, etc., compris également tous faux frais et main-d'œuvre.

Le mètre cube mesuré en remblais : vingt-cinq cents (0 p. 25).

Déblais mis en remblais provenant du banc de sable situé en face d'Hanoï, dans le fleuve Rouge, compris, comme ci-dessus, piochage, fouille, chargement, transport, déchargement, mise en remblais, pilonnage, dressement des surfaces, etc., compris également toute indemnité pour extraction et passage, tous faux frais et main-d'œuvre.

Le mètre cube mesuré en remblais : trente-cinq cents (0 p. 35).

Ces prix seront décomptés au cours du jour de la piastre.

Art. 6.

Clauses et conditions générales.

La Société sera, en tout ce à quoi il n'est pas dérogé par le présent cahier des charges, soumise aux clauses et conditions générales du cahier des charges imposé aux entrepreneurs des travaux publics par arrêté ministériel du 16 février 1892.

Le présent cahier des charges dressé pour être annexé au contrat du 15 février 1894.

Lu et approuvé,

Le Gouverneur général de l'Indo-Chine,
Signé : A. ROUSSEAU.

Lu et accepté,
Pour la Société générale d'Études industrielles et commerciales
pour la Chine et l'Indo-Chine,

L'administrateur délégué de la Société,
Signé : Marquis A. de L'ENFERNA.

ALIMENTATION EN EAU POTABLE DE LA VILLE
DE HAIPHONG

ANNEXE N° 37

Entre :

M. de Lanessan, Gouverneur général de l'Indo-Chine, agissant au nom et pour le compte du Protectorat de l'Annam et du Tonkin,

d'une part ;

Et MM. J. Bédat et J.-B. Malon, entrepreneurs, demeurant à Haïphong, s'engageant conjointement et solidairement,

d'autre part ;

Il a été convenu et arrêté ce qui suit :

Article premier.

MM. Bédat et Malon s'engagent à exécuter, pour le compte du Protectorat, le projet d'amenée et de distribution d'eau de la ville de Haïphong présenté par eux et accepté par le Protectorat sous réserves des clauses prévues à l'article 19.

Ce projet est déterminé dans son ensemble par deux mémoires et les pièces y annexées ; mais, d'une manière générale, les entrepreneurs s'engagent à prendre toutes les dispositions nécessaires à exécuter tous travaux pour que le débit, au point d'arrivée à Haïphong de la conduite d'amenée, soit de 3.000 mètres cubes par vingt-quatre heures, en toute saison.

Art. 2.

L'entreprise comprend :

1° L'exécution d'un barrage pour la prise d'eau sur le Song-Huông, en amont du poste militaire de Huong-By, le plan supérieur du barrage où le couronnement sera de onze mètres (11 mètres) au minimum au-dessus du point le plus élevé de la chaussée du boulevard Paul-Bert à Haïphong, pris comme repère ;

2° La fourniture et la pose de la conduite d'amenée et de la conduite maîtresse à Haïphong en tuyaux de fonte de 40 centimètres de diamètre, y compris la robinetterie et les ouvrages d'art pour la traversée des fleuves et arroyos, ponceaux, siphons, etc. ;

3° La fourniture et la pose des conduites secondaires du réseau de distribution de la ville de Haïphong et de la robinetterie comprenant :

2.500 mètres de conduite de 30 centimètres;
1.500   —   25
4.500   —   15

22 robinets vannes divisant le réseau en sections ;

4° La fourniture et la pose de 62 bornes-fontaines avec tous leurs accessoires ;

5° La construction de deux réservoirs de 1.000 mètres cubes de capacité chacun. Le niveau du radier des réservoirs sera à la cote 6^m,80 au-dessus du repère du boulevard Paul-Bert.

Art. 3.

Les entrepreneurs devront remettre à l'Administration, avant de commencer chaque ouvrage, tous les plans de détails desdits ouvrages. Celle-ci pourra exiger les additions et modifications qui seraient nécessaires pour les ouvrages dont la solidité serait reconnue insuffisante et cela sans supplément de prix.

La notification aux entrepreneurs de ces modifications ou additions devra être faite dans les trente jours qui suivront la remise des plans de détails.

Art. 4.

Les entrepreneurs feront la traversée des quatre grands cours d'eau, « le Song-Ga-Bac, le Song-Gia, le Cua-Cam et le Song-Tam-Bac », à l'aide des canalisations à joints articulés posés suivant le lit des fleuves et se conformeront aux règles de la construction spéciale à ces ouvrages et consacrées par l'expérience. Mais il ne devra être apporté aucune entrave à la navigation ni pendant les travaux, ni après achèvement.

Art. 5.

Toutes les fournitures seront de première qualité et tous les travaux seront exécutés suivant les règles de l'art et de la construction.

Art. 6.

La fourniture et la pose des conduites, de la robinetterie et des appareils de puisage devront être faites suivant les clauses et conditions du cahier des charges des eaux de la ville de Paris.

Avant de recouvrir de terre chacune des sections de conduite nouvellement posée, on y mettra l'eau et on leur fera éprouver, à l'aide d'une pompe de presse hydraulique, une pression équivalente à six atmosphères sans préjudice des autres épreuves à l'usine ou au Tonkin.

Cette opération, y compris les travaux de préparation nécessaires, tels que pose de plaques pleines, etc., sera faite au compte des entrepreneurs.

Art. 7.

Pour l'entreprise en général, sauf les dispositions du précédent article, les entrepreneurs seront soumis aux clauses et conditions générales imposées aux entrepreneurs par la série officielle des prix de Cochinchine (édition de 1893).

Art. 8.

Le Protectorat fera construire un chemin de 4 mètres environ de largeur sans aucun ouvrage d'art de Haïphong à la tête de conduite d'amenée, en suivant le tracé de cette conduite, qui sera arrêtée définitivement et piquetée d'un commun accord entre le Protectorat et les entrepreneurs.

Ce chemin devra être terminé dans une période de cinq mois après l'achèvement du tracé. Il permettra de rendre la conduite accessible partout et en tout temps.

Art. 9.

Les travaux seront exécutés à forfait. Le montant de ce forfait est élevé provisoirement à 4.374.125 francs. Le montant définitif sera déterminé en appliquant le prix n° 5 du bordereau général joint au présent contrat, lorsque la longueur de la conduite d'amenée aura été établie d'une manière rigoureuse.

Moyennant ce forfait, les entrepreneurs s'engagent à exécuter parfaitement tous les ouvrages et à remplir les conditions énumérées aux articles 1 et 2.

Art. 10.

Une situation des travaux sera établie à la fin de chaque mois d'après les quantités d'ouvrages réellement effectués, les fournitures et approvisionnements faits et reçus suivant les dimensions et les poids constatés en cours et, enfin, d'exécution par les agents du Protectorat chargés du contrôle.

Il sera établi des mémoires d'après le bordereau général des prix joint au présent contrat. Le montant en sera porté au crédit du compte des entrepreneurs, sauf la retenue de garantie fixée à l'article 13.

Les mémoires seront faits en double expédition et soumis à l'approbation du Résident supérieur.

L'un des exemplaires approuvé sera remis aux entrepreneurs dans la quinzaine qui suivra la date des situations.

Art. 11.

Le montant du forfait sera amorti en vingt ans par le payement de quarante demi-annuités égales calculées aux taux de l'intérêt de 6 0/0 l'an.

Les payements seront faits tous les six mois, en francs, à Paris.

Art. 12.

La première demi-annuité sera payable lorsque le montant des sommes portées au crédit du compte des entrepreneurs s'élèvera à 300.000 francs.

Les autres demi-annuités seront payables de six mois en six mois comptés à dater du payement de la première.

Art. 13.

Pour la sûreté des obligations, contractées par les entrepreneurs, il sera fait sur tous les mémoires une retenue de garantie de 10 0/0, elle cessera de s'accroître lorsqu'elle aura atteint le chiffre de 300.000 francs.

La somme de ces retenues sera portée au crédit du compte des entrepreneurs aux époques fixées par les articles 15 et 16, à la condition toutefois que les travaux satisfassent aux clauses et conditions du présent contrat, tant au point de vue de leur bonne exécution et de leur solidité qu'au point de vue du débit déterminé par l'article premier.

Art. 14.

Le délai d'exécution sera de trois ans à dater de ce jour ; passé ce délai, il sera appliqué aux entrepreneurs une amende de 20 francs par jour pour le premier mois de retard ; une amende de 50 fr. par jour pour les deux mois suivants et ensuite de 100 francs par jour.

Art. 15.

Immédiatement après l'achèvement des travaux, il sera procédé à une réception provisoire par un Ingénieur du Protectorat en présence des entrepreneurs ou de leurs délégués.

Il sera procédé à la réception définitive après le délai de garantie qui est fixé à deux ans, à partir de la réception provisoire, sous réserve des stipulations de l'article 16.

Pendant ce délai, les entrepreneurs resteront responsables de tous les ouvrages et appareils et devront remplacer ou refaire à leurs frais toute pièce ou toute partie d'ouvrage qui viendrait à manquer pour vice de construction ou de pose

A l'expiration de ce délai, l'Administration portera au crédit du compte des entrepreneurs la moitié de la retenue de garantie stipulée à l'article 13 et remettra alors à ceux-ci un mémoire de pareille somme.

Art. 16.

Le délai de garantie pour les sections de conduite traversant les quatre grands cours d'eau sera prolongé de trois ans pendant lesquels les entrepreneurs demeureront responsables de ces parties de canalisation au même titre que pendant les deux premières années.

A l'expiration de ce délai, le complément de la retenue de garantie sera porté au crédit du compte des entrepreneurs et la remise leur sera faite des mémoires correspondants.

Art. 17.

Les entrepreneurs seront responsables, pendant l'exécution des travaux, de tous les accidents qui pourraient arriver à la navigation sur les cours d'eau, imputables à leur négligence ou à celle de leurs agents et résultant, soit de leur installation, soit des conduites mêmes.

Art. 18.

Un cautionnement de 10.000 piastres sera versé à la Caisse des dépôts et consignations, au Tonkin, par les entrepreneurs, un mois après que le présent contrat sera devenu exécutoire.

Le cautionnement sera remboursé aux entrepreneurs après le payement de la première demi-annuité.

Art. 19.

Le présent contrat ne deviendra définitif que lorsqu'il aura été reconnu par l'Administration :

1° Que le débit du Song-Huông est suffisant pendant la saison sèche pour assurer, avec les dispositions prévues au présent contrat, en tout temps, un débit de trois mille mètres cubes par vingt-quatre heures, au point d'arrivée à Haïphong, de la conduite d'amenée ; le jaugeage du Song-Huông devant être fait par l'Administration avant le 1ᵉʳ mars 1894 ;

2° Qu'il n'est pas possible d'alimenter, par une installation plus simple et plus économique, la ville de Haïphong, au moyen d'eau captée dans une nappe souterraine.

Pour permettre la vérification de ce dernier point, MM. Bédat et Malon s'engagent à exécuter sous le contrôle de l'Administration, dans un délai de six mois à dater de ce jour, un sondage au point désigné par l'Administration.

Ce sondage ne pourra être descendu au delà de 100 mètres.

Toutes les dépenses majorées de 10 0/0 leur seront remboursées au fur et à mesure.

Dans le cas où la captation d'eau dans une nappe souterraine serait reconnue possible et avantageuse et où l'Administration adopterait ce moyen d'alimentation de la ville d'Haïphong en eau potable, MM. Bédat et Malon devront fournir les projets, mémoires et avis estimatifs, dans un délai de trois mois après notification de la décision de l'Administration.

Si l'accord ne pouvait s'établir sur un ou plusieurs prix des fournitures ou travaux après que les entrepreneurs auront fourni les éléments du sous-détail desdits prix, le différend serait tranché en dernier ressort par arbitrage.

Les clauses générales du présent contrat seront, dans tous les cas, maintenues dans leur ensemble.

Art. 20.

Le présent contrat sera enregistré au droit fixe de 1 fr. 50.

Art. 21.

Les entrepreneurs seront soumis aux clauses et conditions générales imposées aux entrepreneurs par arrêté du 20 octobre 1889 de M. le Sous-Secrétaire d'État des Colonies en tant qu'elles ne seront pas contraires aux stipulations qui précèdent.

Art. 22.

Les entrepreneurs auront le droit de céder tout ou partie du présent marché, mais le cessionnaire devra être, au préalable, agréé par l'Administration.

Art. 23.

Toutes les contestations que pourrait soulever l'exécution du présent contrat seront jugées administrativement avec faculté d'appel devant le Conseil d'État.

Fait double à Hanoï, 13 septembre 1893.

Approuvé l'écriture,

Signé : de LANESSAN.

Approuvé l'écriture,

Signé : BEDAT, MALON.

ANNEXE 38

Contrat annexe au contrat du 13 septembre 1893.

Adduction et distribution d'eau de la ville d'Haïphong.

Entre :

M. le Gouverneur général de l'Indo-Chine, commandeur de la Légion d'honneur, agissant au nom et pour le compte du Protectorat de l'Annam et du Tonkin,

D'une part ;

Et MM. J. Bédat et J.-B. Malon, entrepreneurs, demeurant à Haïphong, s'engageant conjointement et solidairement,

D'autre part ;

Il a été exposé ce qui suit :

Les travaux que l'on a effectués pour rechercher s'il était possible d'alimenter la ville d'Haïphong au moyen d'eau captée dans une nappe souterraine, et ce conformément à l'article 19 du contrat au 13 septembre 1893, n'ont pas donné des résultats satisfaisants ; le débit du Song-Huong a été reconnu suffisant à la suite de jaugeages faits par l'Administration, et une Commission nommée par M. le Gouverneur général a estimé que l'eau de ce cours d'eau est de bonne qualité.

Il a paru en outre nécessaire de préciser certains points du contrat primitif.

Enfin, il a été reconnu d'un commun accord que l'exécution par le Protectorat du chemin de 4 mètres prévu à l'article 8 du contrat du 13 septembre 1893, pouvait être une cause de gêne et de retard pour les travaux d'adduction que MM. J. Bédat et J.-B. Malon ont à exécuter, et qu'il serait préférable que la construction de cette route fût confiée à ces entrepreneurs.

Il a été, par suite, convenu et arrêté ce qui suit :

Article premier.

*Commencement d'exécution des travaux d'adduction des eaux du Song-Huong
et de distribution des eaux dans Haïphong.*

MM. J. Bédat et J.-B. Malon devront, à partir du 15 juillet 1895, commencer les travaux
d'adduction des eaux du Song-Huong et de distribution des eaux dans Haïphong, et ce aux
clauses et conditions du contrat du 13 septembre 1893, sous réserve des modifications
apportées à ce contrat dans les articles ci-dessus.

Le délai imparti par l'article 14 du contrat ci-dessus visé courra donc à partir de cette
date, et les clauses pénales prévues à cet article produiront leur effet de plein droit et sans
aucune mise en demeure préalable à partir du 15 juillet 1898.

Art. 2.

Condition spéciale suspensive de payement des demi-annuités.

D'après le second paragraphe de l'article 12 du contrat du 13 septembre 1893, la première demi-annuité une fois payée, les autres demi-annuités sont payables aux entrepreneurs de six mois en six mois comptés à partir de la première.

En ce qui concerne ces demi-annuités, il est formellement stipulé que le payement des
demi-annuités sera, par exception, suspendu du jour où le montant des sommes que le
Protectorat aura versées atteindra celui des mémoires portés au crédit du compte des entrepreneurs (article 10), déduction faite de la retenue de garantie (article 13).

Art. 3. -

Construction de la route prévue à l'article 8 du contrat primitif.

Le Protectorat renonce à exécuter lui-même la route de 4 mètres prévue à l'article 8
du contrat du 13 septembre 1893. Ce travail sera exécuté par les entrepreneurs à leurs
risques et périls et leur sera payé à raison de trois piastres (3 p.) le mètre courant.

Ce prix de 3 piastres le mètre courant est un prix forfaitaire comprenant tous les travaux
et dépenses nécessaires à l'établissement de la route, terrassements, transports, régalage
des terres, dressement de la plate-forme et des talus, rechargements successifs pour rétablissement du profil en long et du profil en travers de la route jusqu'à la réception définitive qui aura lieu un an après la réception provisoire, entretien jusqu'à cette date, etc.;
mais il est formellement stipulé qu'il ne comprend aucun empierrement.

Art. 4.

Condition d'exécution de la route.

Une fois le tracé et le piquetage de la conduite établis d'accord entre le Protectorat et
les entrepreneurs (art. 8) ces derniers devront, avant de commencer tout travail sur la route,
remettre à l'Administration, dans un délai d'un mois, un plan et un profil en long de ladite
route.

En plan, le tracé de la route suivra exactement celui de la conduite d'amenée ; quant
au profil en long, il devra être établi :

1° De façon à mettre la plate-forme complètement à l'abri des inondations, en tenant
compte toutefois que certaines parties de la route sont naturellement protégées contre les
inondations par les digues existantes;

2° De façon que la génératrice supérieure de la conduite d'amenée soit à $0^m,50$, au
minimum, au-dessous de la plate-forme de la route.

Comme profil en travers, dans les parties en remblais, la route aura une largeur de

4 mètres en plate-forme avec des talus de 3 mètres de base pour 2 mètres de hauteur ; dans les parties en déblai, elle aura la même largeur de plate-forme et des talus à inclinaison variable suivant la nature des terrains. L'Administration fixera cette inclinaison en cours d'exécution et les entrepreneurs seront tenus, sans supplément de prix, de se conformer aux ordres qui leur seront donnés à ce sujet.

Art. 5.

Détermination de la longueur de la route.

On comptera comme route exécutée et on portera, par suite, au compte des entrepreneurs au prix fixé à l'article 3 ci-dessus, toute partie de tracé sur laquelle il aura été exécuté des terrassements, remblais ou déblais autres que ceux nécessaires pour la pose même de la conduite, et ce suivant les dispositions du profil en long établi conformément à l'article 4 ci-dessus.

Ne seront donc, par suite, pas compris dans toute la longueur de la route le passage des cours d'eau arroyos, les ouvrages d'art et toutes les parties de tracé où il n'aura été effectué d'autres terrassements que ceux de la fouille de la conduite d'amenée.

Art. 4.

Payement des dépenses nécessitées par la construction de la route.

Le montant de la dépense à laquelle donnera lieu la construction de la route réglée comme il est dit aux articles ci-dessous sera payé à Hanoï, déduction faite de la retenue de garantie, à MM. J. Bédat et J.-B. Malon, en trois payements égaux correspondant chacun au tiers de la dépense totale, les 25 juin de chacune des années 1896, 1897, 1898. Ces payements auront lieu sur la production d'un certificat du Directeur des travaux publics constatant qu'à chacune de ces dates les entrepreneurs ont exécuté le tiers, les deux tiers et la totalité des travaux de terrassements de la route.

Dans le cas où cette condition ne serait pas remplie à l'une des époques ci-dessus fixées le payement serait différé jusqu'à la production dudit certificat.

A chacun de ces payements il sera retenu aux entrepreneurs pour garantie un dixième de la somme à verser. Cette retenue de garantie leur sera remboursée dans le délai de trois mois après la réception définitive qui aura lieu un an après la réception provisoire.

Art. 7.

Le présent contrat sera engistré au droit fixe de un franc cinquante centimes, par les soins et aux frais des entrepreneurs.

Art. 8.

Les entrepreneurs seront soumis, pour les nouveaux travaux compris au présent contrat aux clauses et conditions générales indiquées à l'article 21 du contrat du 13 septembre 1893.

Ils restent d'ailleurs soumis à toutes les clauses et conditions de ce contrat auxquelles il n'est pas expressément dérogé par le présent contrat annexé.

Fait double, à Hanoï, le 15 juillet 1895.

Lu et approuvé :
Signé : A. ROUSSEAU.

Lu et approuvé :   Lu et approuvé :
Signé : J. BÉDAT.   *Signé :* J.-B. MALON.

EAUX DE HANOÏ

ANNEXE N° 39.

Eaux de Hanoï.

Entre les soussignés :

Monsieur de Lanessan, Gouverneur général de l'Indo-Chine, agissant au nom et pour le compte du Protectorat de l'Annam et du Tonkin,

d'une part ;

Et monsieur Gibault, entrepreneur de travaux publics, demeurant à Paris, 68, 70, avenue Philippe-Auguste, représenté aux présentes par M. Daurelle, négociant, demeurant à Hanoï, son mandataire verbal, ainsi qu'il le déclare,

d'autre part ;

A été dit, fait et convenu ce qui suit :

Article premier.

M. Gibault s'engage envers le Protectorat qui accepte, à construire une distribution d'eau potable à Hanoï, aux conditions ci-après énoncées.

Art. 2.

Les travaux à exécuter consistent à capter les eaux d'une nappe souterraine, dite de Yen-Dinh, à refouler les eaux dans deux réservoirs métalliques de façon que 25.000 mètres cubes puissent être fournis en douze heures.

L'eau des réservoirs sera distribuée en ville à l'aide de quatre-vingt-trois bornes fontaines et dix bouches à incendie, lesquelles seront alimentées par une canalisation en fonte, dont l'emplacement, le diamètre et la longueur des tuyaux, sont fixés dans le tableau joint au présent contrat.

La pression aux orifices de puisage sera de 6 mètres au minimum.

Le débit des bornes-fontaines devra être de un litre à la seconde et celui des bouches à incendie et d'arrosage de quatre litres.

La prise d'eau et l'usine élévatoire devront être protégées contre les inondations et établies de telle manière que l'eau envoyée dans les réservoirs soit en tout temps parfaitement pure et limpide.

Art. 3.

Pour tout ce qui concerne les détails d'exécution, M. Gibault devra se conformer aux plans, devis, ainsi qu'aux prescriptions indiquées dans les mémoires et devis descriptifs justificatifs déposés par lui à la mairie de Hanoï le 1ᵉʳ octobre 1892, et constituant le projet A *bis* modifié en ce qui concerne la distribution par le plan dressé à la date de ce jour.

Ces plans, dessins, devis seront contresignés par M. le Résident supérieur et conservés aux archives de la résidence supérieure.

Art. 4.

En ce qui concerne l'exécution des travaux, l'entrepreneur devra se soumettre :

1° Pour les travaux de terrassements, de maçonneries, et pour tout ce qui concerne les travaux de bâtiments, aux clauses et conditions insérées à la série officielle des prix de Cochinchine de l'année 1887 ;

2° Pour la machinerie, la distribution, la robinetterie, etc., aux cahiers des charges de la ville de Paris; les épreuves, tant des matériaux que des appareils seront réglés par les mêmes cahiers des charges.

Art. 5.

Tous les travaux seront exécutés sous le contrôle et la surveillance de la direction des Travaux publics.

Art. 6.

Les travaux devront être terminés et la distribution dans son ensemble prête à fonctionner conformément aux prescriptions des articles précédents, dans un délai de deux ans et trois mois à dater de la signature du présent contrat.

Passé ce délai, il sera appliqué à M. Gibault une amende de 20 piastres par jour pour le premier mois de retard, une amende 50 piastres par jour pour les deux mois suivants et ensuite de 100 piastres par jour sans préjudice de tous dommages-intérêts.

Art. 7.

Immédiatement après l'achèvement des travaux conformément aux prescriptions de l'article qui précède et après qu'une première série d'essais et d'expériences aura été faite, il sera procédé à la réception provisoire par une commission nommée par le Résident supérieur en présence de l'entrepreneur ou de son représentant.

Art. 8.

La réception définitive sera prononcée dans les mêmes conditions, à l'expiration du délai de garantie, si tous les essais et expériences faites pendant ce temps par l'Administration, ont donné un résultat satisfaisant. Ce délai est fixé à deux ans, à compter du jour de la réception provisoire. Pendant la durée de ce délai, M. Gibault demeurera complètement responsable de ses ouvrages, de ses appareils, de leur bon fonctionnement et sera tenu de les entretenir à ses frais.

Il devra remplacer à ses frais toute pièce qui viendrait à manquer, soit par vice de construction ou de pose, soit par mauvaise qualité de la matière, soit par insuffisance dans les dimensions.

Toute avarie survenue dans les appareils pendant le délai de garantie, sera réparée d'office, aux frais de M. Gibault, si celui-ci a négligé de faire sans délai les réparations nécessaires et après qu'un procès-verbal circonstancié de l'avarie aura été dressé et lui aura été régulièrement notifié.

Art. 9.

Dans les huit jours qui suivront la signature du présent contrat, M. Gibault sera tenu de verser un cautionnement de dix mille dollars à la Caisse des dépôts et consignations à Hanoï.

Ce cautionnement lui sera remboursé, moitié à la réception provisoire, moitié à la réception définitive.

Art. 10.

Les travaux sont évalués à forfait.

Le montant du forfait est fixé à vingt annuités égales de cent quatre-vingt-dix mille francs (190.000 francs), payables à Paris.

Chacune, y compris intérêts et amortissement.

M. Gibault devra donc, moyennant ce forfait, livrer la distribution qui fait l'objet du présent contrat, en parfait état de fonctionnement, sans pouvoir réclamer aucun prix supplémentaire, ni indemnité pour travaux imprévus, difficultés spéciales en cours d'exécution, etc.

Art. 11.

La première annuité sera payée un mois après la réception provisoire, l'annuité suivante sera payée douze mois après la première, et ainsi de suite jusqu'à la vingtième.

Toutefois, si la réception définitive n'était pas prononcée à l'expiration du délai de garantie, le payement des annuités serait suspendu jusqu'au moment où les réparations ou remplacements des machines et appareils imposés à M. Gibault auraient été effectués.

Art. 12.

M. Gibault sera tenu d'avoir en permanence à Hanoï, jusqu'à la réception définitive un représentant muni de ses pleins pouvoirs.

Art. 13.

Le présent contrat sera enregistré au droit fixe d'un franc cinquante centimes.

Art. 14.

Toutes les contestations que pourrait soulever le présent contrat seront jugées administrativement, avec faculté d'appel devant le Conseil d'État.

Art. 15.

M. Gibault sera soumis aux clauses et conditions générales imposées aux entrepreneurs, par arrêté de M. le Sous-Secrétaire d'État des Colonies, en date du 20 octobre 1889, en tant qu'elles ne seront pas contraires aux stipulations qui précèdent.

Fait double à Doson, le vingt-huit juillet 1893.

Approuvé l'écriture,

Par Procuration, CH. GIBAULT.

Signé : DAURELLE.

Approuvé l'écriture,

Signé : de LANESSAN.

ANNEXE N° 40.

Entre les soussignés :

Monsieur de Lanessan, Gouverneur Général de l'Indo-Chine, agissant au nom et pour le compte du Protectorat de l'Annam et du Tonkin,

d'une part ;

Monsieur J. Bédat, Ingénieur civil, demeurant à Haïphong, agissant au nom et pour le compte de la Société en nom collectif « Bédat et Donsdebès » dont le siège social est à Haïphong, boulevard de Sontay,

d'autre part ;

Il a été arrêté et convenu ce qui suit ;

La Société « Bédat et Dousdebès » se soumet et s'engage envers le Protectorat à exécuter le présent contrat qui a pour objet :

Première partie.

Le fonctionnement à forfait, pendant une période de vingt ans, qui commencera au plus tard deux ans et neuf mois à dater de ce jour, des appareils d'élévation et de distribution des eaux tels qu'ils sont prévus au projet pour la ville de Hanoï accepté à la date de ce jour pour être mis à exécution.

Deuxième partie.

L'entretien à forfait, pendant cette même période de vingt ans, des appareils d'élévation de la canalisation métallique et des appareils de fontainerie tels qu'ils sont prévus audit projet.

Troisième partie.

La fourniture de la pose durant la même période de toutes les canalisations et appareils neufs et de tous travaux de fontainerie et de plomberie soit pour le compte du Protectorat, soit pour le compte de la ville et des particuliers, depuis la conduite publique jusques et y compris les appareils de jauge, compteurs ou robinets.

Article premier.

Pour la première partie du marché, la Société concessionnaire s'engage à élever, chaque jour, en douze heures, dans les réservoirs de la ville, un volume d'eau variant de quinze cents à deux mille cinq cents mètres cubes. Les quantités à élever seront fixées tous les quinze jours par l'Administration et communiquées à la Société par un ordre de service.

L'eau étant dans les réservoirs, le Protectorat en disposera entièrement et en fera la distribution et la vente comme il lui plaira.

Les frais de toute nature pour élever ce volume d'eau sont compris dans le prix du forfait tel qu'il est fixé à l'article 5.

Art. 2.

Pour la deuxième partie du marché, la Société concessionnaire s'engage à entretenir constamment en parfait état les appareils élévatoires, la canalisation, les appareils de fontainerie, bouches d'arrosage et d'incendie etc., en un mot tous les appareils destinés à élever et à distribuer les eaux à Hanoï, à renouveler tous les matériaux, éléments de machines ou d'appareils usés ou détériorés.

Le prix de toutes les fournitures et main-d'œuvre qui en résulteront est compris dans le forfait fixé à l'article 5.

Art. 3.

Sont exceptés du forfait défini à l'article précédent :

1° Le remplacement des tuyaux en fonte, d'une manière générale, à moins qu'ils n'aient été cassés ou détériorés du fait du concessionnaire. Mais les fournitures accessoires ainsi que les frais de main-d'œuvre, même ceux de dépose, repose au raccordement des robinets ou appareils publics qu'il y aurait à déplacer ou à modifier par suite des remplacements partiels des tuyaux, restent à la charge de la Société concessionnaire, c'est-à-dire compris dans le montant du forfait ;

2° Le renouvellement ou les grosses réparations des réservoirs métalliques et des générateurs, en tant que ce renouvellement ou ces grosses réparations n'auront pas été rendus nécessaires par la faute de la Société ;

3° Le renouvellement des pièces volées, si le vol a été dûment constaté par trace d'effraction ou autres, à moins qu'il ne soit le fait des ouvriers du concessionnaire ou le résultat de la négligence de ses agents ;

4° Le renouvellement des pièces disparues ou brisées pendant un incendie ou tout autre cas de force majeure.

Et généralement toute construction ou tout travail qui aurait pour but d'apporter un changement dans la disposition primitive des établissements hydrauliques ou des distributions d'eau et non pour objet d'amener la réparation ou le renouvellement des pièces avariées ou usées.

Art. 4.

Dans le cas où la Société concessionnaire ne se conformerait pas aux ordres de service concernant les travaux d'entretien ou de réparation nécessaires, qui lui seront envoyés, l'Administration pourra faire exécuter elle-même lesdits travaux aux frais de la Société concessionnaire.

Art. 5.

La somme allouée à forfait par le Protectorat pour la première et la deuxième partie du présent contrat telles qu'elles sont définies aux articles précédents, fonctionnement des appareils élévatoires et travaux d'entretien, est fixée à cent dix mille francs (110.000 fr.) par an pour 2.500 mètres cubes d'eau ; elle sera payée par quarts de trois mois en trois mois, en piastres, au cours officiel du jour du payement.

La quantité d'eau à élever chaque jour pouvant, d'après les ordres de service de l'Administration, être inférieure à deux mille cinq cents (2.500) mètres cubes, sans jamais descendre, toutefois, au-dessous de quinze cents (1.500), il sera fait sur la somme ci-dessus une retenue calculée à raison de mille francs (1.000 fr.) pour cinq cents (500) mètres cubes supprimés quotidiennement pendant trois cent soixante-cinq jours (365 j.).

Pour des quantités d'eau moindres supprimées pendant un temps plus court, la retenue sera calculée proportionnellement.

Art. 6.

Les travaux neufs faisant l'objet de la troisième partie, devront être exécutés par la Société concessionnaire au fur et à mesure qu'ils lui seront ordonnés, en se conformant aux projets de détail et aux modèles d'appareils qui lui seront remis par l'Administration.

Les comptes de ces travaux seront établis d'après les quantités d'ouvrages réellement effectuées et les fournitures faites, suivant les dimensions et les poids constatés par des métrés définitifs et des pesages faits en cours et en fin d'exécution.

Les dépenses seront réglées d'après un bordereau des prix qui sera dressé en appliquant pour la main-d'œuvre et les fournitures locales la série officielle de Cochinchine (année 1893); pour les fournitures spéciales, le bordereau des prix applicables aux travaux de fontainerie concernant les conduites et ouvrages accessoires servant à la distribution des eaux de Paris (année 1893), augmentés des frais d'emballage, d'assurance et de transport à Hanoï.

Art. 7.

La Société concessionnaire sera tenue d'avoir, dans les locaux du service des eaux, un atelier pour les travaux de réparations. Cet atelier devra être installé le jour où commencera le service de l'exploitation.

Elle sera tenue également d'avoir toujours en réserve, dans ses magasins et dépôts, les matériaux et appareils, etc., en quantité et nombre suffisants pour assurer l'exécution des travaux. Les matériaux employés seront autant que possible d'origine française.

Art. 8.

L'Administration se réserve le droit de faire toutes les vérifications nécessaires et d'installer tous les appareils qui lui paraîtraient utiles pour constater dans l'usine la quantité d'eau élevée chaque jour par le concessionnaire.

Art. 9.

La Société reconnaît avoir une parfaite connaissance des plans, mémoires, annexes, etc., en un mot, de toutes les pièces constituant le projet d'élévation des eaux qui va être exécuté pour la ville de Hanoï et déclare en accepter toutes les dispositions.

Mais il est entendu que les travaux seront exécutés suivant les règles de l'article et de la construction.

Tous les matériaux seront de bonne qualité.

Pendant l'exécution des travaux de l'installation et à l'achèvement, la Société concessionnaire se réserve de provoquer de la part de l'Administration en présence de son délégué toutes vérifications au sujet des puits de captation, des machines élévatoires et de leur rendement, du fonctionnement des appareils de distribution et toutes épreuves des conduites de la canalisation.

En outre, il est entendu que, pendant le délai de garantie fixé à deux ans, l'entrepreneur de la construction demeure responsable de ses ouvrages et appareils.

Art. 10.

Dans le cas où le concessionnaire n'élèverait pas la quantité d'eau qui lui serait prescrite il serait passible, par jour, d'une amende d'*une piastre* par *vingt-cinq* mètres cubes en moins.

Si pendant le cours d'un mois, la Société concessionnaire se mettait dans le cas de subir mille piastres d'amende, le présent contrat pourrait être résilié dans son ensemble sans que le concessionnaire ait droit à la moindre indemnité.

Toutefois, les dispositions, qui précèdent, ne seront pas appliquées, lorsque les causes d'interruption ou de diminution du débit seront imputables à des cas de force majeure ou à l'explosion des chaudières quelles qu'en soient les causes.

Art. 11.

Il sera fait pendant les trois dernières années de l'exploitation, c'est-à-dire à partir de la dix-huitième année une retenue annuelle de quinze mille francs (15.000 fr.) sur le montant du forfait.

La somme de ces retenues servira de garantie du bon entretien des appareils élévatoires et de la canalisation et accessoires pendant ces trois dernières années.

A l'expiration du contrat, la totalité de cette somme ou une partie sera affectée à l'exécution des travaux d'entretien et de réparation que le concessionnaire aurait négligé de faire sans préjudice du recours de l'Administration contre le concessionnaire, dans le cas où cette somme serait insuffisante.

Art. 12.

La Société concessionnaire aura le droit de céder le présent contrat, mais le concessionnaire devra être, au préalable, agréé par l'Administration.

Art. 13.

La Société concessionnaire sera tenue d'avoir son siège social à Hanoï où lui seront signifiés les ordres de service et actes administratifs relatifs au présent contrat.

Elle sera tenue de se conformer aux ordres de service de l'Administration, pourvu qu'ils n'aient rien de contraire audit contrat.

Art. 14.

Le présent contrat sera enregistré au droit fixe d'un franc cinquante.

Art. 15.

Toutes les contestations que pourrait soulever l'exécution du présent contrat seront jugées administrativement avec faculté d'appel devant le Conseil d'Etat.

Art. 16.

La Société concessionnaire sera soumise, pour la partie technique, aux clauses et conditions générales annexées à la série des prix de Cochinchine (année 1893) et aux cahiers des charges de la ville de Paris qui auront servi à l'installation de la construction pour les appareils élévatoires, la distribution, la robinetterie, etc., et, pour le surplus, aux clauses et conditions générales imposées aux entrepreneurs par l'arrêté de 1889 de M. le Sous-Secrétaire d'Etat aux Colonies.

Tant qu'ils ne seront pas contraire aux stipulations qui précèdent.

Fait double à Doson, le vingt-huit juillet 1893.

Approuvé l'écriture,
Signé: DE LANESSAN.

Approuvé l'écriture,
Signé: J. BEDAT et DOUSDEBÈS.

RACHAT DE LA FERME DE L'OPIUM

ANNEXE N° 41.

Entre les soussignés :

M. de Lanessan, Gouverneur général de l'Indo-Chine, agissant au nom du Protectorat et avec l'assentiment de M. le Sous-Secrétaire d'État des Colonies (Télégramme du 22 avril 1893),

D'une part;

Et la Société fermière de l'opium au Tonkin, société anonyme au capital de 1.440.000 fr. dont le siège est à Hanoï, représentée par M. R. de Saint-Mathurin, administrateur-gérant de ladite société,

D'autre part;

A été dit, fait et convenu ce qui suit :

Article premier.

La Société fermière de l'opium au Tonkin rétrocède au Gouvernement du Protectorat français en Annam et au Tonkin, le monopole de l'introduction, du transport, de la fabrication et de la vente de l'opium au Tonkin tel qu'il résulte à son profit des conventions des 7 septembre, 15 décembre 1887 et du 13 octobre 1890.

Art. 2.

Cette rétrocession est ainsi consentie moyennant le payement par le Gouvernement du Protectorat à la Société fermière d'une somme de trois millions quatre cent mille francs (3.400.000 fr.) à titre d'indemnité.

· Cette somme de trois millions quatre cent mille francs (3.400.000 fr.) sera payable savoir :

Un million de francs le 1er juillet 1894	1.000.000 fr.
Deux cent quarante mille francs, le 1er janvier 1895	240.000 »
Deux cent quarante mille francs, le 1er juillet 1895	240.000 »
Deux cent quarante mille francs, le 1er janvier 1896	240.000 »
Deux cent quarante mille francs le 1er juillet 1896	240.000 »
Deux cent quarante mille francs, le 1er janvier 1897	240.000 »
Deux cent quarante mille francs, le 1er juillet 1897	240.000 »
Deux cent quarante mille francs, le 1er janvier 1898	240.000 »
Deux cent quarante mille francs, le 1er juillet 1898	240.000 »
Deux cent quarante mille francs, le 1er janvier 1899	240.000 »
Deux cent quarante mille francs, le 1er juillet 1899	240.000 »
Total..........	3.400.000 fr.

Art. 3.

Le présent contrat ne produira ses effets qu'à dater du 1er juillet 1893; jusqu'à cette date la Société fermière continuera son exploitation.

m

Art. 4.

La Société fermière de l'opium vend au Gouvernement du Protectorat, qui accepte, tous les immeubles, à l'exception de celui de Doson, matériel, jonques et chaloupes à vapeur, etc., lui appartenant suivant inventaire joint au présent contrat, moyennant le prix de deux cent mille francs (200.000 fr.) fixé à forfait.

L'entrée en jouissance est fixée au 1ᵉʳ juillet 1893.

Les opiums existant en magasins à cette date seront repris par le Gouvernement du Protectorat à leur prix de revient, suivant facture.

Le prix des immeubles, matériel, jonques et chaloupes à vapeur, etc., ainsi que celui des opiums, sera payé au plus tard le 1ᵉʳ août 1893.

Art. 5.

Le cautionnement de quatre cent mille francs versé par la Société fermière de l'opium au Tonkin lui sera remboursé du 1ᵉʳ au 15 juillet 1893, à raison de trois cent cinquante mille francs par la Caisse des dépôts et consignations, et cinquante mille francs par M. R. de Saint-Mathurin, fermier de l'opium en Annam.

Art. 6.

Tous les payements stipulés au présent contrat seront effectués à Hanoï, en piastres, au taux du change officiel du jour du payement, fixé dans les conditions du décret du 8 février 1892, ou à Paris, sur la demande du liquidateur de la Société.

Art. 7.

M. R. de Saint-Mathurin aura seul qualité pour liquider la Société et la représenter auprès du Gouvernement du Protectorat.

Art. 8.

Au moyen des présentes la Société fermière de l'opium au Tonkin renonce à réclamer toute indemnité au Protectorat, à quelque titre et pour quelque cause que ce soit, sauf en ce qui concerne une demande en restitution de droits perçus pour l'enregistrement de la convention transactionnelle du 13 octobre 1890, laquelle est actuellement pendante devant la Cour de cassation.

Art. 9.

Le présent contrat ne deviendra définitif qu'après sa ratification par l'assemblée générale extraordinaire de la Société fermière de l'opium au Tonkin.

Art. 10.

Toutes contestations relatives à l'exécution des présentes seront jugées administrativement, avec faculté d'appel au Conseil d'État.

Art. 11.

Les frais d'enregistrement des présentes seront supportés par le Gouvernement du Protectorat.

Fait triple à Hanoï, le quatorze mai mil huit cent-quatre-vingt treize.

<table>
<tr><td>Lu et approuvé l'écriture.</td><td>Lu et approuvé l'écriture.</td></tr>
<tr><td>Signé : R. de SAINT-MATHURIN.</td><td>Signé : DE LANESSAN.</td></tr>
</table>

ANNEXE N° 42

EXTRAIT DU RAPPORT

à M. le Secrétaire général du Gouvernement général de l'Indo-Chine, par M. le directeur des Douanes et régies de l'Annam et du Tonkin, sur le Monopole de l'opium au Tonkin et son exploitation en régie.

Première Partie. — *Historique.*

Le monopole de l'opium a été créé, au Tonkin, le 7 septembre 1887, par un contrat intervenu entre M. le résident général M. Bihourd et M. de Saint-Mathurin.

Précédemment, le commerce de l'opium était libre ; il acquittait seulement les droits d'entrée au moment de son importation. Le produit annuel atteignait environ 701.877 francs 89 centimes.

La durée du contrat Saint-Mathurin était de cinq années, du 1ᵉʳ janvier 1888 au 31 décembre 1892.

La redevance à payer était de 0 p. 50 pour les 100.000 premiers taëls vendus, de 0 p. 52 pour les 300.000 taëls suivants et ainsi de suite, la redevance augmentant de 0 p. 02 par 300.000 taëls jusqu'à 3.000.000 de taëls.

En aucun cas, la redevance annuelle à payer ne pouvait être inférieure à la redevance calculée d'après les importations d'opium brut constatées par les douanes en 1887.

C'est l'obscurité de rédaction de ce paragraphe qui a déterminé tous les pourparlers, les spéculations, les scandales, les transactions, les indemnités qui ont caractérisé la première période de l'exploitation de la ferme d'opium.

Les résultats de la première année ne furent pas brillants. Les recettes sur l'opium avaient été inscrites pour 750.000 piastres, mais la société fermière ne put verser que 331.410 p. 75, produit de la vente de 654.127 taëls d'opium, et 4.347 p. 25 d'amendes et de transactions.

Le rapport du commissaire du Gouvernement faisait ressortir que le produit du monopole n'était en réalité que de 162.524 p. 35, car le Protectorat avait, en concédant la ferme, abandonné les droits d'importation lesquels auraient rapporté, pour cette année 1888, une somme de 164.539 p. 15.

Au cours de l'exploitation de l'année 1889, l'Administration supérieure s'émut des résultats persistants de la ferme de l'opium et crut voir, dans le système d'exploitation suivi par le fermier, une intention évidente d'échapper au payement de redevances élevées. Le directeur des douanes, chargé de faire une enquête sur cette situation, établit, dans un rapport documenté, le néant des garanties que le Protectorat croyait détenir contre la société fermière et conclut, à raison des faits spéciaux qui s'étaient produits, à une action en résiliation. Il est peut-être intéressant de reproduire un passage de l'analyse d'une des clauses du contrat :

. . . .

Sur la faculté, laissée au fermier, de fixer le prix de vente de l'opium.

Le Protectorat a intérêt à ce que le prix de l'opium soit fixé aussi bas que possible afin d'en développer la vente, puisqu'il touche 50 cents de redevance par taël vendu. Le fermier, au contraire, a seulement intérêt à vendre très cher, quitte à vendre une quantité moindre.

Il avait, dans le début, fixé le prix de vente à 1 p. 30 le taël, mais il n'a pas tardé à le relever pour le porter à 1 p. 60.

Dans ces conditions, que se produit-il? L'opium revient au fermier à 0 p. 50 prêt à être livré à la consommation, frais généraux non compris; il paie 0 p. 50 au Protectorat, il lui reste donc 0 p. 30 de bénéfice. En admettant que la vente annuelle atteigne 600.000 taëls, le fermier aura un bénéfice brut de 180.000 piastres et le Protectorat aura encaissé 300.000 piastres de redevance.

En portant le prix de l'opium à 1 p. 60, et en admettant que cette surélevation de prix fasse baisser la vente d'un sixième, le fermier ne vendra plus que 500.000 taëls, mais il récupérera un bénéfice brut de 300.000 piastres alors que le Protectorat verra sa part réduite à 250.000 piastres.

Voilà dans quelles conditions de probité le Protectorat est associé aux opérations de la Société fermière. . . . .
. . . .

Les résultats de l'année 1889 furent encore moins brillants que ceux de l'année 1888 et la Société fermière, émue à son tour de la surveillance dont elle était l'objet, fit sortir d'importants approvisionnements de son dépôt officiel d'Hanoï pendant les derniers mois de l'année afin de remonter le chiffre des sorties qui servaient de base pour l'établissement de la redevance, mais cette mesure devait peser lourdement sur l'exercice suivant.

Par ce moyen les recettes de 1889 furent de 344.750 piastres portant sur une vente de 689.500 taëls.

En 1890, la Société fermière, revenue de la frayeur momentanée que lui avaient causée les mesures prises ou annoncées contre son exploitation poursuivait un autre but à Paris pendant qu'ici l'Administration supérieure n'osait plus exercer la plus inoffensive surveillance sur ces opérations.

En fin d'année, son compte d'exploitation se solda, grâce aux sorties conventionnelles de la fin d'année 1889, par une vente au sortie de 391.814 taëls donnant une redevance de 195.907 piastres.

Dès le milieu de l'année 1890 la question du minimum de redevance inscrit à l'article 3 du contrat fut soulevée par l'Administration. La Société fermière prétendit que le minimum était celui donné par les recettes de douanes en 1887, soit 701.877 fr. 89 et l'Administration des Douanes, consultée, indiquait le chiffre de 445.250 p. 26 tiré des quantités d'opium brut importées en 1887 et converties en opium préparé.

L'Administration supérieure prétendait, elle, que du moment qu'il avait été importé 1.565.248 taëls d'opium brut en 1887, la redevance minimum, devait être, à raison de 0 p. 50 par taël, de 782.624 p. 36. Sur ces entrefaites, l'Administration de la Société fermière, qui se trouvait à Paris, fit résoudre la question par une transaction qui fut portée à la connaissance du Protectorat par le télégramme suivant :

Sous-Secrétaire Colonies à Gouverneur Général. — Indo-Chine.

16 octobre 1890.

« Saint-Mathurin, après pourparlers sur interprétation, contrat et sous menace procès accepte transaction suivante : paiera en 1891 et 1892 redevance fixée à forfait à 450.000 piastres, somme égale à minimum d'après votre interprétation et pour huit années suivantes 500.000 piastres. Malgré long terme engagement considère arrangement avantageux à raison ressources immédiates assurées. Cablez si êtes avis accepter et si puis signer au nom Protectorat. »

Le Gouverneur Général, qui était à Saïgon, télégraphia au Résident supérieur du Tonkin à Hanoï.

« Vous prie me faire connaître opinion sur proposition faite par Saint-Mathurin qui revient à une prolongation de fait de son contrat et au maintien d'un système d'exploitation reconnu mauvais et désavantageux pour le Protectorat. »

La réponse du Résident supérieur et celle du Gouverneur Général ont été l'expression d'une protestation, mais le contrat était, ainsi qu'on l'a vu plus tard, signé depuis le 13 octobre.

Dans ce nouveau contrat, soigneusement rédigé, étaient éliminés tous les cas de résiliation qui étaient inscrits dans l'ancien, mais par contre, il y était introduit, sciemment à coup sûr, la clause qui devait plus tard obliger le Protectorat à racheter le monopole à un prix très onéreux, c'est le suivant :

Art. 8.

« Un commissaire du Gouvernement près la ferme de l'opium sera chargé des rapports entre le concessionnaire et le Protectorat et assurera la répression de la contrebande. »

Une autre clause de la transaction disposait que :

« § 4. A l'expiration du contrat actuel de la ferme de l'opium en Annam, ou en cas de rupture, le concessionnaire de la ferme de l'opium au Tonkin jouira, pendant toute la durée de la ferme, du droit d'option aux conditions offertes par tout soumissionnaire à la concession du monopole de l'opium en Annam. »

On verra plus loin, à l'article « opium de l'Annam », les conséquences de cette dernière clause.

Le nouveau contrat fut appliqué le 1ᵉʳ janvier 1891 et la Société fermière n'eut plus d'autre souci que celui de constater que la *répression de la contrebande* était insuffisamment effectuée. Elle prépara un dossier de faits parfaitement documentés et fit connaître une première fois, dans le courant de l'année 1891, qu'elle ne payerait pas l'intégralité de sa redevance.

Elle devra payer cependant les 450.000 piastres stipulées au contrat transactionnel, mais sur promesse écrite d'une remise de 42.000 piastres.

En 1892, le dossier fut complété et les mêmes observations furent présentées à l'Administration supérieure laquelle avait cependant tenté l'impossible pour donner satisfaction à la ferme.

Une transaction intervint alors entre le Protectorat et M. de Saint-Mathurin.

Le Protectorat concéda à ce dernier, à *son nom personnel et non pas à celui de la Société fermière*, la ferme de l'opium de l'Annam pour une durée de huit années au prix de 100.000 piastres pour les années 1893, 1894 et 1895 ; 125,000 piastres, pour les années 1896 et 1897 et 150.000 piastres pour les années 1898, 1899 et 1900, alors que les résultats de l'exploitation en régie avaient accusé, avec le même système et sans aucun frais d'exploitation, une recette nette de 162.000 piastres et que des soumissionnaires offraient 185.000 piastres.

Les stipulations du contrat transactionnel du 13 octobre 1890 aux termes desquelles M. de Saint-Mathurin avait seulement la préférence au prix des autres soumissionnaires n'avaient donc pas été observées.

Malgré cette concession M. de Saint-Mathurin réclama au Gouverneur général l'exécution de sa promesse de remise de 42.000 piastres pour indemnité sur l'exercice 1891, qu'il obtint dans les premiers jours de décembre 1892. Trois jours après avoir touché le mandat il en formula une seconde pour l'année 1892 dont le montant s'élevait à 150.000 piastres. Le Gouverneur général lui répondit la lettre ci-après qui fut le premier pas fait vers le rachat du monopole.

Haïphong, le 9 décembre 1892.

« Le Gouverneur général de l'Indo-Chine à M. de Saint-Mathurin, administrateur de la Société fermière de l'opium.

« Monsieur l'Administrateur,

« En réponse à votre lettre de ce jour, je vous informe que je ne puis accueillir votre demande d'indemnité pour l'année 1892.

« Mais comme il importe de mettre un terme aux difficultés pendantes, je saisis, par l'intermédiaire de M. le Résident supérieur, le Directeur des Douanes de la question et je pense qu'il trouvera une solution à ces difficultés compatible avec les intérêts du Gouvernement dont j'ai la garde ».

Les choses en restèrent là pendant deux mois et des pourparlers furent ensuite engagés avec M. de Saint-Mathurin par l'intermédiaire de son avocat-conseil, mais ils n'aboutirent pas à cause des exigences du concessionnaire.

Voici, à titre de renseignement, les conclusions du rapport fourni par le Directeur des Douanes à M. l'Inspecteur général Espeut, le 24 mars 1893.

. . . .

. . . .

« Depuis cette époque la Socété fermière a fonctionné sans contrôle. Les administrateurs n'ont rien fait pour améliorer l'exploitation, et se sont contentés de prendre position contre le Protectorat, en achetant un journal, l'*Avenir du Tonkin,* en enregistrant tous les actes, faits et gestes pouvant leur être utiles au cas d'un procès. C'est ainsi qu'ils sont aujourd'hui en possession d'un volumineux dossier formé, en grande partie, par des témoignages non équivoques des imprudences de l'Administration.

« Le Gouvernemeut a fait tout ce qu'il était possible de faire pour éviter un procès qui ne pouvait que jeter un profond discrédit sur l'Administration, et c'est pour donner un commencement de satisfaction à M. de Saint-Mathurin qu'il lui a concédé le monopole de l'opium, en Annam.

« Comme résultats acquis dans son exploitation la Société fermière accuse de gros mécomptes. Elle n'a distribué aucun dividende en 1891 et, à l'Assemblée des actionnaires de samedi dernier, il a été décidé qu'une distribution de 10 0/0 serait faite en employant à cet effet le montant de l'indemnité qui a été allouée à la Société fermière sur l'exploitation de 1891.

« A l'heure actuelle la situation est plus tendue qu'elle ne l'a jamais été, et nul doute que d'ici quelques jours, si ce n'est déjà fait, l'Administration recevra de nouvelles revendications de la part de la Société fermière.

24 mars 1893. »

Les négociations, en vue du rachat, furent reprises directement par le Gouvernement et aboutirent au contrat signé le 14 mars 1893 par lequel le monopole a été racheté au prix global de 3.400.000 fr. payables en onze termes.

Parallèlement à ce contrat, M. de Saint-Mathurin obtenait un contrat annexe (à la même date) à celui du 21 juillet 1892 pour la ferme de l'opium en Annam.

Aux termes de ce contrat annexe, M. de Saint-Mathurin se trouve déchargé de tous frais d'exploitation, la régie lui assurant l'approvisionnement de l'opium tout préparé pour la vente et à prix de revient, le dépôt dans ses bureaux et la vente. Il ne lui reste que des recettes nettes.

. . . .

Hai-Phong, 4 octobre 1895.

RACHAT DU MONOPOLE DES ALCOOLS DE RIZ
EN ANNAM

ANNEXE N° 43.

Contrat du 29 septembre 1893.

Rachat du monopole de la vente des alcools en Annam.

Entre :

M. de Lanessan, Gouverneur général de l'Indo-Chine, agissant tant au nom du gouvernement du Protectorat de l'Annam et du Tonkin, qu'au nom de S. M. l'Empereur d'Annam, d'une part;

Et :

1° M. Lam-Foc-Ly, négociant, demeurant à Hué ;

2° M. Tsin-Tsuong-Tiên, négociant, demeurant à Hué, d'autre part ;

Il a été convenu ce qui suit :

Article premier.

Les sieurs Lam-Foc-Ly et Tsin-Tsuong-Tiên renoncent, à compter du 1er décembre 1893, au monopole de la vente des alcools de riz dans les douze provinces de l'Annam, à eux concédé par décision du Ministre des Finances du Gouvernement annamite en date du 18e jour du 3e mois de la 4e année de Thanh-Thai (14 avril 1892).

Art. 2.

Le Protectorat substitue à ce monopole la vente en régie des alcools indigènes en Annam par les soins de l'Administration des contributions indirectes en Annam et au Tonkin.

Art. 3.

L'Administration accepte pour ses débitants généraux les nommés Lam-Foc-Ly et Tsin-Tsuong-Tien pour une période de trois années à courir du 1er décembre 1893 au 31 décembre 1896.

Art. 4.

Tant en échange de leur renonciation que pour leur tenir compte de leur concours et notamment de l'emploi de leur matériel d'exploitation pendant cette période de trois années, le Protectorat s'engage à payer aux sieurs Lam-Foc-Ly et Tsin-Tsuong-Tien une somme de deux cent soixante-neuf mille piastres.

Cette somme de deux cent soixante neuf mille piastres sera payable en trois termes égaux $\frac{269.000}{3}$ = 89.666 fr. 66 les 1er juin 1894, 1895 et 1896.

Cette somme sera productive d'intérêt à raison de 6 0/0 par an, payable en même temps que le principal.

Le gouvernement du Protectorat se réserve la faculté de se libérer par anticipation à toute époque, de tout ou partie de la somme restant due.

Art. 5.

Comme débitants généraux, les sieurs Lam-Foc-Ly et Tsin-Tsuong-Tien s'engagent à payer au Protectorat un droit fixe de cinq cents (0.05) par bi d'alcool vendu ; le bi étant pris comme mesure annamite de 97 centilitres environ. Toutefois, et afin de garantir le Protectorat contre tous risques de pertes, les débitants généraux assurent au Protectorat, qu'elle que soit la quantité d'alcool vendu, le payement de ce droit sur un minimum de :

400.000 bi par mois du 1er décembre 1893 au 31 novembre 1894 ;
430.000 bi par mois du 1er décembre 1894 au 30 novembre 1895 ;
470.000 bi par mois du 1er décembre 1895 au 31 décembre 1896.

Art. 6.

Les versements des droits à percevoir sur les quantités d'alcool vendu seront effectués chaque mois dans les dix premiers jours du mois suivant.

Le règlement définitif sera fait par les soins du service des Douanes et régies chaque année du 1er au 20 décembre.

Art. 7.

Le produit des saisies sera réparti ainsi qu'il suit : deux tiers aux débitants généraux, un tiers au Protectorat quand elles seront opérées par les débitants généraux ou leurs agents.

Deux tiers au Protectorat et un tiers aux débitants généraux quand elles seront opérées par les agents du Protectorat.

Art. 8.

Les débitants généraux devront constituer un cautionnement de trente-deux mille cinq cents francs (32.500 fr.) qui sera versé à la Caisse des dépôts et consignations du 1er au 5 décembre prochain.

Art. 9.

Ils feront élection de domicile auprès du représentant des Douanes en Annam.

Art. 10.

Un règlement ultérieur déterminera le mode d'exécution du présent contrat.

Art. 11.

Les frais des présentes seront supportés par les sieurs Lam-Foc-Ly et Tsin-Tsuong-Tiên.

Le présent contrat sera enregistré gratis.

Fait triple à Hué, le vingt-neuf septembre mil huit cent quatre-vingt-treize.

Approuvé l'écriture ci-dessus ;

Signé : DE LANESSAN.

Signé : LAM-FOC-LY.
TSIN-TSUONG-TIÊN.

Nous, Vice-Résident de France en Annam à Hué, certifions que ce jourd'hui le sieur Lam-Foc-Ly, négociant, à Hué (Annam) et le sieur Tsin-Tsuong-Tiên, négociant, à Hué, nous ont présenté l'acte sous-seing privé qui précède et qu'ils ont, tous deux, devant nous, reconnu avoir souscrit et ayant été invité par eux à légaliser leurs signatures, nous leur avons délivré le présent pour servir à ce que de droit.

A Hué, le vingt-neuf septembre mil huit cent quatre-vingt-treize.

Le Vice-Résident, secrétaire particulier du Résident supérieur en Annam,

Signé : DAVID.

Vu pour la légalisation de la signature de M. David, Vice-Résident.

Le Résident supérieur en Annam,

Signé : BRIÈRE.

Transcrit gratuitement sur les registres de la chancellerie de Hué, n° d'enregistrement 35.

Hué, le 30 septembre 1893.

Le chancelier,

Signé : ROBERT BOUYEURE.

Folio 7,24ᵗᵉ, article 171 du tarif.

Signé : ROBERT BOUYEURE.

ANNEXE N° 44.

Du 7 janvier 1894.

Entre les soussignés :

M. de Lanessan, Gouverneur général de l'Indo-Chine, agissant tant au nom du Gouvernement du Protectorat de l'Annam et du Tonkin qu'au nom de S. M. l'Empereur d'Annam,

d'une part,

Et

M. Lam-Foc-Ly, négociant, demeurant à Hué, agissant tant en son nom personnel qu'en sa qualité de mandataire aux termes d'un pouvoir sous-seing privé en date à Hanoï le 22 décembre 1893, enregistré à Hanoï le 27 décembre 1893, folio 8, n° 39, par le receveur qui a perçu quarante-huit cents de M. Tsin-Tsuong-Tien, négociant, demeurant à Hué,

d'autre part,

A été dit, fait et convenu ce qui suit :

Article premier.

Le Gouvernement du Protectorat, pour permettre aux sieurs Lam-Foc-Ly et Tsin-Tsuong-Tien de compléter leur outillage et pour assurer ainsi l'exécution de leurs engagements, à leur payer, du 1ᵉʳ au 5 mai 1894, la somme de cent cinquante mille dollars, composée de :

1° Celle de cent quarante-trois mille deux cent soixante-quinze piastres, à valoir sur celle de deux cent soixante-neuf mille piastres que le Gouvernement s'est engagé à leur payer en trois termes égaux, les 1ᵉʳˢ juin 1894, 1895 et 1896 aux termes d'un acte en date à Hué du 29 septembre 1893 enregistré ;

2° Celle de six mille sept cent vingt-cinq piastres montant des intérêts à échoir le 1ᵉʳ mai 1894 de ladite somme principale de deux cent soixante-neuf mille dollars.

Art. 2.

Le payement de ladite somme de cent cinquante mille piastres aura lieu, comme il a été dit, du 1ᵉʳ au 5 mai 1894, quelle que soit à cette date l'importance des droits payés au

Gouvernement par les sieurs Lam-Foc-Ly et Tsin-Tsuong-Tien ; mais ceux-ci prennent l'engagement que l'ensemble de ces droits, depuis le début de l'exploitation, ne soit pas inférieur au 1ᵉʳ juin 1894 à la somme de quatre-vingt-dix mille piastres. De plus, ils devront avoir versé, à la fin du troisième trimestre d'exploitation, une somme minima de cinquante mille piastres à valoir sur les droits de ce trimestre, et du 1ᵉʳ au 20 décembre 1894 le solde de l'ensemble des droits prévus à l'article 5 du contrat du 29 septembre 1893.

Le montant minimum des versements trimestriels devra être de cinquante-cinq mille piastres pour la seconde année d'exploitation et de soixante mille piastres pour la troisième, sans préjudice du règlement définitif comprenant la totalité des droits prévus pour chacune de ces deux années par l'article 5 sus-visé du contrat du 29 septembre 1893, lequel règlement aura lieu comme il est dit au paragraphe 2 de l'article 6 dudit contrat.

Art. 3.

En cas d'infraction aux obligations contractées par eux sous l'article 2 du présent contrat, les sieurs Lam-Foc-Ly et Tsin-Tsuong-Tien encourront la déchéance pure et simple du contrat du 29 septembre 1893 sans pouvoir prétendre à aucune indemnité en sus de celle de cent cinquante mille dollars qui leur aura déjà été payée.

Art. 4.

Si, au contraire, le contrat suit son cours, le solde en principal et intérêts de la somme de deux cent soixante mille dollars sus-visée sera payée par compensation aux sieurs Lam-Foc-Ly et Tsin-Tsuong-Tien en vingt fractions égales quant au principal, au moyen d'une retenue qu'ils opèreront à dater du 1ᵉʳ janvier 1895 sur les droits qu'ils ont à payer au Gouvernement et ce jusqu'à l'extinction complète de leur créance. Les intérêts échus seront ajoutés à chaque fraction du principal et payés en même temps et de la même manière.

Art. 5.

Sauf les modifications qui précèdent, le contrat du 29 septembre 1893 continuera à être en vigueur.

Art. 6.

Le présent contrat sera enregistré gratis.

Fait double à Hanoï, le 7 janvier 1894.

Signé : DE LANESSAN.

Signé : LAM-FOC-LY.

PORT DE TOURANE

MINISTÈRE
des
COLONIES
—
1re Division.
—
Bureau de l'Indo-Chine
—
(30 janvier 1894)
Télégramme n° 13.

ANNEXE N° 45.

Port de Tourane.

Colonies à Gouverneur général, Hanoï.

Veuillez faire savoir si concession port Tourane est définitivement accordée. Il demeure entendu que cet acte doit être approuvé par Gouvernement s'il engage pour avenir finances Protectorat et par Parlement s'il comporte concession chemins de fer ou travaux même genre. Exige réponse immédiate.

Rachat ferme alcool Annam moyennant 269.000 piastres payables trois annuités excède ressources annuelles Protectorat : ne peut donc être considéré comme définitif avant approbation Gouvernement. Explications complémentaires indispensables vous sont demandées par rapport spécial.

. . . .
. . . .

Vu :
Le Sous-Secrétaire d'État,
Signé : Maurice LEBON.

ANNEXE N° 46.

MINISTÈRE
des
COLONIES
—
CABINET
2 février 1894
Télégramme n° 17

Hanoï, le 2 février 1894.

Gouverneur général à Colonies, Paris.

N° 28. Ma réponse à votre télégramme relatif port Tourane se trouve dans mon rapport du 17 décembre 1892 par lequel je soumettais au Sous-Secrétaire d'État d'alors les moyens d'*accepter* ou rejeter proposition. A la suite de ce rapport M. Delcassé me câblait, 18 mai 1893, télégramme suivant :

« Quant à port Tourane estime qu'ayant donné concession vous deviez également régler question cahier des charges. Examinerai ensuite projet si nécessaire. »

Depuis cette date rien n'a été fait. Vous pouvez donc revenir, si vous le jugez bon, sur la décision de votre prédécesseur.

Le même rapport du 17 décembre 1892 indique que Protectorat n'a aucune dépense à faire pour port Tourane.

Pour alcool Annam, voyez mon rapport du 12 novembre 1893 qui donne explications très détaillées.

Rachat? ne peut entraver *accroissement* des ressources normales du Protectorat, car les annuités ne doivent être payées que si les recettes prévues sont réalisées. Cet acte a simplement pour objet de faire participer le Protectorat à un revenu qui, auparavant, était réservé exclusivement à la cour.

Directeur douanes et Directeur contrôle arrivent France vers 15 février ; faites-les appeler. Ils vous donneront tous renseignements désirables sur question alcool. J'envoie nouveaux détails.

MINISTÈRE
des
COLONIES.

—

2ᵉ Bureau.

—

8 février 1894
Télégramme n° 16

ANNEXE N° 47.

Colonies à Gouverneur général,

. . . .
Pour port Tourane en présence de l'avis unanime du Comité des travaux publics, il m'est impossible de maintenir l'opinion exprimée par mon prédécesseur. En tout cas approbation Parlement paraît indispensable pour cette affaire en raison concession chemin de fer et établissement port franc.

. . . .
. . . .
. . . .

Vu :

Le Sous-Secrétaire d'État,

Signé : Maurice LEBON.

MINISTÈRE
DES COLONIES.

ANNEXE N° 48.

Le Ministre des Colonies au Gouverneur général.

Paris, le 31 octobre 1895.

Au sujet de la création du port de Tourane
et de la concession du monopole de cet établissement.

Monsieur le Gouverneur général,

Ainsi que vous le savez, M. de Lanessan a concédé, de gré à gré, le 7 septembre 1891, à la Compagnie des grands travaux d'utilité publique de l'Indo-Chine, représentée par M. de Saint-Mathurin, la construction d'un port dans la baie de Tourane et son exploitation pendant soixante-dix ans.

Ce contrat ayant été, en 1892, l'objet de critiques de la part de M. Jamais, M. le Gouverneur général de l'Indo-Chine stipula, dans le cahier des charges qui précisait les clauses et conditions de l'entreprise, que ces conventions ne seraient définitives qu'après approbation du Département. Le concessionnaire souscrivit, le 9 décembre 1892, à cette restriction, et le 17 du même mois, M. de Lanessan sollicita la ratification de M. le Sous-Secrétaire d'État.

M. Delcassé ne pensa pas qu'il eût à se prononcer sur cette question, mais M. Maurice

Lebon fut d'un avis contraire et il télégraphia, le 30 janvier 1894, à M. de Lanessan pour l'inviter à lui faire savoir si la concession du port de Tourane était définitivement accordée ; il ajoutait que cet acte devait être approuvé par le Gouvernement s'il engageait pour l'avenir les finances du Protectorat et par le Parlement s'il comportait des concessions de chemin de fer ou de travaux du même genre.

En réponse à cette communication, M. le Gouverneur général adressa au Département le télégramme suivant :

« Ma réponse à votre télégramme relatif port Tourane se trouve dans mon rapport du 17 décembre 1892 par lequel je soumettais au Sous-Secrétaire d'État d'alors les moyens d'accepter ou de rejeter mes propositions. A la suite de ce rapport, M. Delcassé me câblait le 18 mai 1893 : « *Quant à port Tourane, estime qu'ayant donné concession vous deviez également régler question cahier des charges. Examinerai ensuite projet si nécessaire.* »

« Depuis cette date, rien n'a été fait ; vous pouvez donc revenir, si vous le jugez bon, sur la décision de votre prédécesseur.

« Le même rapport du 17 décembre 1892 indique que Protectorat n'a aucune dépense à faire pour port Tourane. »

M. le Sous-Secrétaire d'État estima qu'il lui était impossible de maintenir l'opinion exprimée par son prédécesseur. Il en fit part, dès le 8 février 1894, à M. de Lanessan, et il ajouta qu'en tous cas l'approbation du Parlement lui paraissait indispensable pour cette affaire, en raison de la concession d'un chemin de fer et de l'établissement d'un port franc.

Depuis cette époque, aucune nouvelle décision n'a été prise à ce sujet, et la question reste en suspens.

Mais la situation actuelle me paraît présenter de sérieux inconvénients et il importe qu'une solution définitive intervienne sans plus de retard.

En ce qui me concerne, j'estime que certaines dispositions du contrat du 7 septembre 1891, notamment celles qui prévoient l'établissement d'un port franc et la concession d'une voie ferrée, sont absolument illégales ; il n'y a donc lieu, à aucun titre, d'approuver le cahier des charges du 9 décembre 1892, qui n'est que le complément d'un acte radicalement nul.

Vous voudrez bien m'accuser réception de la présente dépêche et notifier ma décision à l'intéressé, à moins que celui-ci ait déjà renoncé expressément au bénéfice de sa concession.

J'attacherais également du prix à recevoir, dans le plus bref délai, vos propositions en ce qui concerne l'amélioration possible du port de Tourane et les dispositions à prendre dans ce but.

Agréez, etc. . . . .
. . . .

Le Ministre des Colonies,
Signé : CHAUTEMPS.

MINISTÈRE
DES FINANCES.
—
Inspection générale
des finances.
—

ANNEXE 49.

Construction du port de Tourane concédée à la Société des grands travaux en Indo-Chine, représentée par M. de Saint-Mathurin.

NOTE.

En septembre 1891, trois mois après son arrivée, M. de Lanessan a concédé de gré à gré à la Compagnie des grands travaux en Indo-Chine, représentée par M. de Saint-Mathurin, la construction d'un port dans la baie de Tourane, la création et l'exploitation d'une voie ferrée, dépenses évaluées au maximum de 3 millions 500.000 francs, et lui assurait, en échange, la pleine propriété d'un vaste territoire, la perception de taxes sur les navires et les marchandises, la franchise des droits de douane, l'exemption d'impôt pour la population indigène établie dans les limites de la concession et divers autres avantages.

L'importance et l'irrégularité de ce traité ont éveillé l'attention du Sous-Secrétariat d'État en 1892, avant qu'il fût devenu définitif. L'affaire est depuis lors en suspens, mais tant qu'une solution n'est pas intervenue, les droits du concessionnaire subsistent. Elle est d'ailleurs une de celles où s'est manifestée l'interprétation excessive, par le Gouverneur général, des pouvoirs que lui donne le décret du 21 avril 1881. Aussi paraît-il à propos d'exposer la façon dont elle a été traitée.

La baie de Tourane est le seul point de la côte de l'Annam qui offre un abri sûr en toute saison. De l'avis unanime, il y a lieu d'y installer un port, tout permet d'y espérer un trafic important, mais c'est une question de temps et de mesure.

Étudié depuis plusieurs années, le projet a été, en 1890, de la part de six industriels, l'objet de propositions sérieuses sur des plans plus ou moins vastes.

On pourrait donc, dès lors, compter sur la concurrence et avoir recours à une adjudication. Mais les demandeurs en concession se tiennent tous dans les généralités, un ou deux seulement présentent un projet pratique et restreint aux nécessités du moment Les autres envisagent un avenir quelque peu merveilleux, et visent surtout à une opération financière fondée sur un monopole de longue durée.

Le Gouverneur général, M. Piquet, voit un danger à se lancer au hasard dans la création de toutes pièces d'un grand port avec agencements complets. Il craint de sérieux mécomptes, rien n'est étudié. Il préférerait s'en tenir à des vues plus modestes. Son principal objectif serait de créer, à Tourane, un important dépôt de charbon, placé entre Singapore et Hong-Kong ; les miniers de la région manquent précisément de débouchés, ce serait leur en donner un. Cet entrepôt de charbon est le seul moyen d'attirer en Annam les navires à vapeur. A cela surtout se réduit, pour le moment, suivant lui, la raison d'être du port de Tourane. Il convient donc de commencer par des travaux peu dispendieux, et de favoriser la pose de voies ferrées économiques dans l'intérêt des mines de houille voisine de la baie. De tous les projets, ajoute-t-il, celui de la Société des houillères de Tourane (maison Pila), lui paraît contenir les offres les plus avantageuses et réunir le plus de chances de réussite.

Tel paraissait être aussi alors l'avis du Sous-Secrétaire d'État. Le 14 juin 1890, il écrivait au Gouverneur général :

« Cette demande, qui se substitue à celle de M. Maurel, en diffère essentiellement, puisqu'il n'y est plus question de la création d'un port franc. D'autre part, le pétitionnaire, sur lequel j'ai recueilli les meilleurs renseignements, me paraît offrir les garanties les plus sérieuses. »

M. Ulysse Pila demande la concession du seul îlot de l'Observatoire et ajoute : « La seule réclame utile que nous puissions faire en faveur du port de Tourane, c'est d'en faire avant tout un port charbonnier. » Le Sous-Secrétaire d'État soumet les différentes demandes au Comité technique des travaux à Paris et lui remet, le 10 décembre 1890, un projet de traité préparé par la Société en formation dite des grands travaux de l'Indo-Chine. D'après l'article 14 de ses statuts, les principaux membres sont : MM. Homberg, directeur pour l'Europe; de Saint-Mathurin, directeur pour l'Indo-Chine; Alfred Edwards et Bonhoure, chargés des rapports avec le Gouvernement et les administrations publiques.

Ce projet est appuyé d'un mémoire rédigé par un inspecteur général des ponts et chaussées, M. Théodore Lévy, qui n'est que la reproduction des vues enthousiastes déjà émises sur l'avenir du port, mais où rien n'est précisé au point de vue technique sur l'importance, même approximative, des travaux, et surtout sur le capital nécessaire, et d'un rapport du président de la Société, plein de grands aperçus, mais vide de chiffres et de renseignements pratiques,

Le projet, écrit en double sur papier timbré, comporte en soixante lignes d'écriture l'engagement, par la Compagnie, de construire et d'exploiter le port et tout un réseau de voies ferrées à établir en Annam et au Tonkin; — et par le Sous-Secrétaire d'État, l'abandon pendant quatre-vingt-dix-neuf ans, à titre de port franc, de toute la baie, de vastes terrains sur son pourtour; la pleine propriété de la presqu'île de Tien-Tcha, la perception de taxes sur les navires et sur les marchandises, y compris des droits d'entrée et de sortie. Enfin le privilège de tous travaux ou entreprises relatifs à tous ports, villes ou voies de communications terrestres, fluviales ou maritimes en Indo-Chine.

Cet acte sous-seing privé n'a pas été signé, il est vrai, mais on doit croire qu'il n'aurait pas été présenté au Sous-Secrétaire d'État si des pourparlers n'avaient pas autorisé la Compagnie à penser qu'il serait accepté. En fait, il a servi de base au contrat signé neuf mois plus tard.

Sans avoir aucune donnée de quelque valeur, sans la moindre trace d'études faites par le service local, si superficielles qu'elles fussent, le Comité technique prépare un cahier des charges que M. l'inspecteur général Fournié résume ainsi dans sa lettre du 7 janvier 1891 : « La concession aura pour base l'abandon en pleine propriété de la presqu'île de Tien-Tcha. »

« Il y a lieu de procéder à une adjudication qui portera sur le prix d'une redevance annuelle à verser par la Compagnie. »

Parmi les documents qu'il a reçus, un seul porte la trace d'une étude sérieuse, c'est la demande remise en 1889 par M. Maurel, ancien député du Var; mais ces études sont la propriété de leur auteur, qui a naturellement conservé son dossier technique.

Ce travail préparatoire fut communiqué, le 24 janvier 1891, au Gouverneur général qui, le 15 mai, soumettait ses observations.

Entre temps, dès le 3 avril, le Sous-Secrétaire d'État lui câblait :

« Demandeurs en concession Homberg et Saint-Mathurin, ayant fusionné, acceptent cahier des charges préparé. Câblez si acceptez projet et quelle redevance minima devrait être demandée. »

Ainsi, non seulement il n'est pas question de procéder par adjudication, mais on n'attend même pas les observations du Gouverneur général sur le projet. On s'explique difficilement une pareille hâte.

Dans un rapport rempli de sages et prudentes réserves, le Gouverneur par intérim, M. l'Inspecteur général des colonies Bideau, expose les nombreuses lacunes que lui paraît présenter le cahier des charges préparé à Paris. Il faut résumer ce rapport; on ne saurait mieux faire ressortir avec quelle précipitation et quelle légèreté cette affaire importante a été engagée.

Il y a lieu d'étudier cette affaire, dit M. Bideau, avant de la décider. Les premiers renseignements font absolument défaut pour procéder à une adjudication. Le prix de la chose adjugée est l'inconnu pour l'administration. Des difficultés devront se produire dès le début de l'entreprise.

Les plans, devis, bordereaux de prix n'existent pas. On s'est contenté de définir l'entreprise en termes vagues et généraux. Dans la plupart des cas, c'est le mot « nécessaire » qui est employé pour fixer les limites des travaux, des constructions, des concessions et des réserves auxquelles elles peuvent être soumises. L'on conçoit combien de semblables définitions peuvent prêter à l'interprétation, à l'arbitraire, et dans quelle situation fausse on peut se trouver vis-à-vis d'entrepreneurs qui, aux termes de leur contrat, sont astreints seulement à faire le nécessaire. Une pareille entreprise est un nid à conflits et à procès.

Avant toute concession, il faudrait rechercher et définir les droits de propriété de l'État sur la presqu'île de Tien-Tcha et s'entendre, à ce sujet, avec la cour de Hué.

Aucune réserve n'est faite quant au droit de la Compagnie d'aliéner les terrains qui lui seront concédés en pleine propriété. N'est-il pas à craindre que des étrangers les accaparent et se rendent maîtres du commerce local ?

Le Protectorat pourra, dit le projet, pour les besoins de la défense, retenir les terrains qu'il jugera nécessaires. Il serait préférable de désigner à l'avance les terrains à réserver. Le contrat passé, la Compagnie peut opposer des résistances difficiles à vaincre. Certaines parties de la baie sont particulièrement favorables à l'établissement d'un port de guerre ; la situation de l'îlot a déjà attiré l'attention de l'autorité maritime, écrivait M. le Gouverneur général Piquet, en décembre 1890. Le Comité technique paraît n'avoir même pas songé à ce côté de la question (1).

Avant de se prononcer sur le chiffre de la redevance à exiger, il est de toute nécessité de fixer la valeur de la concession. Dans l'état actuel de la question, on ne sait pas où l'on va. L'entreprise générale comprend plusieurs entreprises séparées, dont chacune est importante et mérite un examen à part. La presqu'île passe pour être riche en minerais de cuivre ; il y a aussi la question des eaux, la vente des terrains, l'exploitation du chemin de fer. Il est manifeste qu'au point de vue technique, comme au point de vue financier, tout est à faire, les bases de calcul manquent absolument.

Lorsque M. Maurel a présenté son plan de travaux, M. Lion, ingénieur du Protectorat, n'a pu donner qu'un avis très superficiel après un séjour de 24 heures.

Il faut définir les conditions d'exécution et indiquer les prix de revient probables des travaux : les intérêts généraux seront sauvegardés et l'Administration pourra obtenir une redevance plus élevée en précisant les obligations des concessionnaires, lesquels pourront se présenter en plus grand nombre. (On ne paraît pas s'être un seul instant arrêté à cette considération, et il est permis de penser que, dès l'abord, toute idée d'adjudication était écartée.)

Si la Compagnie, qui est avant tout une société financière, ne fait pas le « nécessaire », le cahier des charges ne donne pas à l'Administration le moyen de vaincre l'inertie du concessionnaire.

Le monopole des taxes à percevoir s'étend-il à la rade tout entière, ou bien les navires qui ne voudront pas user des quais resteront-ils libres de faire leurs opérations à l'aide de jonques ou d'allèges ? D'autres commerçants pourront-ils établir des appontements en dehors des terrains concédés ?

Les monopoles que la Compagnie veut se faire attribuer ont quelque chose d'exorbitant, qui est bien fait pour mettre l'Administration sur ses gardes.

Avant l'exécution des travaux, les plans devront être approuvés par le Gouverneur général, mais les ouvrages étant déterminés d'une façon fort vague, qu'arrivera-t-il en cas de désaccord, si, par exemple, l'ingénieur du Protectorat déclare que la largeur des jetées est insuffisante, alors que la Compagnie affirmera le contraire ; que les appontements qu'elle se propose de construire sont trop faibles, alors qu'elle soutiendra qu'ils sont suffisamment solides, etc.? Toutes ces questions sont du domaine de l'appréciation. Qui décidera en cas de conflit?

---

(1) Il peut paraître étrange qu'à aucun moment le Comité de défense, non plus que la Marine, n'aient été appelés à donner leur avis sur ce contrat qui les intéresse l'un et l'autre.

Comme M. Piquet en 1890, M. Bideau conclut que la vraie raison d'être du port, c'est qu'il sera un entrepôt de charbon ; les navires n'y viendront qu'à cette condition. Ce n'est pas le port qui sera un élément d'attraction, ce sera le charbon seul ; c'est lui qui sera le grand facteur de la fréquentation. La création d'un port de toutes pièces ne répond pas aux besoins du moment.

Le 9 février 1894, M. l'Inspecteur des colonies Adam appuie ces réflexions en y ajoutant quelques considérations nouvelles sur le peu d'importance du mouvement du port. Il faut, suivant lui, réduire l'entreprise à des proportions plus en rapport avec la situation actuelle ; le succès est à ce prix.

Répondant aux objections de M. Bideau, le 2 septembre 1891, M. l'Inspecteur général des travaux Fournié, au lieu de s'inspirer des très justes et sages critiques d'un projet qu'il reconnaît avoir lui-même élaboré sans aucunes bases certaines, s'attache à les contredire. Sa réplique s'adresse surtout à la partie du rapport de M. Bideau ayant trait au charbon comme principale raison d'être du port, partie qu'il qualifie, on ne sait pourquoi, d'agressive. Tous les points importants sont passés sous silence. Lui-même paraît assez agressif dans ce passage : « Je regrette que le rapport de M. Bideau soit tout imprégné de l'atmosphère locale, c'est-à-dire, pour parler net, que le dire d'intérêt particulier présenté par M. Pila au nom de la Société des houillères de Nang-Son n'ait pas été discuté et remis au point dans le rapport du Gouverneur général par intérim. »

Quelles étaient la moralité de tous les demandeurs en concession, la correction des procédés mis en œuvre pour arriver à leur fin ? A en juger par certaines pièces jointes au dossier, par les dires des uns et des autres, par les procès suivis en Indo-Chine et à Paris, il y aurait eu sans doute beaucoup à dire. M. l'Inspecteur général des travaux publics a fait bien bon marché des objections que dictait à M. Bideau un sens pratique incontestable, et sa réponse ne paraît pas exempte d'un certain parti pris de trouver inattaquable ce qu'a fait le Comité technique.

M. de Lanessan avait pris possession de son poste à la fin de juin et sans attendre le résultat des études faites à Paris, ni la réponse du sous-secrétaire d'État aux rapports de MM. Piquet et Bideau, il passait, le 6 septembre 1891, avec M. de Saint-Mathurin, représentant de la Société des grands travaux publics, un contrat par lequel la Compagnie s'engage à dépenser 3.500.000 francs au moins pour la création du port et à construire un tronçon de voie ferrée ayant le caractère d'intérêt général. En échange, elle reçoit la pleine propriété de la presqu'île de Tien-Tcha et de l'îlot de l'Observatoire, ainsi que la moitié des terrains en bordure de la voie ferrée à construire ; la constitution d'un port franc, la faculté de percevoir diverses taxes sur les navires et les marchandises. Les navires de commerce naviguant sous pavillon français profiteront d'une réduction sur tous les tarifs (c'est établir indirectement une *surtaxe de pavillon*). Les tarifs seront homologués par le Gouverneur général. Toutefois, est-il dit, ils ne pourront être inférieurs à ceux appliqués à Singapoor, Hong-Kong, Shanghaï. Si le mot inférieur n'est pas une erreur de plume dans la copie de ce traité, on ne comprend pas cette disposition : il y a, au contraire, intérêt pour le port de Tourane à ce qu'ils soient inférieurs.

On accorde, en outre, à la Société la réduction de l'impôt foncier à la moitié pendant dix ans, même sur les bâtiments à édifier qui bénéficient, en outre, d'une exemption totale pendant cinq ans ; l'exemption, pendant vingt ans, de toute contribution directe, impôt de captation et patente, pour les indigènes établis sur les terrains cédés. Il n'est pas question des Européens qui pourront s'y fixer : c'est une cause d'inégalité.

La durée de la concession est de soixante-dix ans.

Lorsque le service des obligations étant assuré, les bénéfices nets de la Compagnie dépasseront 10 0/0 du capital-actions réellement versé, le Protectorat prélèvera 20 0/0 du surplus ; 30 0/0 lorsque le revenu dépassera 20 0/0. On n'a rien prévu quant aux moyens de connaître et de vérifier ces bénéfices.

La Compagnie s'engage à justifier d'un capital suffisant pour remplir les engagements qu'elle contracte. Quel sera ce capital ? Qui décidera s'il est, ou non, suffisant ?

Les projets des travaux seront soumis à l'approbation du Gouverneur général, dix mois après la constitution du capital. Cette dernière obligation est stipulée à peine de déchéance de tous droits. On n'a rien prévu pour le cas de dissolution de la Société : que recours aura-t-on pour les terrains aliénés par elle ?

En signant ce traité, M. de Lanessan a pu croire qu'il agissait dans la limite des pouvoirs que lui conféraient le décret du 21 avril 1891 et les instructions qu'il avait reçues. M. le sous-secrétaire d'Etat, Etienne, lui donne au reste pleine raison lorsque, lui transmettant, le 29 septembre 1891, le rapport de M. Fournié en réponse à celui du Gouverneur général par intérim, il ajoute en post-scriptum : « Il est bien entendu que je vous adresse les observations du Comité des travaux publics à seule fin de vous mettre au courant des études faites à Paris. *Vous avez la faculté de statuer en pleine et entière liberté.* »

Ni l'un ni l'autre n'ont songé, en ce qui concerne le chemin de fer, à soumettre le projet au Parlement, obligation expressément inscrite dans la loi de finances du 26 décembre 1890.

MM. Homberg et Bonhoure ayant présenté à Paris de vives protestations fondées sur ce que M. de Saint-Mathurin aurait soustrait à son profit le contrat qu'il avait mission de recevoir pour le compte de la Société dont ils faisaient partie, le sous-secrétaire d'Etat transmet cette plainte à M. de Lanessan le 9 décembre et il ajoute : « La concession du port de Tourane ayant été faite par vos soins sans que mon administration ait eu à intervenir en quoi que ce soit (1), il vous appartient d'examiner les contestations relatives à cette affaire. »

M. Jamais, successeur de M. Étienne, ne partageait pas sa manière de voir. Le 10 novembre 1892, il télégraphiait au Gouverneur général : « On m'affirme que vous avez concédé port Tourane ; n'a jamais été question de cette affaire dans vos télégrammes ni vos rapports depuis mon entrée Cabinet. Dites si ce projet est devenu définitif. Ne vous cache pas que si avais été sous-secrétaire d'État alors, aurais pensé que ce projet excédait pouvoirs que vous donne décret de 1891. »

M. de Lanessan a trouvé un moyen indirect de réserver l'approbation du Département. « Le contrat prévoit par son article 20, écrit-il le 17 décembre 1892, que la Compagnie devra se conformer à un cahier des charges arrêté par le Gouverneur général. En faisant accepter par le concessionnaire que cet acte devra être soumis à votre approbation, j'ai trouvé un moyen efficace de remettre toute l'affaire entre vos mains. »

Le Comité technique, consulté sur le cahier des charges rédigé en Indo-Chine et accepté par M. de Saint-Mathurin, le 9 décembre 1892, émet l'avis que si la Compagnie n'a pas rempli les obligations que lui imposait le 1er contrat, elle serait, par ce seul fait, déchue de ses droits. Il ne paraît pas que l'on n'ait rien fait pour s'en assurer. La Caisse des Dépôts, que j'ai consultée, annonce n'avoir reçu, ni en France ni au Tonkin, aucun versement de cautionnement de la Société des travaux publics en Indo-Chine.

Au Ministère des Colonies on se trouve dans une impasse. Depuis deux ans on laisse dormir l'affaire, on craint de susciter un procès, on attend que le concessionnaire prenne l'initiative. La situation créée depuis la signature du contrat n'est cependant pas sans inconvénients. Aucun travail n'a été entrepris (2); les études définitives ont-elles elles-mêmes été commencées ? Les choses sont toujours dans le même état, sans doute non sans que l'intérêt général en souffre. L'exploitation des mines de houille subit un temps d'arrêt, faute de capitaux paraît-il. Peut-être si elles eussent trouvé au port de Tourane le débouché tant promis eussent-elles pu déjà relever leurs affaires. La Société des mines de Kébao a créé un grand port à Port-Vallut, dit M. de Lanessan avec quelque complaisance, dans son rapport du 4 novembre 1893. N'eût-il pas été à propos d'aider la Société des mines de l'Annam

---

(1) Ceci n'est pas tout à fait exact. Le sous-secrétaire d'État y a, au contraire, pris lui-même, ainsi que ses bureaux, une part assez active. Dans un mémoire adressé le 8 février 1892 au Gouverneur général par MM. Octave Noël et Saint-Mathurin, administrateurs, on lit : « La concession définitive à la Société des grands travaux en Indo-Chine lui avait été promise par le Gouvernement avant votre nomination. »

(2) Excepté, dit un journal du Tonkin, quelques dragages pour rendre la passe praticable aux bateaux indigènes et une ébauche de quai du côté de la ville actuelle de Tourane.

à construire à Tourane un port plus modeste plutôt que de s'adresser à un brasseur d'affaires comme de Saint-Mathurin.

La situation actuelle ne saurait se prolonger indéfiniment, une solution s'impose. A la question de droit commun est liée une question de contentieux administratif sur l'interprétation de l'article 9 du décret du 21 avril 1891, posant des réserves aux pouvoirs du Gouverneur général. Peut-être ne serait-il pas hors de propos de provoquer sur ce sujet un avis du Conseil d'État.

Rentrait-il dans les pouvoirs délégués au Gouverneur général de concéder un monopole de cette importance, — un chemin de fer ; — de créer un port franc, — d'établir des dérogations à la loi sur les douanes, — de créer une surtaxe de pavillon, en dehors de la sanction du Parlement? On ne le pense pas.

Le contrat alors serait nul, puisque ces divers ordres de faits en sont les parties constitutives et il importerait d'en provoquer la résiliation. L'absence de toutes démarches par le concessionnaire tendrait à prouver qu'il apprécie lui-même les choses de cette façon.

<h1 style="text-align:center">ANNEXE 50,</h1>

MINISTÈRE
des
FINANCES.
—
Inspection générale
des finances.

Annexe à la note sur le port de Tourane. — Procès Saint-Mathurin, Homberg et Bonhoure.

La concession du port de Tourane a donné lieu entre les fondateurs de la « Société des grands travaux publics en Indo-Chine » à des différends, dont il n'y aurait pas sujet de parler, si la correspondance et la procédure qu'ils ont motivées ne permettaient d'apprécier les débuts de l'affaire, le caractère et la moralité des promoteurs d'une Société qui, d'après ses statuts, avait pour but, outre la construction du port de Tourane...

6° L'entreprise à la suite d'option, par préférence à tout autre, de tous services de voirie, navigation fluviale ou maritime, lignes ferrées, transports par terre et par eau et généralement de tous travaux et opérations d'intérêt public et commercial à Tourane et en Annam ;

7° La construction et l'exploitation en Indo-Chine de tous chemins de fer, avec ou sans garantie de l'État ;

8° La création et l'exploitation en Indo-Chine de tous services de navigation fluviale ou maritime ;

10° La création et l'exploitation de tous établissements financiers pour favoriser le développement du commerce et de l'industrie en Indo-Chine et dans le Yun-Nan ;

11° Et toutes opérations et entreprises généralement quelconques financières, commerciales industrielles, mobilières et immobilières.

C'était la mainmise sur l'Indo-Chine. Le caractère seul de ces statuts, le programme sans limites de la Société étaient de nature a mettre en garde le sous-secrétaire d'État et le Gouverneur général contre l'insistance de ses fondateurs qui étaient, d'après l'article 14, MM. Georges Homberg, directeur général pour l'Europe, de Saint-Mathurin, directeur général pour l'Indo-Chine, Alfred Edwards et Bonhoure avec le titre d'agents généraux accrédités auprès du Gouvernement pour les rapports ordinaires de la Compagnie avec les administrations publiques. (1).

La Société, dont les statuts déposés le 12 novembre 1890 étaient ratifiés par une assem-

---

(1) Le fonds social est fixé à 14 millions divisés en 28.000 actions, dont 16.000, entièrement libérées, sont attribuées aux fondateurs en représentation de leurs apports comprenant les études, projets, plans, cahier des charges, documents et travaux de toute nature (rapports de *Saint-Mathurin et de Homberg réunis*).

blée générale le 9 août 1891, ne devait être définitivement constituée qu'après la signature de l'acte de concession du port de Tourane. Mais les quatre fondateurs sont bien Homberg, Bonhoure, Saint-Mathurin, Edwards. C'est bien à eux quatre que M. de Lanessan a entendu traiter, ainsi qu'il le confirme dans sa réponse du 25 novembre 1891 à un télégramme au sous-secrétaire d'Etat.

Pourtant Homberg et Bonhoure se plaignent d'être évincé par Saint-Mathurin de la Société nouvelle formée par lui à son retour du Tonkin. « Notre demande de concession », disent-ils, « était déposée lorsque M. de Saint-Mathurin forma de son côté une semblable demande en présence de laquelle une fusion intervint le 2 avril 1891.

« A la suite de négociations avec le Comité technique, avec M. de Lanessan, avec M. Lion, un projet de contrat signé de nous à été soumis à la signature de M. de Lanessan par M. de Saint-Mathurin *accrédité par nous comme représentant de la Compagnie.*

De retour à Paris, depuis le 23 octobre dernier, M. de Saint-Mathurin, manquant aux obligations de son mandat, s'est refusé à nous communiquer la convention qui cependant appartient à la Compagnie.

« Saint-Mathurin, réunissant irrégulièrement et secrètement les membres du Conseil d'administration de la future Compagnie, se livre à des agissements clandestins de nature à nous porter le plus grand préjudice. »

(M. de Saint-Mathurin s'était déjà, en 1888, approprié dans des conditions semblables la ferme de l'opium, qu'il était chargé de négocier pour M. Ulysse Pila.)

L'Administration avait-elle pris des engagements soit avec Saint-Mathurin, soit avec Homberg et Bonhoure? On ne saurait le dire; mais, à en juger par quelques lettres jointes au dossier, il est certain que l'affaire était traitée à Paris avec le sous-secrétaire d'État.

M. Bonhoure, rédacteur au journal *la Lanterne,* ancien secrétaire-rédacteur à la Chambre des Députés, dans une lettre du 19 février 1891, insistait vivement près de M. Étienne pour obtenir la concession : « Lanessan », dit-il, « m'a fait connaître les principaux points de sa conversation avec vous sur la question de Tourane. Tout d'abord il m'a dit que vous m'engagiez à m'entendre avec M. de Saint-Mathurin. Mais vous savez bien que cette entente n'a point dépendu de moi. Sur le conseil que vous m'en aviez donné j'ai vu, l'an dernier, M. de Saint-Mathurin. Je l'ai mis en rapport avec M. Homberg qui lui a proposé de prendre l'affaire *de compte à demi.* L'offre, ce me semble, était de nature à satisfaire le participant le plus difficile.

« Après avoir paru consentir, M. de Saint-Mathurin a fini par me déclarer que pour une affaire pareille il fallait l'unité de direction et qu'il désirait avoir l'affaire à lui tout seul. » Et il m'a demandé ce que voudrait exiger M. Homberg pour se désister.

« M. Homberg, naturellement, a répondu que sa demande était antérieure à celle de M. de Saint-Mathurin; que son projet était sérieux, bien étudié; qu'il avait fait appel à des capitaux honnêtes, réels, à des participants considérables et considérés; que, par suite, il ne pouvait se laisser évincer par un concurrent postérieur en date, inférieur en droits et à qui, bénévolement, il avait offert de partager.

« Moi-même, j'ai insisté auprès de M. de Saint-Mathurin pour arriver à l'entente. Il m'a été répondu, dans les termes les plus aimables, d'ailleurs, que l'entente était impossible et que, « si je voulais passer du côté de M. de Saint-Mathurin, on m'assurerait des avantages supérieurs à ceux que M. Homberg pouvait m'accorder.

« Dans ces conditions, comment voulez-vous que j'arrive à une entente? La proposition qui m'a été faite n'est même pas honnêtement discutable.

« Cependant, encore aujourd'hui, je suis prêt à abandonner à M. de Saint-Mathurin la moitié des avantages qui me sont alloués et que j'ai gagnés par mon travail. »

Se croyant forts de leur droit, MM. Homberg et Bonhoure intentent un procès à la Société nouvelle à laquelle Saint-Mathurin a passé l'acte de concession signé avec M. de Lanessan, et, le 27 décembre, ils demandent au sous-secrétaire d'État d'envoyer à l'audience quelqu'un qui puisse lui en rendre un compte exact et lui permettre d'apprécier la moralité de l'affaire.

Le tribunal estimant que les droits invoqués par Homberg et Bonhoure ne sont pas juridiquement établis, rejette leur demande.

Eux-mêmes n'avaient pas agi d'une façon plus délicate envers M. Maurel, ancien député du Var, premier promoteur du port de Touranne, à qui ils auraient soustrait à leur profit les études faites par lui.

Dans un mémoire adressé au Gouverneur général, le 8 février 1892, pour lui expliquer la cause du retard apporté à l'exécution du contrat, M. Octave Noël, président de la Société, expose le mal fondé des prétentions Homberg et Bonhoure. Les rapports qu'ils prétendent avoir faits n'ont pas été reconnus par les commissaires vérificateurs (MM. J. Bedat et Ch. Cotton eux-mêmes entrepreneurs au Tonkin). Ils n'ont aucun droit à la Société, dont une Assemblée générale les a rejetés le 15 décembre 1891.

Un incident d'une gravité exceptionnelle devait confirmer, par sa manifestation ultérieure la sagesse et le bien fondé des décisions de notre Compagnie en dévoilant le motif des tentatives de Bonhoure et Homberg. (1)

Simples mandataires salariés du sieur Maurel, ils auraient, au dire de ce dernier, commis à son préjudice une série d'abus de confiance. En effet, à la date du 20 septembre 1891, Maurel les a assignés en police correctionnelle, à comparaître pour s'entendre appliquer les peines édictées par les articles 406 et 408 du code pénal et condamner à 600.000 francs de dommages-intérêts.

Attendre que suivant convention verbale, dont il sera justifié en cas de dérogation, M. Maurel s'est substitué en qualité de mandataires salariés Homberg et Bonhoure à l'effet de poursuivre auprès du Département des Colonies la concession du port de Tourane et de rechercher les capitaux nécessaires à l'exécution des travaux concédés; que, d'après les conventions des parties, Homberg était plus spécialement chargé de constituer la Société financière tandis que Bonhoure *devait mettre ses relations à profit pour obtenir la concession*, qu'à cet effet, *il avait été autorisé sur ses instances à prendre des engagements jusqu'à concurrence de* 100.000 *francs vis-à-vis de hautes influences politiques.*

Attendre que Maurel, qui avait étudié sur les lieux l'affaire de Tourane et réuni à grands frais les renseignements nécessaires pour éclairer l'Administration et rassuror les capitaux sur la valeur de l'entreprise, avait remis à Homberg et Bonhoure toutes les pièces du dossier à l'effet de les communiquer tant au Département des Colonies qu'aux capitalistes à l'appui des projets Maurel à qui ces pièces devaient être restituées; attendu notamment que Homberg et Bonhoure avaient reçu à titre de mandat :

L'exposé complet du projet avec des études documentées sur l'état des lieux, l'insalubrité de la plupart des sources, la désignation des eaux potables, les travaux de salubrité et de dérivation à accomplir, les jetées, les magasins, les docks à construire, la question stratégique, etc... ;

2° Les promesses de quatre chefs chinois de Faï-Foo s'engageant, sous leur sceau commercial, avec M. Maurel, à aller au nombre de plusieurs milliers s'établir sur les lieux dans des conditions déterminées, promesses qui ne représentaient pas moins de 2 millions de ventes de terrains ;

3° Un travail considérable sur les bénéfices et charges de l'affaire ;

4° Des cartes et plans du plus haut intérêt représentant une dépense de 6.000 francs ;

(Ces documents techniques, les seuls qui aient été établis, n'ont pas été communiqués aux bureaux des Colonies.)

Attendu que l'affaire était en bonne voie, s'il faut en croire la correspondance des parties et que M. Bonhoure n'hésitait pas à écrire : « *Concession est certaine, la lettre d'Étienne à Piquet est un ordre* » *lorsqu'un sieur Saint-Mathurin, signalé comme un grand contrebandier au Tonkin*, soumettait, paraît-il, au Département des Colonies de nouvelles propositions;

Attendu que Saint-Mathurin ne connaissait pas Tourane et n'avait fait aucune étude relativement à la création du port; qu'il se bornait a critiquer le projet Maurel comme trop

---

parcimonieusement calculé et *n'offrant pas une marge suffisante* soit pour les majorations financières, *soit pour les allocations spéciales aux influences qu'il importait d'intéresser à l'affaire;*

Attendu que cet ordre de considérations ne tarda pas à toucher Homberg et Bonhoure qui désertèrent le mandat à eux confié pour passer avec les dépouilles de Maurel dans le camp de Saint-Mathurin à qui ils ont livré toutes les pièces dont ils étaient dépositaires y compris les obligations souscrites par les Chinois;

Attendu qu'à l'aide de ces documents et avec le concours de Homberg et de Bonhoure, Saint-Mathurin, *malgré les préventions que soulevaient ses antécédents*, a obtenu la concession dont il s'agit et qu'il a créé pour l'exploiter une société dite « des Grands travaux d'utilité publique en Indo-Chine ». Qu'indépendamment des autres avantages qu'ils ont stipulés pour le prix de leur abus de mandat, Homberg a été nommé Directeur général pour l'Europe et Bonhoure, agent général de ladite Compagnie, accrédité par le Gouvernement français;

Attendu, en ce qui concerne plus particulièrement Bonhoure, que ce dernier, sous prétexte de graisser les rouages des bureaux, s'est fait remettre par Maurel une somme de 1.000 francs et un effet de 1.200 francs, mais qu'il a appliqué lesdites sommes à ses besoins personnels ;

Attendu que Maurel a vainement demandé des comptes à ses mandataires, qu'il n'a pu obtenir ni la restitution de ses papiers, effets et valeurs, ni même des explications sur l'emploi qui en a été fait;

Attendu que ces faits constituent l'abus de confiance.

Le dossier, avec cette pièce, fut communiqué au parquet de la Seine qui le retourna, le 13 juin 1892, au Sous-Secrétaire d'État, M. Jamais, sans autre suite, « un accord étant intervenu entre les parties. »

M. de Saint-Mathurin, ancien contrôleur des Contributions directes dans le Finistère, révoqué pour abandon complet de son service, avait laissé des dettes partout où il était passé; esprit délié, entreprenant, mais peu scrupuleux, il a su au Tonkin se mêler aux affaires les plus importantes : « J'ai été, » écrit-il à M. Haussmann, « le promoteur de l'affaire des Magasins généraux et de celle des Magasins centraux. » A lui les fermes de l'opium; à lui le port de Tourane. Cependant un jugement de la Cour d'appel de Saïgon du 8 novembre 1889 a sévèrement qualifié ses procédés :

Attendu, dit ce jugement, que des pièces du dossier il résulte simplement ce fait que Pila a eu pendant un certain temps de Saint-Mathurin pour mandataire salarié; qu'en cette qualité, ce dernier devait à son mandant ses bons et loyaux services comme s'il eût traité sa propre affaire; que si Saint-Mathurin n'est pas sorti de son rôle dans la négociation du monopole des docks, *il a manifestement trahi son mandat* et agi à l'encontre des intérêts de Pila dans ceux de ses actes qui lui ont valu la concession de la ferme de l'opium ; qu'en effet la lettre de l'appelant en date du 10 septembre 1887 prouve, avec la plus complète évidence, que cette affaire de la ferme de l'opium était l'un des objets du mandat qu'il avait reçu et qu'il devait exécuter d'autant plus strictement qu'il était rétribué ; qu'elle prouve en outre que Saint-Mathurin *s'est substitué* à son mandant et a traité pour son propre compte alors qu'il ne devait stipuler qu'au nom de Pila ;

Que son insigne mauvaise foi, en dépit de ses allégations, est établie par une lettre de l'ex-résident général de l'Annam et du Tonkin du 11 mai 1889. Il est dit, dans cette lettre, que l'appelant, dans les pourparlers engagés avec M. Bihourd, à l'occasion de la ferme de l'opium, a toujours déclaré qu'il agissait en son nom propre et non comme représentant de la maison Pila. Saint-Mathurin ne peut prouver qu'à un moment quelconque il ait été déchargé de cette partie de son mandat; *qu'il a même eu l'audace*, à la date du 21 décembre 1887, de proposer à M. Pila *de lui céder la concession qu'il venait d'obtenir* moyennant 120.000 francs payables dans les quatre jours; qu'il subordonne en outre cette offre à l'obligation par Pila de lui confier la direction des Docks tout en lui laissant la liberté de s'intéresser à toutes autres affaires ; qu'en présence *d'une telle déloyauté* et d'exigences ainsi formulées, Ulysse Pila se trouvait plus que dégagé à l'égard de son mandataire des promesses qu'il avait pu lui faire touchant la gestion des Docks d'Haïphong; que la souscription, par Saint-Mathurin, pour une action des Docks a bien été spontanée et pure et simple;

Que, dans ces conditions, il en doit le prix, que sa demande en dommages-intérêts manque absolument de bases et ne repose que sur de *fausses allégations*.

La Cour confirme le jugement.

Lorsque le 13 octobre 1890, le Sous-Secrétaire d'État, M. Étienne, lui accordait la ferme de l'opium, en Annam, et la prorogation pour huit ans de celle du Tonkin; lorsqu'en 1891, M. de Saint-Mathurin traitait à Paris et obtenait, en Indo-Chine, la concession du port de Tourane, on connaissait les considérants de ce jugement dont le bureau de la Justice, au Sous-Secrétariat, avait reçu la copie et que Saint-Mathurin lui-même, dans une lettre adressée le 27 août 1890 à M. Haussmann, Directeur des services de l'Indo-Chine, les expliquait avec une grande désinvolture en les imputant aux intrigues de M. Pila, aux influences que donnait à son avocat sa haute situation judiciaire en France; « ces considérants, dit-il, dépassent toutes les limites et ne dépareraient pas un jugement au criminel ».

On a peine à comprendre comment le Sous-Secrétaire d'État et le Gouverneur général traitaient de gré à gré des affaires aussi importantes avec des personnalités d'un caractère aussi équivoque. C'était s'exposer volontairement aux appréciations les plus sévères de l'opinion publique.

TABLE DES MATIÈRES

———

PIÈCES ANNEXES

I. — *Chemin de fer de Phu-Lang-Thuong à Langson.*

Paris. — MOTTEROZ, imprimeur de la Chambre des Députés, 7, rue Saint-Benoît.

DE LA RESPONSABILITÉ

RÉSULTANT DU

CONTRAT DE TRANSPORT

THÈSE POUR LE DOCTORAT

L'ACTE PUBLIC SUR LES MATIÈRES CI-APRÈS

Sera soutenu le Mardi 12 Juin 1900, à 8 h. 1/2

PAR

Henri LEJEUNE

Président : M. WEISS

Suffragants { MM. BEAUREGARD / PLANIOL } *professeurs*

PARIS

LIBRAIRIE NOUVELLE DE DROIT ET DE JURISPRUDENCE

ARTHUR ROUSSEAU

ÉDITEUR

14, RUE SOUFFLOT ET RUE TOULLIER, 13

1900

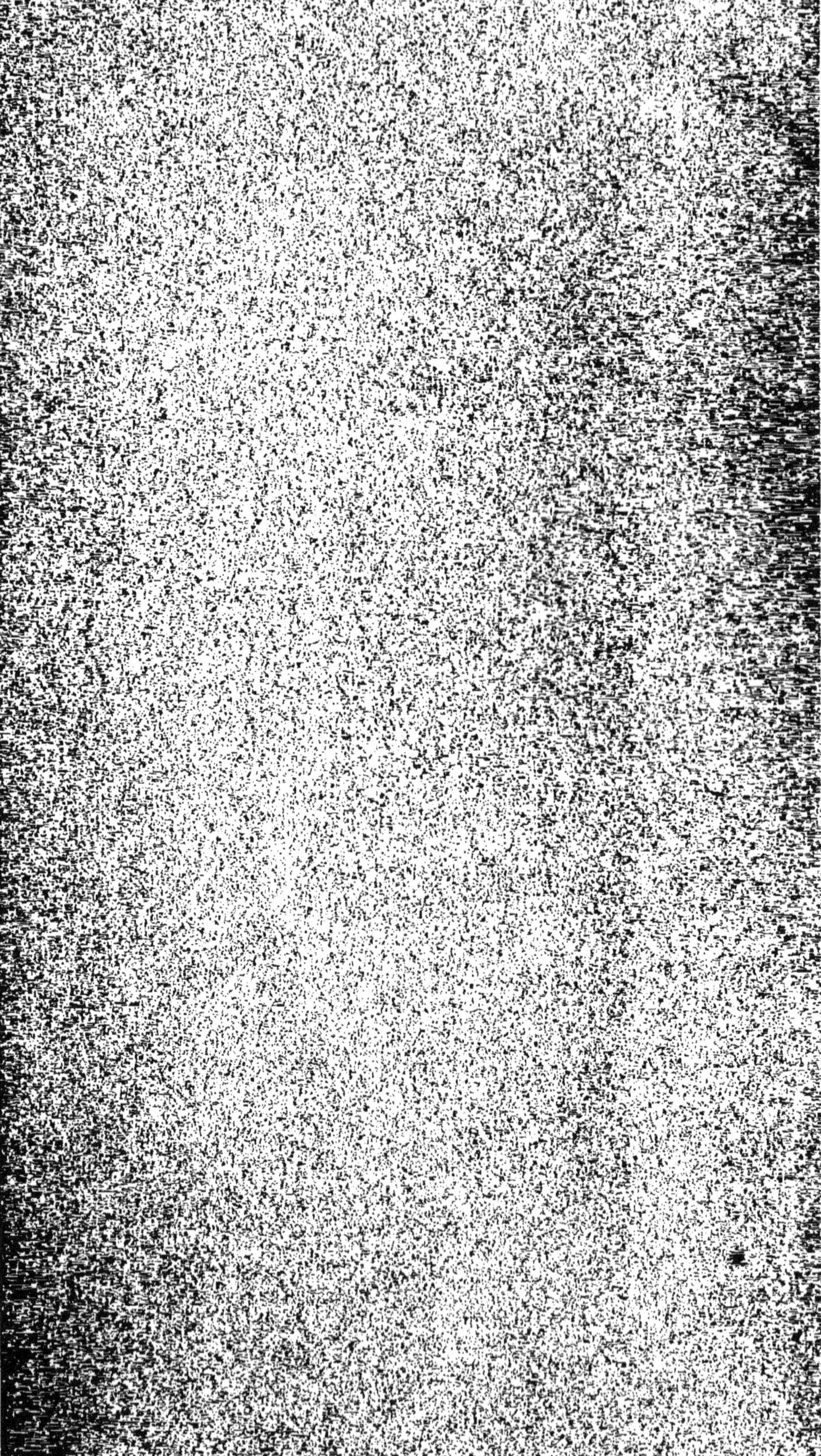